知识产权经典译丛（第6辑）

国家知识产权局专利局复审和无效审理部◎组织编译

数字时代的
知识产权法经济学

[以] 妮娃·埃尔金科伦（Niva Elkin-Koren）◎著
[以] 伊莱·M. 扎尔茨伯格（Eli M. Salzberger）

刘劭君◎译

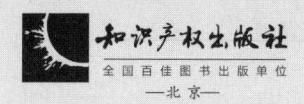

图书在版编目（CIP）数据

数字时代的知识产权法经济学/（以）妮娃·埃尔金科伦（Niva Elkin–Koren），（以）伊莱·M. 扎尔茨伯格（Eli M. Salzberger）著；刘劭君译. —北京：知识产权出版社，2023.1
书名原文：The Law and Economics of Intellectual Property in the Digital Age
ISBN 978–7–5130–8144–3

Ⅰ.①数… Ⅱ.①妮… ②伊… ③刘… Ⅲ.①知识产权法—关系—经济学—研究 Ⅳ.①D913.04②F0

中国版本图书馆 CIP 数据核字（2022）第 072270 号

内容提要

本书介绍了当前知识产权法经济学分析的基本概念和理论基础，通过规范分析和实证分析对知识产权法经济学的不同学派理论进行了比较研究。鉴于近十年技术革命的发展，本书特别关注信息产品的法经济学问题，深入分析了当前法律框架在面对信息革命挑战时所带来的局限性。本书对研究方法和基本假设作了根本的调整，以便于经济学的方法适用于信息时代下知识产权问题的研究，使其成为可用的分析框架。本书可作为知识产权法和经济学领域相关研究人员参考用书。

责任编辑：卢海鹰　王玉茂	责任校对：谷　洋
封面设计：杨杨工作室·张冀	责任印制：刘译文

知识产权经典译丛
国家知识产权局专利局复审和无效审理部组织编译

数字时代的知识产权法经济学

[以] 妮娃·埃尔金科伦（Niva Elkin–Koren）
[以] 伊莱·M. 扎尔茨伯格（Eli M. Salzberger）　著

刘劭君　译

出版发行：	知识产权出版社有限责任公司	网　　址：	http://www.ipph.cn
社　　址：	北京市海淀区气象路50号院	邮　　编：	100081
责编电话：	010–82000860 转 8541	责编邮箱：	wangyumao@cnipr.com
发行电话：	010–82000860 转 8101/8102	发行传真：	010–82000893/82005070/82000270
印　　刷：	三河市国英印务有限公司	经　　销：	新华书店、各大网上书店及相关专业书店
开　　本：	720mm×1000mm　1/16	印　　张：	17
版　　次：	2023年1月第1版	印　　次：	2023年1月第1次印刷
字　　数：	320 千字	定　　价：	118.00 元
ISBN 978–7–5130–8144–3			
京权图字：01-2022-0737			

出版权专有　侵权必究
如有印装质量问题，本社负责调换。

The Law and Economics of Intellectual Property in the Digital Age/ by Niva Elkin – Koren and Eli M. Salzberger/ISBN：978 – 1 – 138 – 78657 – 8.

Copyright© 2013 Niva Elkin – Koren and Eli M. Salzberger.

All Rights Reserved.

Intellectual Property Publishing House Co., Ltd. is authorized to publish and distribute exclusively the Chinese (Simplified Characters) language edition. This edition is authorized for sale throughout Mainland of China. No part of the publication may be reproduced or distributed by any means, or stored in a database or retrieval system, without the prior written permission of the publisher.

Authorised translation from the English language edition published by Routledge, a member of the Taylor & Francis Group.

Copies of this book sold without a Taylor & Francis sticker on the cover are unauthorized and illegal.

本书原版由Taylor & Francis出版集团旗下Routledge出版公司出版，并经其授权翻译出版。版权所有，侵权必究。

本书中文简体翻译版授权由知识产权出版社有限责任公司独家出版并限在中国大陆地区销售。未经出版者书面许可，不得以任何方式复制或发行本书的任何部分。

本书封面贴有Taylor & Francis公司防伪标签，无标签者不得销售。

《知识产权经典译丛》
编审委员会

主　任　申长雨

副主任　廖　涛

编　审　陈　伟　刘　超

编　委　（按姓名笔画为序）

丁秀华　马　昊　王丽颖　王润贵

卢海鹰　冯　涛　任晓兰　刘　铭

汤腊冬　许静华　李亚林　李新芝

杨克非　吴通义　张　曦　赵博华

徐清平　黄　颖　温丽萍　路剑锋

樊晓东

总　序

当今世界，经济全球化不断深入，知识经济方兴未艾，创新已然成为引领经济发展和推动社会进步的重要力量，发挥着越来越关键的作用。知识产权作为激励创新的基本保障，发展的重要资源和竞争力的核心要素，受到各方越来越多的重视。

现代知识产权制度发端于西方，迄今已有几百年的历史。在这几百年的发展历程中，西方不仅构筑了坚实的理论基础，也积累了丰富的实践经验。与国外相比，知识产权制度在我国则起步较晚，直到改革开放以后才得以正式建立。尽管过去三十多年，我国知识产权事业取得了举世公认的巨大成就，已成为一个名副其实的知识产权大国。但必须清醒地看到，无论是在知识产权理论构建上，还是在实践探索上，我们与发达国家相比都存在不小的差距，需要我们为之继续付出不懈的努力和探索。

长期以来，党中央、国务院高度重视知识产权工作，特别是十八大以来，更是将知识产权工作提到了前所未有的高度，作出了一系列重大部署，确立了全新的发展目标。强调要让知识产权制度成为激励创新的基本保障，要深入实施知识产权战略，加强知识产权运用和保护，加快建设知识产权强国。结合近年来的实践和探索，我们也凝练提出了"中国特色、世界水平"的知识产权强国建设目标定位，明确了"点线面结合、局省市联动、国内外统筹"的知识产权强国建设总体思路，奋力开启了知识产权强国建设的新征程。当然，我们也深刻地认识到，建设知识产权强国对我们而言不是一件简单的事情，它既是一个理论创新，也是一个实践创新，需要秉持开放态度，积极借鉴国外成功经验和做法，实现自身更好更快的发展。

自 2011 年起，国家知识产权局专利复审委员会[*]携手知识产权出版社，每年有计划地从国外遴选一批知识产权经典著作，组织翻译出版了《知识产权经典译丛》。这些译著中既有涉及知识产权工作者所关注和研究的法律和理论问题，也有各个国家知识产权方面的实践经验总结，包括知识产权案

---

[*] 编者说明：根据 2018 年 11 月国家知识产权局机构改革方案，专利复审委员会更名为专利局复审和无效审理部。

件的经典判例等，具有很高的参考价值。这项工作的开展，为我们学习借鉴各国知识产权的经验做法，了解知识产权的发展历程，提供了有力支撑，受到了业界的广泛好评。如今，我们进入了建设知识产权强国新的发展阶段，这一工作的现实意义更加凸显。衷心希望专利复审委员会和知识产权出版社强强合作，各展所长，继续把这项工作做下去，并争取做得越来越好，使知识产权经典著作的翻译更加全面、更加深入、更加系统，也更有针对性、时效性和可借鉴性，促进我国的知识产权理论研究与实践探索，为知识产权强国建设作出新的更大的贡献。

当然，在翻译介绍国外知识产权经典著作的同时，也希望能够将我们国家在知识产权领域的理论研究成果和实践探索经验及时翻译推介出去，促进双向交流，努力为世界知识产权制度的发展与进步作出我们的贡献，让世界知识产权领域有越来越多的中国声音，这也是我们建设知识产权强国一个题中应有之意。

2015 年 11 月

目 录

第一部分 知识产权、法律与经济

绪 论 ······ 3
第1章 法经济学导论 ······ 12
  1.1 法经济学的历史根源 ······ 13
  1.2 什么是法律的经济分析？ ······ 15
  1.3 法律的经济分析的缺点和挑战 ······ 24
  1.4 结论 ······ 31
第2章 知识产权的兴起 ······ 32
  2.1 知识产权日益重要 ······ 32
  2.2 什么是知识产权？ ······ 34
  2.3 知识产权是财产权吗？ ······ 35
  2.4 知识产权法的规范渊源 ······ 38
  2.5 知识产权的法经济学 ······ 42

第二部分 规范分析

第3章 激励范式 ······ 47
  3.1 知识产权法的基础：公共物品的市场失灵 ······ 48
  3.2 激励什么？ ······ 66
  3.3 中央干预的知识产权形式 ······ 72
  3.4 结论 ······ 93
第4章 知识产权的专有权范式 ······ 95
  4.1 知识产权法经济学专有权分析方法的兴起 ······ 95
  4.2 "公地悲剧"的经济学基础 ······ 98
  4.3 知识产权的专有权范式——来源和主要论点 ······ 103

4.4　专有权范式的批判性观点 …………………………………… 110
　　4.5　"公地悲剧"与知识产权的实证分析 ……………………… 119
　　4.6　结论 …………………………………………………………… 120

第三部分　中央干预和私人秩序

第5章　知识产权与私人秩序的兴起 ………………………………… 123
　　5.1　管理信息产品的私人秩序的兴起 …………………………… 124
　　5.2　私人秩序的法经济学标准定位 ……………………………… 128
　　5.3　私人秩序：批判性观点 ……………………………………… 132
　　5.4　病毒式合同和新财产 ………………………………………… 136
　　5.5　私人秩序和社交网络 ………………………………………… 140
　　5.6　结论 …………………………………………………………… 149

第6章　数字时代的知识产权——经济分析和技术治理 …………… 152
　　6.1　数字锁的兴起 ………………………………………………… 153
　　6.2　数字环境下信息的经济分析 ………………………………… 156
　　6.3　反规避法律制度 ……………………………………………… 160
　　6.4　售后控制和消费者保护 ……………………………………… 167
　　6.5　DRM和竞争 …………………………………………………… 170
　　6.6　反规避立法与创新经济学 …………………………………… 180
　　6.7　结论：为设计管理而设计规则 ……………………………… 182

第四部分　实证分析

第7章　知识产权法的实证分析 ……………………………………… 189
　　7.1　多元立法观点 ………………………………………………… 191
　　7.2　共和主义者的立法观点 ……………………………………… 194
　　7.3　公共选择的立法观点 ………………………………………… 198
　　7.4　知识产权实证分析中的国内和国际层面 …………………… 205
　　7.5　对法院作用的实证分析 ……………………………………… 208

参考文献 ………………………………………………………………… 210
案例索引 ………………………………………………………………… 238
法律索引 ………………………………………………………………… 240
词汇索引 ………………………………………………………………… 242

第一部分

知识产权、法律与经济

绪　论

直到 20 世纪的最后 10 年，知识产权法还只是法学研究与实践中的一个小分支，相关的研究主要集中在著作权方面，从业人员相对较少，学术著作也很少，广大公众对知识产权几乎一无所知。互联网所带来的技术革命以及随之而来的大量信息产品和大幅增长的知识创造，成为知识产权保护的潜在对象。与之并行的变化也体现在专利领域，随着技术进步的显著加快和专利纠纷数量的增加，专利的价值日益得到认可。

知识产权法成为法律研究最快的领域之一。对知识产权整体关注的增长，特别是对经济利益的增长，是信息时代的副产品。在信息经济❶时代，创造性作品和发明被认为是影响和推动国家财富增长最重要的因素。随着软件、药品、电影和音乐等无形商品在工业国家的国民生产总值（GNP）中所占的比例不断提高，人们对知识产权的经济影响也越来越感兴趣。知识产权对信息作品授予专有权利，不仅促使信息生产的数量增加和速度加快，也推动了与知识产权有关利益的增加。我们发现，知识产权是财富和经济增长最重要的新来源❷。

知识产权法的重要性日益提高，人们对知识产权的经济分析也愈发感兴趣。直到当前阶段的技术革命为止，知识产权才成为经济学的重点。我们在过去 20 年见证了包括经验和理论研究在内的，关于知识产权、创新和技术进步的大量经济学文献。运用法经济学作为分析和评估法律的主要方法的兴起，伴随着与知识产权政策争论有关的许多经济论述的诞生，经济学论述似乎提供了一个具有科学依据的客观基础，并为促进社会的共同目标提供了方法论。传统的经济研究总是将这些社会目标推到决策者手中，但是法经济学方法正试图提供一个宏大的理论，其中规范分析（设定社会目标）是一个组成部分（关于

---

❶ 信息经济被定义为"新经济"，即以信息为主要资源的经济。信息经济的主要特征是快速创新，其中网络和网络经济学起着非常重要的作用（Shapiro，1999）。

❷ 本书英文原版著作于 2012 年出版，距该书中文版出版近 10 年，为方便读者理解，在时间用词翻译上与原著保持一致。——编者注

经济学和法经济学运动之间差异的更多内容见第1章）。因此，越来越多的经济论述，特别是对知识产权的法经济学分析，削弱了其他论述，如权利论述或正义论述，这些论述被认为是相对主义的，往往是宗派主义的，没有为解决相互冲突的主张提供客观标准。

当前，知识产权的经济学论述（源自法经济学以及纯粹的经济学研究）主导着与信息环境监管相关的立法过程和政策争论。它在与美国、欧洲和其他国家和地区的立法程序和法院诉讼有关的各个阶段影响了知识产权法的发展。这在欧洲尤为令人惊讶，因为欧洲的知识产权法基础是道义性的。例如，在欧洲，著作权被视为保护作者的一系列自然权利。相比之下，授权国会在知识产权领域进行立法的美国宪法采取了目的论上的方法。国会被授权在有限的时间内授予作者和发明人专有权，以促进科学和实用艺术的进步（美国宪法第1条第8款）。然而，直到20世纪80年代中期，美国法院才将经济学论述明确地应用于知识产权法。尽管存在传统理念中道义上的渊源，经济学论点却已经开始在欧洲知识产权制度中发挥着越来越重要的作用，并在欧盟和国家层面上都影响着与知识产权有关的立法过程。知识产权的经济学论述似乎在全球范围内占据主导地位，从而减少了道德基础上的分歧。

知识产权的经济研究方法通常被描述为整体且连贯的方法。尽管在这个领域内有越来越多的关于知识产权法经济学文献以及纯粹的经济学著作，却都没有相对统一的说法。法学研究和政策制定中所使用的经济论述包含多个方面，每个方面都反映了信息工程经济学的根本的不同方法，并且都基于不同的意识形态或方法范式。在决策过程中，识别知识产权的不同分析方法对于理解使用法经济分析所产生的影响至关重要。仔细分析这些方法的基本假设也是必要的，这有助于了解这些理论在应对信息革命挑战方面的局限性。

深入理解经济分析理论及其在知识产权领域的应用是理解知识产权法最新发展的关键。但是，对知识产权的经济方法及其局限性进行的批判性研究，也是参与决策和为确定适当法律干预尺度提供良好基础的关键。确定经济理论的界限对于制定符合21世纪信息环境需要的政策尤其重要。

这就是本书的目的。本书专注在三大转变的交汇点：一是不断变化的法律制度——在国家和国际层面上扩大知识产权保护；二是不断变化的技术环境，这增加了信息产品的价值，同时也改变了生产和发明的产生和传播方式；三是知识产权理论框架的范式转变。这些变化不仅是同时发生的，它们还相互关联，相互影响。

法律

  与知识产权法的不同组成部分（即著作权、专利、商标、外观设计、商业秘密）有关的基本理论和法律早在技术和信息革命之前就已经形成。这些各自独立的学说直到20世纪60年代末被归为"知识产权法"的统一法律名称之后，才被视为财产法的一部分，这种新名称下的结盟在不断扩大的过程中改变了这些权利的实质内容。近几十年来，知识产权一直面临着严峻的挑战。它在国家内部和国际层面这两个范畴中吸引了无数的改革倡议，旨在使知识产权适应不断变化的信息环境。

  信息产品的经济价值日益增长，加大了扩大知识产权保护范围的压力，以涵盖更多的客体，使其能够持续更长的时间，包含更广泛的权利。这种压力来自那些有实力的参与者，特别是可能从这种扩张中受益最大的内容生产者和制药行业，也来自那些将知识产权视为信息社会经济增长关键的学者和决策者。

  20世纪90年代中期通过的《与贸易有关的知识产权协定》（TRIPS）反映了各成员之间均有类似的现象。为那些可以从更广泛的知识产权制度中获得经济利益的国家和地区带来了增强新的知识产权世界秩序的压力，而学者和决策者则认为，知识产权对于世界经济增长和发展至关重要。TRIPS解决由世界知识产权组织（WIPO）管理的特殊国际条约管辖的知识产权问题，该组织于1967年成立。TRIPS的目的是实现知识产权保护最低限度的统一。TRIPS将知识产权领域（本质上是私法领域的问题）转换到通过贸易制裁执行并由世界贸易组织（WTO）管理的公法以及国际公法和私法领域。因此，许多贸易和经济争端被转化为与知识产权有关的国际争端，这些争端又被转化为经济争端，促进了经济学在知识产权规则制定和争端解决过程中的应用。

  在过去的20年里，知识产权法及其经济意义（经济总量和分配、国家层面和全球范围）也成为利益集团、政治家和民间社会不同声音的重要战场。信息产品的无国界性质突出了国家利益，这反映在该领域法律设计和制度的国际化以及国家之间日益激烈的争论中。

  知识产权不仅与财富和经济的增长有关，它们还影响着人身自由和政治自由。使用受知识产权保护的作品已成为必然，获取信息对我们在信息社会中的日常生活至关重要。❶ 每次以数字格式使用作品都需要复制，因此，著作权法成为获取和使用以下信息的障碍，比如各种内容，从阅读科学文章到浏览每日新闻。使用著作权资源可能对于产生新的创意作品和技术创新以及公民融入社区并积极参与政治和文化生活的能力至关重要。同样，专利创造的市场结构和垄断可能会影响个人权利，例如医疗保健和教育权、言论自由和职业自由。

当前，现有的知识产权和信息社会的信息经济，与我们的政治和文化的需求之间没有很好地契合，知识产权架构无法满足21世纪创意经济和创新经济的需求。知识产权在构建创新环境中起着重要作用，它可能通过施加高昂的交易成本来抑制增长，并对获取创新和知识造成障碍，这对于进一步创新和增长至关重要。

以著作权为例，著作权法是一种与印刷机的出现息息相关的法律制度，已经在数字环境中受到质疑。由于数百万用户正在使用互联网来访问数字格式的作品，因此上传和下载变得难以控制。规制非法下载著作权作品的实施成本正变得越来越高。根据现行的著作权法，听音乐或看电影等普通的个人行为可能构成侵权。将旧规则应用于数字环境已经变得非常烦琐，以至于普通用户感到困惑。在许多情况下，例如大规模数字化计划，许可成本严重阻碍了新型业务和用途的发展。基于当前著作权法制度架构显示冲突的迹象，知识产权执法的难度越来越大（Depoorter 和 van Hiel，2010；Hargreaves，2011），对法律的漠视也与日俱增，这有可能危及一般的法律权威。

技术

新技术正在各个层面挑战知识产权法的基本原则。数字技术将新信息革命之前完全合法的各种个人行为转变为对知识产权法律的侵犯。例如，在计算机相关活动的操作过程中，复制要比前数字时代的同等活动更为普遍。因此，仅技术变革本身就对著作权的核心——专有权——产生了巨大的影响。同样，技术进步和不断增加的专利申请量，完全改变了专利的作用及其相对于激励创新的原始作用。这些不断变化的现实需要新的概念性思考和举措。在过去的20世纪中，相互独立的著作权、专利、商标、外观设计和商业秘密等领域的传统学说、概念和实证法，在应对信息产品不断变化的模式方面显得捉襟见肘。

---

❶ "信息社会"是指以创造和传播信息为主要活动的影响文化、政治和社会方面的社会。信息社会的主要特点是个人在工作场所和家庭中使用计算机和电话等兼容技术进行高水平的信息传输（Webster，2002）。

信息环境进一步引发了通过技术和私人秩序来管理信息的新方式。数字网络为排除信息产品提供了新的技术手段——数字著作权管理（DRM）系统，为通过许可和合同管理信息提供了新的机会。这些新的信息管理方式挑战了立法机关制定的规范，并改变了它们在现实世界中的结果。因此，它们应该成为政府干预的核心因素。这些管理信息的新机构进一步模糊了公共和私人秩序之间的界限，并对知识产权经济分析的一些基本原则提出了挑战。

最后，数字网络从根本上改变了我们生成和传播信息产品的方式。知识产权对于20世纪末西方国家不断增长的财富至关重要，但是随着新的生产方式的出现、内容的改变和创新产业的发展，知识产权现在面临着新的挑战。内容和发明的大规模生产是20世纪后半叶的时代特点，它正在失去对用户生成内容（UGC）和巨型平台促进的社交生产的主导地位（Benkler，2006；Elkin–Koren，2011）。知识产权制度正当性的一个主要理由是，如果没有知识产权的保护，就不会产生创新和创造。新的生产和分销模式正在创造新的商业模式和新的机构，这些模式和机构可能会挑战一些固有的理论。

随着我们进入21世纪的第二个十年，很明显，我们的监管框架必须改变并适应新的创造和创新的环境。到目前为止，许多改革举措都忽略了这些根本性变化，而是选择为当前的知识产权制度创建一些补丁和修复程序。但是，设计能够促进我们时代的创新、创造力和增长的政策，需要对知识产权制度进行全面的概述，并对其基础理论框架进行严格的审查。本书的主要目的之一是审查规范和知识产权的实证分析，在技术革命的时代，改革知识产权制度的第一步是确定法律干预的基本经济原理，并检查这一理论框架是否仍然成立。应将技术变革及其影响纳入知识产权的经济分析，为决策提供健全的理论框架。

本书阐述了通过方法论上的根本调整，使经济分析的方法可以保持有效的分析框架而必须采用的基本假设，从而解决信息时代的知识产权问题。

经济理论框架的转变

如上所述，直到近些年知识产权法依然没有引起经济学家的广泛关注。实际上，除了能够在约瑟夫·熊彼特（Joseph Schumpeter）的著作（1912，1928，1942）中找到一点大胆的假设以外，经济学在理论方面完全忽略了创新和技术进步这一问题。早期关于知识产权经济学的著作质疑合法权利对刺激创新的必要性。例如，阿诺德·普兰特（Arnold Plant）声称，大多数发明都是自发的，而且，先发优势和市场不完善之处为发明人和出版商提供了即使没有知识产权也能创造和发行其作品的足够奖励。因此，他认为，授予专利保护最终将导致资源浪费（Plant，1934a：30–51，1934b：167–195）。其他人则说，创新者可以在新的发现成为公众知识之前，根据他们的发现在市场上进行投机，从而从私有信息的私人利用中获取大量收入，而无须产权（Hirshleifer, 1971）。经济学家对知识产权的怀疑（有关最新示例，请参见 Stiglitz, 2008）并未体现在主流的法经济学著作当中。

在最近几十年中，被定义为以应用经济学方法来解释和评估法律和法律制度的形成、结构、过程和影响的法律经济分析或法律与经济运动（Salzberger, 2008）已成为法律学术界的主要理论范式，并且逐渐吸引了法律实践的各个领域。法经济学既是解释法律规则、司法裁判及其后果的方法（实证分析），又是对法律规则和司法裁判进行评估以及制定所需规则的方法（规范分析）。一方面，知识产权法的重要性与日俱增；另一方面，法经济学的论述也日益加强，因此，过去十年，知识产权法经济学在规范和实证领域都有了巨大的发展，这并不奇怪［Scotchmer 和 Menell（2007）的文章就是一个很好的研究］。

对于知识产权在创造和创新增长方面的重要性，经济学家们一直持相当怀疑的态度，或者至少是不相信的态度，他们已经把促进创新和技术进步的注意力转移到竞争法和公司法等其他法律领域，但不能说这些内容在法经济学文献中占主流。尽管人们几乎找不到与创新和技术进步相关的其他法律领域的法经济学文献（有关调查，请参见 Salzberger, 2012），但最近的研究探索了对知识产权法整体的经济分析（例如 Granstrand, 1999；Landes 和 Posner, 2003；Towse 和 Hozhauer, 2002；Braga、Fink 和 Sepulveda, 2000），研究认为强大的知识产权制度是有效的，并能促进增长，因此是可取的。这些研究已经在财产语义中得到了体现，并将重点放在获取最高价值或利润的方法上，假定信息产品是财产。

通过对法经济学文献的梳理，我们看到主导知识财产经济学分析的范式框架已经从激励-公共物品框架转向所有权范式。本书描述了这两种经济方法，并分析了它们的前提、原则和结果。本书描绘了基本概念，并批判性地评论当前知识产权法经济学分析的理论基础。

这不是一部具有整体性架构的著作。笔者试图以高度抽象的角度讨论理论，同时对法律和法外现实进行叙述和分析。讨论是在实证和规范分析的两个层面上进行的，笔者回顾了这些理论，描述和评估了它们的应用。同时，笔者还贡献了一些新的理论推测。笔者不关注特定的法律体系，但是大多数示例一方面来自美国，另一方面来自欧洲。两种制度之间的比较可以为两种分析理论提供有趣的启示。笔者专注于知识产权的两个最重要的组成部分——著作权和专利，它们是基于相同的经济原理建立的。

本书的撰写和组织方式可以让知识产权法和/或法经济学方面的专家和初

学者都产生兴趣。知识产权经济学分析的学者和学生有望从笔者引入的广泛经济方法和采取的关键方法中受益。知识产权法的从业人员和学生可以从本书提供的一般理论框架中受益，这些理论框架可以作为法院和决策辩论中新论点的基础。对于那些既不熟悉知识产权法又不熟悉法经济学的人，本书可以作为很好的入门。因此，每个章节都是独立的，读者可能希望只阅读其中一部分内容，或者选择阅读所有章节，但顺序与此处所安排的顺序不同。本书分为四个部分：基础理论、规范分析、新信息环境和实证分析。笔者以对各章的简要概述来结束绪论，这些章节介绍可以帮助读者做出明智的阅读选择。

第1章和第2章介绍了知识产权法经济学的两大支柱，为本书其他的部分奠定了基础，即法经济学范式和知识产权概念。第1章介绍了法律经济学方法的历史渊源、在学者传承或子范式框架下的演变、主要的规范和实证的前提，以及对整个方法的一些综述。那些已经熟悉日益增长的法经济学文献或知识产权经济分析的人可能想跳过这一章。然而，笔者认为这对了解本书中法律经济方法的观点是有益的。笔者对法经济学的定义是宽泛的，侧重于其独特的方法论，而不是其学科领域或思想体系。本章旨在否定一种普遍观点，即法经济学作为一门分析和评估法律的学科，有一种原则性的社会经济意识形态，即它是亲市场、反中央干预的，因此在当前有关知识产权法的辩论中是亲财产化的。笔者对经济方法的定义强调了现有法经济学文献中可能存在的差距，尤其是知识产权法经济学。

第2章介绍了知识产权的历史、定义和范围。它将主要的理论依据——义务论和目的论——映射到知识产权上，为知识产权的法经济学方法提供了背景。笔者进一步讲述了经济研究以及法经济学著作的兴起，将知识产权作为知识产权学术和政策制定的主导。由于笔者在本书其余部分的实质性讨论主要集中在知识产权法的两个分支——专利和著作权，本章对整个法律领域，特别是笔者没有涉足的分支进行了概述。

第3章和第4章论述了知识产权的法经济学规范方法，并描述了法经济学中从激励范式到规范范式的隐性转变。知识产权法经济方法的演变可以被看作由三个代际或小范式构成。第一代文献是我们所称的知识产权功利主义方法的经济学版本（源自美国宪法的措辞）。第二代关注于市场失灵分析，认为信息产品遭遇了公共物品市场失灵，知识产权为其提供了补救措施。这是知识产权法经济分析中最常见的关联，因为它包含了被广泛讨论的激励范式。第三代是行为规范的范式。第三种范式的兴起，使美国和欧洲的知识产权理论方法更为接近。

第3章介绍了激励范式，绝大多数关于知识产权的经济学、法经济学著作都是在激励范式下进行的。激励范式将信息视为导致市场失灵的公共物品，因此需要通过授予知识产权进行强制干预。使用这种方法的目的在于通过对法律的设计，使社会福利或福祉最大化。与保护创造者自然权利的知识产权最初理由相比，该范式下的知识产权理由属于第二个层面的理由。在详细阐述了激励范式的不同前提之后，本章对这些前提的说服力进行了批判性的考察，以及知识产权在今天所扮演的实际角色是否对应于纠正已确定的市场失灵。在这一章中，笔者质疑是否存在对创造和创新的货币激励的真正需要，产生激励的不同形式是什么，以及知识产权是否提供了最佳的法律制度。特别强调信息时代的知识产权和数字信息产品，认为这些技术的发展对传统分析提出了新的挑战。

第 4 章介绍了行为规范的范式。这种新兴的知识产权法律经济学研究范式，源于"公地悲剧"的一般财产理论。笔者批判性地解释了"公地悲剧"框架在知识产权中的应用。笔者展示了这种新方法如何抛弃公共利益分析，并假定知识创造是财产，即隐式地转变为知识产权制度形成的最初理由。笔者认为，这一转变的产生有两个主要原因：第一，激励范式未能在范围和期限上实现知识产权的正确平衡；第二，实际的法律发展，如 1998 年美国的著作权法，该法将著作权保护的延长期限增加了 20 年。这些发展不可能在激励范式的基础上得到认可。第 4 章讨论了对所有权理论在信息作品中的应用提出的一些批评。进一步论述了产权在组织使用信息工作方面的职能作用，并审查了产权是否为信息环境带来的新挑战产生了适当的组织框架。

第 5 章和第 6 章描述了私人秩序作为管理信息产品的主要策略的兴起，并探讨了数字环境下信息管理的变化性质。本文从信息治理的中心化的规制到技术与私人秩序规制的根本变化出发，对知识产权的法经济学研究方法进行了批判性的考察。进一步阐述了数字革命对知识产权基本假设和核心经济分析的影响。

第 5 章描述了合同和最终用户许可协议（EULA）的兴起，在知识产权制度的影响下，它们正在成为支配知识创造的主导机制。私人秩序用于扩张控制力，但也用于限制权限。笔者描述了私人秩序的经济学分析及其批判，对这些现象进行了解释，并分析了私人秩序对知识产权的实际运作以及对理想的知识产权法的影响。笔者进一步研究了知识生产性质的变化、用户生成内容和社会生产的兴起是否会引起与私人秩序有关的不同考虑，以管理对创造性作品的获取。

第 6 章探讨了数字锁对信息产品市场中心化干预的正当性的影响。它侧重于技术保护措施（TPM）或 DRM 的经济分析，以及迄今为止在这方面采用的主要中心化干预工具——反规避立法。笔者提供了一些在信息时代下对法律制度经济分析的视角，并对知识产权传统经济学分析理由的前提提出了质疑。笔者进一步分析了 TPM 对竞争和消费者保护的经济影响。DRM 的一个重要的特性是在购买后很长时间内控制使用的能力，这对信息和消费者权利的经济分析具有重要意义。本书探讨了反规避立法的经济学分析及其对信息市场一般经济模式的影响，为在技术控制阴影下的中央干预提供了尝试性的路径选择。

最后，第 7 章着重对知识产权法进行实证分析，相对于应然的知识产权制度而言，更多地给予实然的阐释。本章提出了立法实证分析的三种基本模式：多元模式、共和模式和公共选择模式（本书对最后一种模式下知识产权的分析没有采用单一的分析框架）。欧洲和美国在知识产权立法方面的各种发展被认为是对这些模式的支持或否定。特别关注的是，在这一领域日益增多的国际规则制定的原因和影响。

对于整个知识产权法经济分析的成功与否，目前尚无定论。我们没有指出经济方法中的最佳分析框架，留下了许多悬而未决的问题，这可能会使读者感到沮丧。但是，如果这本书提供了一些独到的见解和论据，如果它突出了各种分析框架中缺失的一些环节，如果它有助于制定该领域的研究路径（理论的和实证的），那么本书的目标就实现了。

第 1 章
法经济学导论

法律的经济分析，即将迎来它第一个 50 年的运用史。近几十年来，它逐渐成为法学研究的主要理论范式和科学方法论，并逐渐占据了立法机关、法院和法律从业人员的决策和法律论述的各个部分，并在欧洲和其他相关国家和地区迅速增长[❶]。耶鲁大学法学教授布鲁斯·阿克曼（Bruce Ackerman，1984）称其为"20 世纪法律学术最重要的发展"。法经济学是 20 世纪中叶兴起的美国法律现实主义的产物。法律现实主义是对实证主义－形式主义范式的回应，它取代了自然法范式。

法律研究与用于分析和评价法律的方法学是在范式思维中进行的。"范式转换"一词是托马斯·库恩（Thomas Kuhn，1962）为描述自然科学的发展而创造的。库恩对弗朗西斯·培根（Francis Bacon）的现代主义描述提出了质疑，培根认为科学探究是一种不断积累的过程，就像一座建筑物，需要一块石头接一块石头地建造，而库恩认为科学是跳跃式发展的。传统的科学研究是在一系列的界限内进行的，这些界限是建立在当代科学没有对边界质疑的前提之上，被库恩称为"范式"。科学家在他们的研究（和他们的研究方案）中试图完成一个拼图游戏，这个游戏的框架也是由范式预先确定的。然而，在科学研究的过程中发现，并不是所有的碎片都适合自己的位置，有些碎片往往会越过预设的界限。科学家们试图把这些碎片塞进他们认为是为它们准备的狭缝中，但在某个重要的点上，框架坍塌了。这些问题引发了对预设前提的反思。范式转换，构建一个新的范式，通过新的前提和新的研究框架，使传统的科学研究

[❶] 为了更好地理解，可以参考两本最重要的教科书，分别是 Richard A. Posner，《法律的经济分析》（*Economic Analysis of Law*，2007 年第 7 版）；Robert D. Cooter and Thomas Ulen，《法律与经济学》（*Law and Economics*，2011 年第 6 版）。综合书目见法经济学百科全书（http：//inprem. rug. ac. be/gremer/encyc/index. html）。

在新的范式下继续进行，直到它成熟到可以被替代的程度。

库恩的分析可以应用于我们对法律的思考和法律研究的方法论。在法律研究和更普遍的社会科学中，不同的范式可以并行共存。有人可能会说，自然科学也是如此，因此，在人类研究的不同领域之间，知识的发展并不存在真正的差别。法经济学是当前法律研究的主流范式，这一说法不仅体现为在法学期刊和其他科学期刊中法经济学论文的占比份额越来越大，也体现为法经济学术语和思维在许多其他法学文章和图书中的存在，而这些文章和图书并不是严格意义上的法经济学著作。法律的经济分析也影响着那些不属于法经济学范畴的法学研究者，并渗透到司法裁断和决策者的思维方式与推理方式中。知识产权领域就是这一趋势的一个明显例子，本书将阐释这一点。而使法经济学成为法律研究范式的一个重要因素是，这一领域的大多数当代著作都预先假定了一个不容置疑的前提，即实证的和规范的研究方法。其中一个关键的例子就是以财富最大化为标准的效率目标，这是大多数当代作品的基线。我们将在第3章中充分地讨论这一点。

在这一介绍性章节中，我们将把法经济学放在法律理论发展的一般框架内（第1.1节），对法律的经济分析方法（第1.2节）给出定义，并指出这种方法的一些缺点和挑战（第1.3节），而这些弱点与知识产权领域特别相关。

1.1 法经济学的历史根源

在18世纪启蒙运动之前，自然法一直主导着法律的思维范式。在法律是什么和法律应该是什么的问题上没有区分，而是把法律的实证分析和规范分析作为一个整体。自然法把法律描绘成源自道德的——无论是宗教形式的（即法律的源头是上帝）——托马斯·阿奎那（Thomas Aquinas），还是世俗形式的（即法律的源头是人性）——伊曼纽尔·康德（Immanuel Kant），强调自然义务、法律义务和禁律，在现代强调自然权利。自然法是运用在财产权和知识产权中的一个明显的框架（见下一章），它在当代知识产权道德权利概念上留下了深深的足迹。可以进一步说，欧洲大陆关于知识产权的思想在某种程度上仍然受到自然法范式的支配，根据自然法范式，每个创造者和创新者都有权利拥有自己的思想。

18世纪出现的法律实证主义成为更广泛变革背景下的主导范式——启蒙运动带来的"元"范式的转变——与另一种道德理论、功利主义和社会科学（其中包括经济学）的出现不谋而合。法律实证主义试图将实证分析和规范分析分为两个层次，承认法律不一定是我们所希望的法律。它主张法律是一个纯粹的概念，与道德或政治哲学相分离，试图通过发展独立的方法论和学说来分析法律和法律制度，从而创立一门法学。例如，在自然法的主导下对普通法的解释和评价（法官不创造法律，他们的职能只是宣布英国的传统法律）与在法律实证主义（法官制定的法律）框架下对普通法的描述和分析是截然不同的，这与普通法被法经济学描述和评价的方式不同（个体的决定随着时间的推移而相互遵循并进行微调修正，从而有效地解决共同的争端）。

19世纪，以法律实证主义为基础的形式主义的法律观蓬勃发展。它将法律视为一套连贯的规则，这些规则是明确的、可预测的或可预见的，并且随时可用。认为事实是可以被客观证实的东西。因此，法律程序被描述为法律对一系列事实的例行适用，除了不称职的法官的情况外，每个理性的法官都可以从这个过程中给出"正确"的裁决。对法律和法律研究学说化，对法律的教条或规范性的分析从此被挤出了法学院。

20世纪中叶的美国法律现实主义（与斯堪的纳维亚现实主义法学并驾齐驱）声称，这种理想的法律愿景是不真实的，法院的判决不是立法的机械应用，法律和法规受身份、管理者的意识形态和政治的影响，它包括了立法机关、政治家、执法机构和法官。法律现实主义与第二次世界大战后大西洋彼岸发生的法律实证主义危机同时发生，实证主义方法使德国法官被允许批准那些种族主义和其他残忍的立法。现实主义者主张对法律采取更加务实的态度，指出理想的形式主义法律描述与复杂具体的现实情况之间的差距。有了这种宏大的洞察力后，现实主义者停下脚步，没有对这种差距及其根源提供任何系统的解释。法律现实主义者的一个重要印记是号召社会科学界来帮助法律学者研究法律和法律制度。批判性法律研究（CLS）运动和法律与社会运动产生于20世纪后半叶，它们填补了现实主义者的鸿沟，并解释了理想的法律描述与法律现实之间差距的根源。批判性法律研究派的一个主要观点是将法律描述为支配社会群体的工具，作为西方自由主义维护其意识形态、经济和政治霸权的工具。

法经济学运动是法律现实主义的又一个产物。事实上，这可以看作对现实主义者呼吁社会科学帮助分析法律和法律制度的直接回应。它作为对现实主义挑战的一种平行反应而出现，至少在美国学术界，它被认为是对批判性法律研究派的一种竞争性反应。虽然CLS文献挑战了法律的自由基础，但法经济学运动在这些基础内运作。CLS通常与改革派联系在一起，而法经济学则与保守的意识形态、资本主义或自由主义思想联系在一起，后者支持自由市场，反对中央干预（Gazal‐Ayal，2007；Kennedy，2002；Hunt，1986）。在许多美国法学院，这两个运动成为学术和政治竞争的根源。正如我们稍后将阐述的，我们不同意这种观点和分类。法经济学不一定是右翼运动，我们认为，与传统的"黑体字法"❶学说和形式主义法律思想相比，这两个运动有许多共同的见解。尽管如此，这两个法律现实主义根源之间的关系在今天并没有那么重要，因为近年来，我们见证了CLS影响的显著下降，同时法经济学派进一步扩张，包括它所涉及的主题领域与所使用的方法逻辑工具（Gabel，2009）。

虽然法经济学与保守的意识形态的联系在过去可能是令人信服的，但今天的法经济学世界更加多样化。欧洲对这一运动的研究涉及了制度法与经济学、行为法与经济学以及其他理论流派，不仅扩大了这一范式，还为意识形态和公共政策方面的更多多样性创造了空间。知识产权领域就是一个很好的例子，我们将在本章的最后一句话中回到这个例子中来。今天，人们可以谈论法经济学作为研究和分析法律的主要范式，但人们不能再把这种范式与特定的政治或意识形态议题联系起来。从某种意义上说，法经济学运动甚至对整个经济学产生了重大影响。当代法经济学发展的方向是否仍然可以在同一个范式内看待、我们是否正在经历不同范式或次范式的出现、法经济学的范式转变等，在这里仍然是一个悬而未决的问题，但要回答这些问题，就需要对法经济学下一个定义，这将引导我们进入下一节。

1.2 什么是法律的经济分析？

大多数法律专业的学生都熟悉各种法经济学定理、论据和见解，例如科斯定理、有效突破或寻租，但在定义法经济学并划定其界限时会遇到困难。事实上，这同样适用于经济学的定义。为了理解什么是法经济学，首先定义"经济学"是很重要的。这个定义本身受到了法经济学演变的影响。

1.2.1 什么是经济学？

当提到"经济学"时，首先进入我们脑海的是关于市场、价格、需求、供给、通货膨胀、失业等概念。事实上，18世纪现代经济学的奠基人亚当·斯密（Adam Smith）探讨了更广泛的问题。他将经济世界的分析与对政治理论和道德哲学、政治和文化的思考交织在一起。直到后来，经济学家——首先是古典理论家，然后是新古典主义者——才缩小了他们的兴趣范围，只关注纯粹

---

❶ "黑体字法"通常是指那些法律中已经明确的基本标准要素或原则，这些要素或原则众所周知，毫无疑问或已经不存在争议。在美国联邦法律体系中，它描述了被大多数州大多数法官接受的基本法律原则。在美国法律体系中，意指那些较为完善的、稳定的判例法。——译者注

的经济市场。在一定程度上，这是因为对经济学的讨论引入了更严格的方法论和图模型，特别是 19 世纪新古典主义者的发展，以及 20 世纪高等数学的引入。

然而，近几十年来，我们目睹了经济学的重新发展，包括对传统经济市场以外领域的分析：政治、国际关系和其他类型的集体决策成为这些新领域所讨论的一部分。这种经济学扩张主义也随着法经济学的演变最终影响了法律。从这个意义上说，法律的经济分析与批判性法律研究有一个有趣的共同特征。这场对立运动起源于人类社会，也可以被看作解构主义和后现代范式更广泛运动的一部分。法经济学和社会科学重新回到"大理论"的尝试，废除了 19 世纪出现的社会科学，它们被划分为不同的领域，每一个领域都有其独特的分析对象和科学方法论，以及社会科学、人文科学，甚至精确的科学之间的一般划分（Skinner，1985）。法律是这两大理论碰撞的领域之一。

经济学的扩张过程可以通过主要经济学学者对其定义的变化来证明。著名的新古典主义经济学家阿尔弗雷德·马歇尔（Alfred Marshall）开发了需求和供给曲线，他将"经济学"定义为"研究人类在日常生活中的行为；询问人们如何获得收入以及如何使用收入"（Marshall，［1890］1961：2）。当代经济学家乔治·斯蒂格勒（George Stigler）在 1952 年将经济学定义为："是对经济组织运作的研究。经济组织是处理经济商品和服务的生产和分配的社会（很少是个人的）安排。"（Stigler，1952：1）这两个定义都是狭义的，主要集中在传统的经济市场上。但早在 1932 年，莱昂内尔·罗宾斯（Lionel Robbins）就已经将经济学定义为"研究人类行为的科学，即目的与具有替代用途的稀缺手段之间的关系"（Robbins，1932：15）。这一定义扩大了经济学的领域，涵盖了稀缺条件下的每个人或社会的选择，事实上，近年来我们将博弈论与公共和社会选择等经济学领域包括在内，这些领域侧重于研究人类所有类型的决策。根据罗宾斯的说法，人类的每一项活动都有经济方面的因素（Robbis，1962：16）。但也许连罗宾斯的定义也不够宽泛，不足以涵盖今天在经济学的语境下进行的所有类型的研究。社会选择和博弈论处理的一些问题与稀缺性或其传统定义无关。从某种意义上说，法经济学认为，不仅每一项人类活动都有经济方面，而且经济方面（广义定义——见下文）可以作为解释人类行为的单一路径或唯一方面。

对经济学科学的一个可能更广泛和更准确的定义，不是关注经济学的主题，而是它的方法论。根据这一定义，经济学通过①利用简化的假设将复杂的现实转化为简化的现实；②在这个简化的现实上运行一个严格的（数学或图形）模型；③得出关于模型变量和因果关系的结论；④从而研究在特定情况下的人类行为将这些结论转化为关于现实世界的政策。

这种方法的弊端体现在第一个和最后一个阶段——假设阶段和现实世界的政策结论。对经济方法的批评，特别是对法的经济学方法的批评的主要观点之一是，经济模型从来没有如实地代表现实。这种批评是没有道理的，因为经济模型并没有假装代表现实世界。我们必须记住，即使是第一年经济学课程中最基本和最简单的微观经济学模型（研究简单产品的价格、供求关系）也是基于简化假设，比如设定口味、设定其他产品价格等。当然问题仍然存在，法律的经济分析的经典模型是否侧重于人类相对于法律的行为的重要方面，或者法经济学主流文献对简化假设的选择是中立的还是有偏见的。我们接下来将看到，这些是知识产权经济分析中的关键问题。

应用于传统经济市场的经济模型的优势在于，它们的基本假设不那么有争议，或者在转化为模型时更忠实于现实。大多数经济模型的一个关键假设是理性行为。当经济人的决定是为了最大化他的福利（或实用或幸福）时，他会理性地行事。他有一系列的偏好，并根据信息做出选择。当我们分析传统经济市场中的活动时，理性假设和自我最大化假设就不那么有争议了，例如，关于投资的个人决策，或是购买某种产品或服务。当我们在股票市场上操作时，我们通常以赚更多的钱为目标。因此，为了财富的最大化，行为人的理性被超越了。但当我们从纯市场转向人类行为的其他领域时，这种假设就变得更有争议。在决定结婚、扩大家庭还是犯罪时，我们如何运用理性行为？与股票市场的例子不同，这里我们不一定假设理性的行为人是财富最大化，幸福或实用最大化等于财富最大化，尽管我们仍然可以假设决策者是为了最大化他或她的幸福或满足他或她偏好的秩序而行事的。

应当指出，根据经济学方法的广义定义，理性假设不是经济分析不可分割的组成部分，它仍然在研究过程中占主流，但是经济学的新分支——行为经济学——专注于放宽狭隘的理性假设。从理论上讲，经济模型可以提供基于以下假设的分析：个人是不理性的或只是部分理性的，或者他们的行为是由道义/道德观念驱动的。

经济学方法论的更广泛优势是什么？经济研究的一个主要优点是科学的进化：人们可以在广泛的简化假设的基础上构建一个简单的模型，并通过放宽或使其中一些假设复杂化而逐步发展这个模型。通过构建一个简单的供需和市场均衡模型，我们可以进一步丰富自己的见解：如果没有充分的信息，如果存在不确定性，如果决策本身是昂贵的，会发生什么，等等。

经济学思维的另一个重要优势是，这种方法论为讨论提供了一种共同的语言。它有助于聚焦讨论区分模型及其数学有效性、模型关于现实世界的政策结论以及（实际上）一系列简化假设。这使得识别流程、确认基本假设、改进数学模型或完善与现实世界相关的政策结论变得更加容易。因此，经济学不仅为我们提供了一个更好的工具来商议（我们可以就自己不同意的确切观点达成一致），而且也是一种进化研究——模型可以不断改进，并变得更加复杂。法律论述和研究中使用的其他科学方法也有独特的共同语言。然而，经济科学的术语要精确得多，而且更易达成一致。因此，财富、传递性、租金或垄断性和竞争性价格等术语，即使在非经济学家中，也比理性或诚信（相对于"黑体字"法或理论分析）或霸权或社会化（相对于社会学语言）有着更广泛的共识。

经济方法论应用于法律问题时的另一个优点是，它很容易跨越地理边界和不同的法律制度和文化。当使用法条分析时，法律学者通常受他或她的法律制度、文化或法系的约束，而经济分析则更脱离当地的具体情况，从而使思想更容易输入和输出，并对各种共同的法律问题进行真正的全球背景下的讨论。这一优势本身就是法经济学成功的一个因素，因为它使学者们更容易在国际上发表文章和进行全球性和比较性的讨论，突出了法经济学在知识产权领域的重要性，而这一领域的全球特征也在快速增强。

1.2.2　法律的经济分析

法学与经济学的交叉并不是一个新现象。有一些法律领域旨在规范传统经济市场的活动。这些领域的法律和法律概念来源于对市场的传统经济分析、市场的特殊性和市场失灵。"旧的"法经济学关注这些领域。公司法、税法、反垄断法和竞争法是这类法律分支的几个例子，在这些法律分支，对经济因素的考虑是自然的，市场分析是法律框架的一个组成部分。"新"法经济学是一种不注重对经济世界进行法律分析的方法，它注重的是对法律世界进行经济分析的方法。它不局限于处理经济问题的法律分支，而是将整个法律体系——私法视为公法，实体法视为程序法，以及法律制度——视为经济分析的对象。

新法经济学的根源可以在18世纪的史密斯（Smith，［1776］1961）、贝卡里亚（Beccaria，［1764］1986）、康多塞（Condorcet，［1785］1976）和边沁（Bentham，［1789］1948）的著作中找到，但在我们这个时代，它是在20世纪60年代才成为法律理论的一个重要分支，诺贝尔经济学奖获得者罗纳德·科斯（Ronald Coase）曾发表一篇著名文章，题为"社会成本问题"（Coase，1960）。值得一提的是，卡拉布雷西（Calabresi）关于侵权法的著作（Calabresi，1961，1970，1975）与阿尔奇安和德姆塞茨关于财产法的著作（1972）也是开创性的。这些著作与两本重要期刊《法律与经济学杂志》（*Journal of Law and*

Economics)和《法律研究杂志》(*Journal of Legal Studies*)同时出版。但是，这场运动的重要推动力出现在 20 世纪 70 年代，来自理查德·波斯纳(Richard Posner)的一本畅销书——《法律的经济分析》(*Economic Analysis of Law*, 1972)。

关于法律扩展的（现代）经济方法旨在分析传统市场的传统经济模型，并将其应用于非经济市场，如犯罪市场、解决冲突市场或创新市场。它还强调法律和法律制度在经济和非经济市场中的作用。在执行这些任务时，法律的经济分析也改变了传统的经济分析，将更多的重心放在规范分析上，指出了实现某些目标（如效率）所需要的法律规则和制度。

与经济学的定义类似，对法律的经济方法或法律与经济运动的定义也没有达成一致。定义的多样性，除其他因素外，还反映了一种意识形态立场，笔者将在下文加以说明。关于经济学的定义，笔者倾向于广义的方法论定义，根据这种定义，法经济学是处理法律问题的一种特定方式，一种强调特定方法论的方式。

法经济学运动专注于两个不同的方向——规范分析和实证分析，一些学者增加了第三种模式的描述性工作。描述性法经济学是试图用经济学的语言来描述法律规则、司法判决或法律制度。这里的重点是描述，而不是预测或指示。关于这一层次分析的大量文献中的一个例子是，试图将普通法描述为一套有效的规则或竞争性市场均衡(Rubin, 1977)。

实证经济学是经济学的一个主要分支，它寻求借助数学模型和实证工具来解释各种变量之间的因果关系，并预测一个变量的变化对其他变量的影响。这种工作的经典例子是微观经济学的核心供求模型。它一方面显示了价格和供给之间的联系，另一方面显示了价格和需求之间的联系。模型预测，随着价格的上涨，需求将减少，而供给将增加。当其他变量设置为固定时，将验证这些关系。这些理论上的因果关系可以用另一个经济学分支——计量经济学及其主要工具——多元回归进行实证检验。在法学领域，法经济学者主要关注的是不同法律规则对法律所要处理的各种现象的影响，以及不同制度因素对法律决策的影响。例如，法律的实证经济分析可以处理不同的惩罚和执行方法，实际上是实体刑法规范对犯罪水平的影响。法律的实证经济分析还可以探讨替代责任规则对车祸发生率的影响，或司法任命方法对司法独立程度和司法决策结果的影响，或各种知识产权法律对创新水平的影响。

规范性经济分析旨在对替代解决方案进行排序，或确定理想的法律或制度安排。换言之，规范分析告诉我们的不是法律规则是什么，也不是它存在的原因，而是它是否是一个好的规则，以及什么是理想的法律安排或司法结果。这一分析分支意义重大，因为它可以帮助我们评估各种法律规则和司法判决。以上述刑法为例，在实证分析的基础上，规范分析将指出最佳规则。实证分析揭示了各种变量之间的相互关系。如果刑法的目的仅仅是最小化犯罪水平（或犯罪成本，包括犯罪活动产生的成本以及预防和执行犯罪的成本），那么在实证分析的基础上，我们可以找出刑法的最佳惩罚准则和实体原则。如果说规范交通事故责任的唯一目的是将社会成本降到最低，那么实证分析可以告诉我们，可取的规则是严格责任。同样，如果知识产权法的目标是社会福利最大化，那么在实证分析的基础上，我们可以制定最优的法律规则——在有限的时间和范围内创造产权，或者提供资助和奖金。

要进行规范分析，就必须确定一个规范目标，其来源不在经济学的范围之内。从这个意义上说，在我们广义的"经济学"定义的框架内，规范目标可以被视为经济方法论中的简化假设之一。大多数法经济学文献的首要规范目标是效率。效率有几种不同的定义，如效用最大化、财富最大化和帕累托最优。关于效率的地位，也有不同的观点，要么是波斯纳（1979）所倡导的首要规范目标，要么是福利经济学所倡导的由于计量问题而无法实现的效用最大化的次优目标。此外，效率不一定是唯一的规范性目标。任何目的论原则，包括分配原则（如 Rawls 的正义理论），都可以作为经济分析的规范目标。宪法经济学的一个主要部分涉及不同的规范性目标，这与效率的一个具体概念——共识或帕累托最优——相吻合。这一规范性目标从不同的历史根源演变而来，主要来自国家的社会契约理论（Coleman，1988：第6章）。原则上，非目的论原则也可以作为规范经济分析的目标。

人们可以把法经济学运动描述为由几代人组成的，这几代人可以被视为各种不同的子范式：传统的芝加哥学派，与耶鲁大学法经济分析学派并驾齐驱；交易成本和新制度法经济学；行为法经济学；以及新兴的发展法学和经济学，都将对知识产权法产生特别的影响。我们使用"世代"一词是因为它反映了这一运动的年代历史，特别是其进化性质。然而，我们这样做绝不意味着先辈们已经走了。第一代芝加哥学派非常活跃，事实上，法经济学的大量工作正在这一框架内进行。这些世代或子范式反映了对每个模型简化假设性质的具体态度，但也反映了不同的规范目标，这一事实有时被忽视。

芝加哥学派将新古典微观经济模型视为分析所有法律问题（包括非传统市场问题）的合适和首选的理论框架。微观经济理论的工具——供给和需求曲线——被用来分析犯罪市场或创新市场，就像它们被用来分析苹果市场一样。芝加哥学派没有区分理性的个人和其他更复杂的市场参与者，如公司、政府或机构。通过一个简化的假设，一个国家，其结构和机构都被简化为一个个旨在追求最大限度地提高自身福利的决策者。此外，在微观经济模型中，这种"教条式"的方法假设需求方和供给方的参与者都是完全理性的，他们的动机只是追求个人财富的最大化。它还假设一切都可以通过货币单位来转换和衡量，假设有充分的信息，以及对引导参与者选择的法律规则的充分了解，假设偏好是分析市场的外生因素。从财富最大化的角度来看，标准目标被假定为效率，分配正义的任何考虑都被排除在外。其结果是对市场和合同的强烈偏好，以及对监管和政府干预的排斥。只有少数市场失灵得到承认——垄断、公共产品、外部性和信息不对称——这些都是中央干预的正当理由。这种分析把法经济学运动与政治权利联系起来。

耶鲁大学法经济学派（以奎多·卡拉布雷西为代表的）是与芝加哥学派并行发展起来的，它采用了更复杂、更灵活的假设。因此，个人被认为是自我最大化者，但他们的自我利益不仅包括个人财富，还包括其他因素，如其他人的福祉。卡拉布雷西对法律规则的信息和知识提出了更为复杂的假设。同样地，在供给方面，企业或政府被视为一个资产和个人的团体，以一定的结构组织起来，由代理人经营。因此，供应曲线没有被假定为仅代表企业（或供应商）利润的最大化。在规范层面上，人们认识到效率的其他目标，例如分配正义，效率的含义更为复杂。这些差异导致人们认识到更广泛的市场失灵和政府的理想干预。法律被认为是加强市场，而不是取代市场。芝加哥学派的优点是建模、操作和应用更简单，并且通常作为早期进化阶段出现。然而，这种表述之所以具有误导性，主要是因为两个学派的两种方法在规范目标上存在差异。

交易成本分析是法经济学思想发展的过渡代际。它的出发点实际上是芝加哥学派对市场微观经济基本模式的一种延伸，是一个过渡的阶段，因为这种延伸最终催生了新制度法经济学。交易成本分析的核心是 1960 年的科斯定理，它破坏了对传统市场失灵的分类，特别是对纠正市场失灵的补救措施的分析。科斯定理预言，在一个没有交易成本的世界里，法律规则并不重要，因为市场交易会绕过任何低效的法律安排。但由于现实世界是一个有交易成本的世界，科斯的分析指出，在考虑法律规则时，交易成本是被考量的重点因素（科斯，1960）。交易成本的概念最初用于分析市场中个人之间的相互作用，但很快被扩展到分析机构的出现、内部决策过程和外部相互作用，结合科斯早期（1937）关于公司性质的著作，作为市场合同的替代品。在这样做的过程中，用于分析的方法学工具被扩展了，因此转向了第二个子范式。

第二代法经济分析——新制度子范式——是一个比芝加哥学派更为广泛的经济分析理论，因为它将制度结构作为内生变量纳入法律分析。因此，新制度理论分析认为政治结构、官僚结构、法律制度与其他商业和非商业实体相互影响。政治规则与经济规则交织在一起，经济规则与合同规则交织在一起（Williamson，1993）。新制度法经济学所使用的工具是传统的微观经济学或福利经济学模型，与公共选择、博弈论、代理理论、制度经济学和弗吉尼亚经济学派并列。❶

近年来，法经济学一直在寻找新的方向。传统理论已经得到了实证检验，其中一个结果是结合了心理学和社会学领域的研究和见解，包括理性假设（Simon，1957）、风险行为（Kahneman 和 Tversky，1979）、决策中的路径依赖和禀赋效应（Kahneman、Knettsch 和 Thaler，1991）。重新强调了社会规范的作用和功能（Ellickson，1991；Eric Posner，2000）。最近出现的行为法经济学，侧重于削弱纯粹理性假设（Sen，1982），融合了心理学领域的实证研究结果，势必使经济分析复杂化，并使其政策建议进一步偏离芝加哥学派的政策建议。第三代法经济学由此诞生。

除了新兴的行为方法外，还有经济分析的另一个转变的迹象，这可能与知识产权分析最为相关。我们指的是发展规律和经济学的出现。新古典经济学和芝加哥学派（通过推导）侧重于静态效率，研究任何一套法律规范（或其他社会和经济安排）如何有效地利用现有技术为任何现有水平的投入创造最多的商品和服务。然而，近年来，世界各国的政策制定者都把注意力放在实现最大经济增长上，这可以转化为动态效率的经济目标。与静态效率试图推荐从现有资源中产生最大福利的规则不同，动态效率旨在推荐有可能增加集体（国家或全球）资源的规则。换言之，静态效率假设以最有效的方式分配一定水平的资源，而动态效率则是为了使资源的未来增长最大化。技术水平（通过创新实现）是发展法经济学的新焦点，因为推动经济增长的主要是技术变革（而不是自然资源、劳动力和资本等传统生产方式的变革）。知识产权法被法经济学视为法律与创新、技术变革以及发展和增长的最重要领域。

经济学家们一直认为，技术创新是经济增长和集体福利的核心。亚当·斯密的《国富论》（*Wealth of Nations*）强调"机器的改进"，而卡尔·马克思（Karl Marx）的资本主义经济模型则将核心作用归于资本货物的技术创新。同样，阿尔弗雷德·马歇尔（Alfred Marshall）将知识描述为经济进步的主要引擎。然而，直到 20 世纪下半叶，经济学家们很少把技术变革或创新作为其

---

❶ 关于新制度法经济学，包括科斯、威廉姆森（Williamson）、斯蒂格勒（Stigler）、布坎南（Buchanan）和塔洛克（Tullock）及其他学者的著作，可以参考默库罗（Mercuro）和梅德马（Medema，1997）的著作第 5 章。

理论模型或实证分析的一部分。例如，保罗·萨缪尔森（Paul Samuelson）在他的主要教科书中，总是认识到技术变革的重要性，但随后像其他主要教科书一样，在很大程度上忽视了技术变革。其他人，包括索洛（1957），将技术纳入他们的模型，但假设技术是一个外生变量来进行市场均衡分析。这让约瑟夫·斯蒂格利茨（Joseph Stiglitz, 1987: 885）感叹道："虽然资本主义具有动态特性……这构成了我们对其优于其他经济组织形式的信心的基础，该理论——至少是我们教给学生的版本——基于一个假设不变的技术的模型。"假设技术作为一种外生因素也是正确的，这将是下文阐述法经济学运行的基础。

一个大胆的例外是源于熊彼特（1912，1928，1942）的著作，他将创新置于其经济理论的核心，以牺牲传统的新古典微观经济学均衡范式为代价，换取了一个不那么僵化、不那么程式化的进化模型来强调路径依赖（Nelson 和 Winter，1982）。熊彼特早期的一个重要见解强调了他的分析与传统新古典主义模型之间的一个差异，即垄断和寡头垄断为培育创新提供了更有利的环境（熊彼特，1928）。后来，熊彼特本人改变了他的观点，指出个人创新企业家是推动创新的主要因素（熊彼特，1942）。这一点在理论和实证研究中仍处于激烈争论之中。

20世纪下半叶，情况发生了变化，越来越多的经济学家把技术变革和创新作为他们论述的中心，尽管在传统的微观经济学和宏观经济学模型中，还没有一个关于创新的一般理论，也没有将技术变革作为一个完全内生变量纳入其中。此外，创新的作用和功能突出了"宏观增长文献和微观技术变革文献本身之间的尖锐不一致——这对新古典主义理论的基本原则提出了质疑"（Nelson 和 Winter，1974: 886）。法经济学运动仍然被新古典主义模式所束缚，这是一个更为严谨的理论框架，但无法囊括创新的各个关键方面，如教育、基础设施、企业相互关系和其他因素的作用。

到目前为止，在法经济运动中，几乎没有注意到正出现的新熊彼特学派的著作。它不那么严谨，但抓住了这些背景和不太正式的变量，这些变量是创新的重要来源。后一种子范式挑战了对自由竞争和市场公平完全信任的新古典主义观点。新熊彼特学派的著作对法经济学的影响是非常重要的，因为它涉及许多法律领域，而这些领域迄今为止一直是学者们关注的创新领域之外的领域，如劳动法、合同法、一般商法和公法。许多新熊彼特学派经济学家认为，把知识产权法作为促进创新的主要工具的首要关注点有些夸大。因此，我们设想，在未来几年里，我们将见证与技术变革相关的法经济学著作的重大变革，表明与知识产权分析有着重大的关联。

1.3 法律的经济分析的缺点和挑战

有人提出了许多批评意见,反对法经济学的总体发展,特别是反对芝加哥学派,尽管芝加哥学派仍然是法经济学研究的主要子范式。在这一框架内,我们将无法涵盖范围广泛的批评文献,而是将重点放在与知识产权的经济分析有关的几点上,主要涉及整个法经济学的方法论,特别是它面对21世纪不断变化的世界所面临的挑战。

1.3.1 过分强调规范分析和法经济学的内在谬误

经济学的方法论本质上是实证主义的。如上所述,经济分析的规范目标是经济分析的外生目标。事实上,经济学本身的大部分工作都是在积极分析的层面上进行的,旨在为决策者根据其规范性考虑做出选择提供更好的依据。这也是法经济学运动先驱之一罗纳德·科斯(Ronald Coase)著作所要表达的本质。科斯以革命性的方式启发了私法领域的立法者和法官应该考虑的问题,但没有指出一个具体的规范目标或一个具体的可取的法律安排。从这个意义上说,他1960年关于社会成本问题的文章与他1937年关于公司性质的文章相似。但律师更重视规范性分析,规范性分析是律师职业和学科性质所导致的。在法学教授将经济学引入法学研究时,重点转向了规范性分析,并将规范目标定位于经济分析。例如,理查德·波斯纳就是这样解释和应用科斯定理的。[1]

在经济学方法论所采用的范围广泛的规范性标准中,财富最大化成为法经济学中的主导性规范标准。这至少包括内部和外部两个主要原因。内部原因是指,财富最大化是用来建模的最简单的规范标准。从这个意义上说,尽管在理论上(如上文广义定义的那样)经济学相对于法律的规范性目标是中立的,但在实践中,它由于更容易应用或因其科学方法而偏向于某一特定的意识形态。以财富最大化为首要规范目标,导致市场优先于公共或法律秩序,私有化优先于政府干预,总财富或增长率优先于分配正义。

外部解释的根源在于右翼在政治意识形态上的主导地位,这与20世纪80年代法经济学运动的兴起是密切相关的。美国的里根和英国的撒切尔政权信奉财富最大化,它们的社会经济、意识形态的影响在后里根、撒切尔时代留下了显著的印记。英国工党、美国民主党和全世界的社会民主纲领在过去几十年中

---

[1] 参见1993年出版的《制度与理论经济学杂志》(*Journal of Institutional and Theoretical Economics*,第149卷)中波斯纳、科斯和威廉姆森关于这一问题有趣的辩论。

右倾，与里根、撒切尔政治左派和中间派的意识形态相比，已经变得非常不同。财富最大化或国内生产总值（GDP）增长仍然是政治和社会经济政策的重要组成部分。因此，对于法经济学学者来说，采用并巩固它是一条容易的道路（Mattei，2005）。很难确定政治世界的意识形态霸权与法经济学的成功，特别是芝加哥学派的成功之间因果关系的确切性质，但我们认为这种因果关系不是片面的（即，法经济学对政治的影响），至少它在两个方向上都起作用，这可以从任命两位法经济学的主要学者弗兰克·伊斯特布鲁克（Frank Easterbrook）和理查德·波斯纳担任美国的高级司法职务中看出。

法经济学运动的创始人曾就规范目标展开辩论，并意识到对财富最大化的批评，以及规范性目标是经济方法论的外生性。❶ 似乎成长为范式的年轻一代法经济学学者对这些规范性辩论知之甚少，因此财富最大化已成为他们的前提之一。今天，绝大多数法经济学的著作，都是基于一个毋庸置疑的假设，即他们分析规范性的目标是财富最大化。如果不是数学运算让更广泛的法律界不容易接触到这些文献，那么正是这个前提使得这些著作中的许多与法律界以及对法律研究的效力和贡献的相关性降低。值得注意的是，过去几十年的技术革命以及行为法经济学的迅速发展，可能会在未来提高衡量和比较效用的能力，这是经济学最初的主要规范目标，因此，对于那些认为财富最大化是次优的人来说，诉诸于财富最大化的必要性将被削弱。

规范分析的重点与另一个法经济学分析的温和观点相关——规范分析和实证分析的内部平衡。很多法经济学学者同时专注于规范分析和实证分析。规范分析试图告诉我们什么是法律或制度安排。实证分析尝试解释为什么事实如此或用经济学语言描述法律现象。规范分析和实证分析的区别并不是专属于经济学的方法。因此，法学理论或法哲学的核心问题是"法律是什么""法律应该是什么"以及这些问题的内在关系。但是，法律和经济的区别很关键，因为规范分析和实证分析都是建立在人类行为的具体一般假设上的，如果在此基础上的假设让我们预测推荐的解决方案很可能不是要选择的，那么构建规范性理论的用途是什么。

换句话说，法律和经济作为一个整体固有的非相关性在于，基于严格的范式假设，实证分析并不能预测其采用的规范性建议。这就在规范分析和实证分析之间产生了内部平衡的缺失。从这个意义上讲，自由和完全竞争的市场和政治市场之间存在主要区别。在自由和完全竞争的市场中，以自我偏好最大化为

---

❶ 例如，见1980年《霍夫斯特拉法律评论》（*Hofstra Law Review*）一卷中"专题研讨：效率作为一个法律问题"中波斯纳的论点和对罗纳德·德沃金和朱尔斯·科尔曼的批评。

目标的个人行为，将预期产生有效的平衡，例如效用最大化（以及财富最大化和帕累托最优）产生实证分析和规范分析的平衡。在政治市场中，政治家、官员和法官的利己行为也是基于相同假设的结果，即在主流法经济学规范目标的基础上，这并不必然导致效率或效用最大化的集体选择。一旦中央干预是市场失灵结果所要求的，经济分析并不能预测这种干预将导致预期的解决方案。正因如此，我们将在第 7 章详细介绍这个在知识产权经济分析中的严重问题。

在卡拉布雷西和梅拉梅德（1972）的文章中，规范分析和实证分析之间缺乏平衡的问题在传统的私法领域和指定保护权利分配的第二级规则领域中并不严重。因此，如果规范分析是指关于主要修改违反合同的理想规则，或关于胜诉费用的理想规则，或保护知识产权权利的理想修改，对于在所选择解决方案没有直接利害关系的立法者，或者是没有来自国家利益集团执行特定安排的具体压力的立法者，这是一个公平的机会来投票此类安排。在某种程度上，这是立法普遍性高度的结果，并不能被视为代表特定利益和特定个人或集体。同样，所有的文献都表明为什么来自法院的个人先例的常见法律规范是与效率相适应的。考虑到效率是主要的规范目标，本书主要是指规范分析和实证分析之间的平衡。

规范分析和实证分析之间缺乏平衡在公法领域和分配权利的第一级规则领域是比较严重的问题。当政治家为与他们未来决定权绑定的规则投票时，不论是通过建立其他制度来检验和平衡其结果（政府宪法或后宪法的结构规则）还是通过宪法或行政对政治权力的实质性限制，当要求他们对权利分配进行投票时，比如知识产权的权利产生，当需要遵循关于权力分离、投票权或效能、增长和正义的规范性论证时，很难表明他们的选择。如果一个人是自私的政治家，那么将不会直接体现知识产权的实证分析。比如，当需要遵循通常被法学理论家用来描述概念的规范性论证时，知识产权领域的大部分立法是一级决策，即权利分配的决策。大部分的法经济学文章忽略了这种内在的谬误。

1.3.2 理性假设和外源性偏好

以财富最大化为主导的集体规范目标，从实证分析转向规范分析，两者之间缺乏平衡，这与大多数法经济学著作所特有的另一个隐含假设——理性假设有关。大多数法经济学文献认为，偏好是外生的，个人在刚性理性意义上理性行事，也就是说，他们只追求个人财富的最大化，一切都可以用货币单位来衡量。

经济学方法假设个人被给予的偏好，并试图解释他们对价格、成本和信息变化的反应。因此，偏好是外生的和固定的：它们不受过程、市场交换和社会制度的影响。正如财富最大化已成为法经济学领域无可置疑的一个组成部分一样，外生偏好和理性行为的僵化假设在大多数法经济学者的著作中都是隐含的，以至于它们成为范式思维的一部分。后者通常归结为假设人类的行为是为了最大化自我财富。在这里，假设个人自我财富最大化行为的主要原因是建模和应用先进的分析技术的简单性，以及认为财富最大化是理想的首要集体目标的意识形态信念。当财富最大化被假定为激励个人行为时，通往财富最大化集体目标的道路是直截了当的（尽管并不缺乏逻辑和哲学上的困难）。主流法经济学忽视了从假定效用的自我最大化到假定财富的自我最大化的转变的缺陷，忽视了财富边际效用的降低或禀赋效应。❶ 因此，大多数学者也坚持在这一领域继续走芝加哥学派的道路，这也使他们的著作对法律的现实世界贡献甚微。

同样，大多数法经济学著作所使用的外生偏好假设是简化论的，也是不现实的，因为我们的一些更重要的社会制度，包括法律本身，在很大程度上是为了改变偏好，而不仅仅是为了构建它们的集合（Dau-Schmidt，1990）。许多社会要素，如家庭、学校、宗教、广告和意识形态，甚至法律，在很大程度上独立于价格信号运作，并灌输对污名化活动的强烈心理厌恶。尽管近年来有一些关于内生偏好的文献（例如 Stern、Dethier 和 Rogers，2005；Lichtenstein 和 Slovic，2006），但仍处于空白。忽视关键社会要素的这一作用会降低经典法经济学文献的吸引力。

大多数法经济学著作都使用外生偏好假设，不仅因为它更易于处理和建模，而且因为它是倡导财富最大化作为可取的规范目标的一个重要组成部分。一旦人们将经济模型扩展到包括由法律规则引起的偏好变化的可能性，并在任何总体规范性评估中考虑这些偏好变化，使用财富最大化标准的正当性就会大大削弱。为了适用这一标准，一旦法律的中央干预是合理的，就必须首先选择是否根据受影响者的政策前或政策后偏好来衡量政策的支付意愿（Crespi，1997）。认识到后政策偏好可能不同于前政策偏好，会破坏财富最大化的一致性，导致对理想规则或法律决策的严格建议，并使财富最大化取决于决策顺序。这可能是迄今为止试图减少外生偏好假设和固化理性假设的原因之一，例如行为学者的假设，对于法经济学学者和公众舆论的贡献重要性和数量而言，仍然是次要的。

在知识产权法所针对的信息领域以及信息产品和服务市场，假设外生偏好

---

❶ 财富边际效用递减意味着任何一个额外的财富单位产生的效用都低于前一个单位产生的效用，因此财富与幸福之间没有严格的相关性。有关捐赠效果，请参见卡内曼（Kahneman）和特维斯基（Tversky）（1979）。

的弱点是显而易见的。这既是由于信息作为偏好最重要基础之一的固有性质，也是由于这些市场的迅速变化，在这些市场中，技术进步往往先于偏好的产生。信息的消费，以及对信息的限制，可能会影响偏好。此外，虽然有关偏好的直截了当的假设可能适用于专门为利润最大化而设计的公司，但它可能不适用于个别行为者。近几十年来，互联网和信息技术的引入使个人走到了信息生产和消费过程的前沿（见第5章的讨论）。信息技术和全球网络的兴起进一步彻底改变了个人的观念，将个人作为基本单元用于经济分析。我们阐述了网络空间对法律经济分析的影响（Elkin – Koren 和 Salzberger，2005：第9章）。

保持外生偏好的一个原因是它受到各种社会和文化变量的影响，这使得经济学家很难控制它们。传统的经济分析认为，我们的基本身份是不同历史、文化、语言甚至气候背景的结果，可以根据不同的偏好加以界定。这些背景因素是已知的，早于市场和集体行动组织的形成，如国家或其他行政单位。然而，国家边界的定义在很大程度上受这些古老的偏好群体影响。即使偏好因市场互动（如成功的营销和广告）而改变，它们最初也是建立在这些古老差异的基础上并从中发展而来的，其中一些可能是永久性的。全球信息网络正在挑战这种看法，因为它模糊了历史、文化、民族甚至气候的界限。在线信息环境构成了我们这个时代的人类环境。网络环境的综合特性使得个人更容易受到其偏好的外部影响。媒体、通信和跨国软件集团的出现以及新的垄断企业的兴起，不仅影响到普通商品市场的经济竞争，而且影响到个人自治的基础。

传统的经济思想，包括新制度和行为法经济学，认为个人偏好是政治过程和经济市场的外生因素，而新兴的信息环境要求我们不仅要对个人偏好进行分析，而且要对个人的概念进行内化。

1.3.3 全球环境变化中的法经济学

法经济学运动是在过去30年的技术革命和全球化进程加速之前诞生并确立的。它还没有适应新的现实，换句话说，绝大多数当代法经济学文献忽视了全球在过去几十年来的剧烈变化。在这方面可以强调几点。第一个是涉及技术在经济模式和法律理论中的作用。

传统的经济模型假定技术的状态是固定的，或者对其分析是外生的。以科斯的路径突破定理为例，该定理预测，在一个没有交易成本的世界中，法律规则的选择无关紧要，因为市场将绕过任何无效的法律规则，并将稳定在有效均衡上。科斯在其1960年的文章中给出的实际例子［火车和火花（收集器）的例子］相关的技术不太可能因为法律规则的选择而发生重大变化（尽管人们可以假设，运营火车的技术将受到公司决定是否被追究因火车运营所造成的对耕地损害所影响）在当今的信息环境中，技术不断加速发展，科斯式分析的结果可能会随着各种技术的进步而不同。当今技术变革的速度是有争议的，有很多方法可以衡量它。有人认为，芯片的速度每两年翻一番，是衡量技术变革的良好指标。在高科技环境中，一个常见的假设是，每 6~12 个月，技术就会自我改造一次。这个非常简短的时间框架和技术的弹性，要求在经济分析中对技术进行不同的处理。例如，交易成本分析在互联网上的应用，其关键的短板在于它将技术发展视为静态的，忽视了技术发展与法律规则之间的相互依存和相互作用。法律与技术的这种多层次关系是理解信息环境下技术创新的关键因素，而信息环境下的技术创新又具有降低传统交易成本的特点。因此，将技术状态作为外生成分的分析在应用于技术进步和创新迅速的环境中时存在严重缺陷。这种分析没有考虑法律规则对创新的影响（Elkin - Koren 和 Salzberger，2004：第 8 章），这些规则与知识产权法领域有着重要的相关性。

　　技术不是自然的结果，也不是预定的科学进步的唯一必然结果。科学进步取决于对研发的投资，而研发投资又可能取决于有关权利和责任分配的法律制度和具体法律规则。因此，现有技术的状态不能被视为独立因素，也不应成为分析最经济的规避者或最大的规避者的外因。事实上，某些技术的可用性取决于各种社会经济因素，法律是其中的主要因素。如果要求铁路公司的蒸汽机释放更少的火花，我们就需要更有效的设备。这样的需求可能会吸引更多的投资用于更好的设备研发，并刺激开发商和生产商之间的竞争。大量的投资和高水平的竞争可能会增加火车火花收集措施的创新，并压低此类设备的价格。同样，反规避法律可能会对系统安全和解密技术产生影响，进而影响社会的进步和福祉，最终影响未来的法律。标准法经济学分析没有考虑法律规则的选择对预防性技术出现可能性的影响。

　　技术也影响到标准法经济学分析的其他重要支柱。例如，被应用于分析代议制政府的代理理论（Musgrave 和 Musgrave，1989）应该被修订。信息技术使人们更容易且相对廉价地获得信息，集体审议和行动的成本更低，这有可能有效地提高监督水平，降低代理成本，从而对政治经济分析和企业理论产生重大影响。技术革命影响着企业在生产组织和资源利用中的结构和作用。根据科斯（1937）的分析，当通过等级制度组织经济活动比通过合同或市场组织经济活动更有效时，企业就有可能出现。企业组织成本的潜在降低可能会使它们成为进行经济活动更有效的选择。然而，集体行动交易成本的降低在市场中也很明显，从而改变了企业与市场之间的平衡。如果企业被认为是市场中高交易成本的产物，那么先进的技术必然会将活动从企业转移回市场，正如我们在信息产品环境中看到的那样（Benkler，2002）。

同样，必须重新审视集体行动理论和对国家、宪法和公法及机构的经济分析。主流的公共选择文献认为，小利益集团将能够通过对代表施加压力，以牺牲公众利益为代价，来寻求租金和获取收益。通过集体行动的付出，利益集团能够在其行动中取得成功。这些成本只允许小团体形成组织，这些团体从集体行动中获得的潜在收益高于组织成本（Olson，1965）。这一理论对于宪法和国家机构的规范和实证分析具有决定性意义，但正如我们在后文第7章中所阐述的，它在知识产权法的分析中也是至关重要的。互联网降低了集体行动的成本，从而使更广泛的利益集团能够组织起来，为政治市场带来更多的平等，并分散狭隘利益集团的影响；这将影响传统上对权力分立、宪法和法规的分析（Elkin-Koren和Salzberger，2004：第10章）。

此外，技术也是一种新兴的隐性法律资源，也是一种执法制度。法律不再被认为是由立法机构和法院有预谋的规则制定过程排他性地产生的，甚至那些由政治机构故意创造的法律也不再是政府机构所唯一垄断的。该法典已成为一个重要的法律来源和执行机制（Reidenberg，1998；Lessig，1999）。迄今为止，这些现象一直被主流法经济学文献所忽视。一种可能的解释是，承认技术是一种内生因素，与对待个人偏好的态度类似，动摇了财富最大化这一主要的法经济学规范目标。内生化技术影响了支持财富最大化论点的一致性，主要是因为最大化的地理和时间单位模糊以及决策的顺序，这将对可能的效率边界产生更大的影响。

新世界的第二个特点是全球化。它本身与当前的技术革命以及今天的市场——经济和政治——跨越传统的地理边界，破坏一个分裂为独立和主权国家的世界的传统结构和权力这一事实有关。与对待技术一样，传统的法经济学模型也将其视为外生的关键因素，包括国家的存在、国家之间的边界、中央政府、执法权以及市场与国家的对应关系。公共选择理论试图通过分析公共领域、国家、公法和集体决策过程的出现，弥补传统微观经济理论的部分不足。新制度理论是最广泛的经济分析框架，它试图将公共选择分析与传统的微观经济学或福利经济学相结合。新制度法经济学接受科斯（1937）关于企业产生及其内部结构的见解，将制度结构视为法律分析中的内生变量。因此，新制度分析将政治结构、官僚结构、法律制度以及其他商业实体和非商业实体视为相互影响的。政治规则与经济规则交织在一起，而经济规则又与合同交织在一起。

1.4 结论

法经济学已经成为当代法律分析的主流范式。人们无法掩盖这样一个事实：它的推动力之一是法经济学著作的出版。法律学者们发现，法经济学论文更容易发表，因为它们更抽象，对当地法律或具体法律制度的依赖性较小，因此吸引了更广泛的读者群，也容易跨越地理和语言边界，而且它们的评价标准也更客观。乍一看，这似乎不是法经济学运动成功的正当理由，也不是法经济学在研究法律方面的方法论优势，但是，更深入地看，这一现象应该受到欢迎。它使世界范围内的法律学者能够更好地交流，使法律科学和法律研究方法得到真正的发展。这一点在知识产权法领域尤其重要，在这一领域，国家法律安排对其他法域产生了实际影响，远远超过了法律的其他领域，因此，法律的国际化、协调和全球化比其他领域更加明显。

对法经济学的当代主导范式的解释，与以往法学研究范式主导范式的解释并无太大区别；它们也植根于法律直接领域以外的发展。当前法经济学的主导地位还表现在它对非法经济学话语、法律思维和法律理论化的影响上（Landes 和 Posner，1993）。事实上，形式主义者、比较主义者、法律与社会以及批判学者与法经济学进行了卓有成效的对话。他们将法经济学的见解、思维方式、推理和话语融入到自己的作品中，其中一些是新批评角度的背景，这些是非法经济学对法律的创新见解的来源。这一现象有助于法学界更好地理解和评价法律。

尽管如此，法经济学的主流学术，起源于反教条主义和实用主义的法律方法，多年来已转变为教条主义思维。法经济学运动起源于以法律现实主义为特征的实用主义法学观和法学研究观，是对实证主义和形式主义教条方法的回应。但它转变成了另一种教条主义形式，反映在其主流文学中固有的僵硬假设（Katz，1990；Hovenkamp，1990）。有趣的是，法经济学运动的一位大预言家和对其教条主义特征负有主要责任的学者理查德·波斯纳近年来在他的一些著作中展现出了一张更加务实的面孔，颇具讽刺意味。考虑到直觉、主观性、无知、学习和政治动机等因素，波斯纳最近对法律决策的分析似乎没有赋予经济学传统理论所赋予的角色，法律制定应该反映社会成本和利益的机械平衡（Krecke，2004）。现在是主流法经济学转向实用主义的时候了，我们希望这本书是对这方面的贡献。

第 2 章
知识产权的兴起

知识产权在社会、文化、经济和政治中发挥着越来越重要的作用。本章简要概述知识产权以及围绕这一领域的主要争论。首先阐述知识产权日益重要的意义（第 2.1 节），其次阐述知识产权的定义和分支（第 2.2 节）以及知识产权是否真的是财产（第 2.3 节）。最后探讨知识产权的 4 种不同的哲学论证（第 2.4 节），以及它们与法经济学学术研究的关系（第 2.5 节）。

2.1 知识产权日益重要

知识产权已成为一个非常重要的话题。有一些理论认为，知识产权的当前价值大大超过了土地、有形物和无形物等实物财产的总和。例如，根据伊德里斯（2004）的数据，虽然 1982 年美国只有 38% 的公司资产是非实物资产，但到 2000 年，这一数字飙升至 70%。格林（2001）认为，所有工业化国家企业的知识产权价值占其总价值的 2/3 以上。工业国家 GDP 中越来越多的部分由软件、电影、音乐、药品和数据库等信息产品构成。夏皮罗和哈西特（2005）估计，2005 年美国知识产权的价值为 5 万亿美元，相当于约占其 GDP 的 50%。❶ 知识产权保护的范围当然对这一经济价值产生了重大影响，信息时代规范知识产权的法律被视为经济增长的关键。因此，知识产权法已变得极为重要。在过去的 20 年里，它见证了自印刷术发明以来最重大的变化。

知识产权的重要性不仅体现在其经济价值上，知识产权法对技术前进的步伐有着重要的影响，它对科学研究、粮食安全、健康和人类福利有着重要的影响，它也对人们的社会和文化生活产生了深远的影响——关于人们消费的娱乐

---

❶ 据美国商会统计，2008 年，美国制造业和非制造业当中，知识产权公司的总产出近 7.7 万亿美元，占美国 GDP 的 33.1%。

和文化、关于人们使用的一些小玩意的性质,以及迫使人们在一定时间内更新它们。知识产权还影响着由于知识产权而发生变化的社会财富分配机制和社会结构。随着在高科技相关专业领域接受培训的新一代年轻专业人员的出现,这些社会结构发生了变化,他们的收入急剧上升,并对收入的再分配产生重大影响。知识产权的重要性日益增长,放大了个人作者和发明人的力量,动摇了劳动力市场的结构,标志着工会组织下劳动力的减少。知识产权还影响到政治、制度、公司和组织的结构和规模以及利益集团在国家和国际领域发挥的作用。

为了解知识产权对我们当代生活的影响,有一个好办法,那就是想象一下如果没有知识产权,世界将会是什么样子——没有好莱坞的大型制作,没有不同类型的娱乐产品和文化艺术品;我们喜欢使用的那些小玩意的使用寿命会更长,技术变革速度会较慢;沟通方式和集体行动的方式和目前相比也会有所不同。❶ 在这个假设的世界里,个人是会更幸福还是会更富裕,这是一个无法确切回答的关键问题。

知识产权对当今人类生活各个方面的重要影响是信息时代技术革命的结果。无形商品、软件、药品、音乐、书籍和电影正在推动21世纪的经济增长。知识产权法对这一技术前进的步伐有着重大影响,而技术革命对知识产权法的范围和重要性也有着同样重要的影响。信息产品日益增长的经济价值带来了商品化和财产化的过程。信息产品和服务作为财产受到越来越多的保护,要么是通过赋予所有者一套专属法律权利的法律规则,要么是通过技术等其他手段,而技术本身受到法律保护也是不可规避的。法律成为经济利益的主要工具,知识产品的巨大经济潜力及其无国界性质导致了这一领域法律安排的全球化。知识产权问题也变成了由WTO管理的贸易问题。

信息市场的全球化性质和知识产权制度的融合,也成为各国和各国政府之间紧张关系和日益激烈的争议的根源。知识产权法已成为利益集团、政治家和社会不同声音的重要战场。知识产权的扩张及其对经济增长、国家和个人财富以及对人权的重要性,引起了各种呼吁,相当于一场社会运动,倡导一种将停止并确实减少所有权制度的反进程。

公共领域是这场运动的一个关键特征,包括不受知识产权约束的无形商品的各个方面。过去20年来,学者们一直强调公共领域作为促进创新和技术进步目标的载体的作用(例如Boyle,2003)。事实上,公共领域不是知识产权法的坟墓,而是它的最终目的(Patterson和Lindberg,1991)。知识产权寻求激

---

❶ 废除知识产权将大大淡化金融市场(Fisher,2001;国际商会,2005)。此外,世界贸易在数量和结构上都会受到显著影响(Helfer,2007;Sykes,2002)。

励创造产出和发明，最终使所有人都能获得这些产出和发明，以造福全人类（Wagner，2003）。公共领域也通过为进一步的发明和新的创造性作品提供原材料来推动创新。正如杰西卡·利特曼（Jessica Litman）所解释的那样，早在1990年，公共领域就应被视为创造力的源泉：“公共领域不应被理解为不值得保护的物质领域，但作为一种策略，它允许系统的其他部分工作，将原始资料留给作者使用”（Litman，1990：968）。

公共领域的倡导者认为，立法机关和法院向大媒体、大公司和强大的利益集团屈服，扩大了知识产权的范围，从而缩小了公共领域的边界，强化了企业对创意活动的控制，对自由文化和技术进步本身构成严重威胁（Boyle，2003a；Samuelson，2003；Lessig，2004）。这一主张强调了知识产权权利制度不仅对经济，而且对人类社会和未来民主的重要性（Birnhack，2006）。

2.2 什么是知识产权？

"知识产权"一词相对较新（Sterk，2004）。它诞生于1967年，当时联合国决定成立WIPO。它涵盖了很多完全不同的内容主题，从作者保护其作品完整性的权利，到制药公司防止其药品竞争性生产的权利，再到名人防止其照片被展示的权利。TRIPS涵盖七类知识产权：著作权和相关权利、商标、地理标志、工业设计、专利、集成电路布图设计（拓扑图）和对未公开信息的保护。❶ 著作权法保护创造性作品，专利法保护发明，商标法保护标识。具体条例还涉及数据库、商业秘密、设计专利、植物专利、植物品种、半导体掩模工作、数字录音设备、广播和有线转播、权利管理系统免受规避，有时甚至包括发表权等问题。

所有这些类别过去都是单独处理的，最近才有单一的标记命名。每一类都有其独特的特点，构成了一个特定信息产品（即设计、符号、创造性表达、数据）的不同市场。例如，商标市场就是在商标法的基础上建立起来的，因为每个人都可以随心所欲地复制品牌名称，所以在没有商标和额外权利要求的情况下，人们不可能进行品牌名称交易。

然而，通常情况下，几种类型的知识产权支配着同一有形商品，为同一商品的各个方面创造了不同的市场。以计算机软件为例，一个软件所体现的表达方式可以作为一种文学作品受到著作权法保护，而其界面可以作为一种文学作品和艺术作品受到著作权法保护。有时，如果软件包括新颖的和非显而易见的

---

❶ 见TRIPS第1(2)条，参见http：//www.wto.org/english/docs_e/legal_e/27-trips.pdf.

发明（在美国的法律制度下，偶尔在欧洲），它也有资格获得专利保护。软件的名称和用于标记软件的符号可以获得商标保护。这些不同的方面由不同的法律管理，每个法律提供不同类型的保护。因此，知识产权法是一套管理信息作品使用的法律理论。所有知识产权客体的共同特征是无形的。这些知识产权保护的对象往往体现在有形的媒介中，但它们的经济价值将是它们所包含的知识内容。

知识产权并不是一个连贯的概念，在单一的知识产权概念下对一套规则进行分类可能会导致对其基础理论框架的一些混淆。我们将在以下章节进一步探讨，著作权、专利和相关权利的经济原理与商标和相关权利的经济原理有很大不同。前者的经济理论基础是公共产品的市场失灵和外部性，后者则涉及与非对称信息相关的市场失灵。商标法保护无形的，通常被称为一类知识产权。然而，这一法律体系与创新政策并没有直接联系。美国联邦最高法院（Supreme Court of the United States）解释了这一区别，即美国国会是否有权根据宪法的知识产权条款颁布联邦商标法（参见 re - Trade Mark Cases, 100 US 82：94）：

> 普通商标与发明、发现没有必然联系。普通法所承认的商标，一般是经过相当长一段时间的使用成长起来的，而不是突然发明出来的。它往往是意外而非设计的结果，当根据国会法案寻求通过注册来确立它时，无论是原创性、发明、发现、科学还是艺术都不是该法案所赋予的权利所必需的。如果我们把它归为作者的著作，反对意见同样强烈。受保护的作品是智力劳动的成果，具体表现为书籍、版画、雕刻品等形式。一般来说，商标可以是采用已经存在的东西作为使用它的人的独特标志。

这本书的主要重点是著作权和专利，它们影响知识的生产，使我们能够探索与创新和创造力相关的、对经济学提出最大挑战的那些知识产权的问题。

2.3 知识产权是财产权吗？

知识产权这个词在某种程度上是一个比喻。首先，它不是真正的智力，因为它不仅仅适用于智力创造。诸如保罗·西蒙的《寂静之声》（*The Sound of Silence*）、莎士比亚的《哈姆雷特》（*Hamlet*）或托马斯·爱迪生发明的电灯泡等，无疑可以被认为是作者创造性想象力和智力技巧的结晶。保护这种人类思想和精神的输出，往往反映了对浪漫主义作家的一种态度——一个被认为是这部作品唯一原创人的创作者（Jaszi, 1991; Boyle, 1992）。然而，在许多情况下，知识产权还包括不反映任何智力付出的无形资产，例如赛马信息汇编或电话簿，或由于对营销的大量投资而获得次要含义的品牌名称。在这种情况下，当给予知识产权保护时，它实际上会奖励劳动和资源的付出和投资，而这些付出和投资不一定涉及任何特殊的智力付出。

其次，知识产权不是严格意义上的财产。事实上，知识产权与传统产权有一些共同的显著特征：它界定了一系列由法律创设的专有权，这些专有权构成了对抗全世界的权利（物权）。排他权被视为任何产权的核心要素和一个界定性特征，可以说，这使知识产权成为一种产权（Merrill，1998；Merrill 和 Smith，2007）。排他性权利可能在范围上受到限制，但在这一范围内，它规定陌生人有义务避免未经所有权人许可使用知识产权。权利持有人的利益通常受到卡拉布雷西和梅拉梅德等耶鲁学派（Calabresi 和 Melamed，1972）提出的财产规则的保护，这使他们有权获得禁止侵权者绕过其权利的禁令。因此，潜在的侵权人必须与权利人协商并就知识产权所涵盖的信息产品开发达成协议。普通法和反垄断法对诸如虚假广告、规避、不当占有和赔偿等也常常提供补充保护。❶

然而，知识产权与有形财产的所有权之间存在显著的差异。一个是知识产权法律保护的时间和范围有限。不动产通常会永久存在，而知识产权只在有限的时期内授予。专利权一般自申请专利之日起持续 20 年，而著作权则在作者去世后持续 70 年（根据以色列的法律——编辑注）。无论期限多么长，有著作权的作品或专利发明都将回到公共领域。因此，公共领域是知识产权制度的基本原则，界定了适用于知识产权已过期的作品或不受知识产权保护的作品的法律地位。虽然知识产权法界定了授予权利人的一系列与其作品有关的专有权利，但公共领域是一种人人有权使用任何现有资源、任何人在法律上都无权排斥他人的制度。

知识产权与有形财产的另一个区别是非竞争性。知识产权规范信息资源的使用，而信息资源不受稀缺性的影响。例如，土地不能被超过限定数量的用户使用，煤矿和度假胜地不能用同一块地。因此，财产权应该在土地的潜在使用者之间分配使用权。经济理论认为权利将分配给最高效的用户。实物资源，如动产或矿产很稀缺。一个人对这种资源的使用往往使其他人无法使用它，特别

---

❶ 达根（2009）在他近期的文章中批评了财产理论中的排他性中心主义，他认为，在财产法中，权利人排他性权利的限制是相当普遍的，而包含的表现形式（非权利人购买、出租或实际进入财产的权利）是财产固有的排他性。达根以美国著作权法中的合理使用原则为例说明了这一点。然而，他的出发点是知识产权是一种财产权，这恰恰是本书争论的范畴。

是在矿产和食物这类情况下，对这种资源的使用本身就将它消耗掉了。知识产权法则适用于不受稀缺性影响的资源；消费信息产品并不妨碍他人随后的或同时进行的消费。恰恰相反，信息产品（如软件）的性质是，其他用户使用这些产品往往会增加该产品对原始用户和广大公众的价值。知识产权标的物的使用缺乏对抗性，意味着知识产权法没有面临物权法所面临的对资源进行配置的挑战。

此外，在某些情况下，如果没有知识产权保护，受知识产权保护的信息资产就不会产生。虽然财产规则旨在分配现有标的物（即土地、有形资产）的权利，但知识产权却试图鼓励人类的活动并进行互动，从而创造出信息作品。知识产权本质上是事前的，它寻求建立能够产生新客体的社会制度。因此，与传统的财产法相比，知识产权法面临的主要挑战是设计一种法律制度，这种制度将激励新资源的创造，不仅是管理现有资产的使用，而且是使其尽可能被广泛地使用，进而造福于整个社会。

知识产权最明显的特征是其无形性，并将其与不动产区分开来。财产的概念相当直观，财产规则定义了与资产相关的权利和义务，并取决于陌生人遵守不受与所有者的任何合同关系约束的情况。它根据法律规定了一项义务，即不采取任何专门授予权利人的行为。我们经常假设，如果我们不是某个东西的拥有者——一块土地、一辆汽车、一条金项链，它一定是别人拥有的，所以我们需要申请使用许可。我们通常不会以同样的方式看待虚拟资产，如故事、图像、音乐或新发明。有时我们甚至可能不知道我们是在用它们来创作自己的作品。当我们使用这些虚拟资产时，通常不需要跨越任何物理障碍。这使得知识产权的认定更加烦琐，需要对法律制度有高度的认识和理解。

小说可以体现在印刷书籍的有形复制件中，但与之相关的知识产权超出了对特定实体复制件的保护范围，并适用于原始叙述、人物、语言的选择和构成小说的其他方面的表达。法律保护的界限与体现作品的复制件的物理界限不一致。图书的物理边界并不表明对这些财产的潜在使用者施加的权利和义务的范围，随着电子书的推出和数字内容的普及，这种界限进一步模糊。权利标的的定义完全取决于法律定义。例如，小说可以包括一些方面，其中一些方面受著作权法（表达）保护，而另一些方面则属于公共领域（思想）。表达和思想之间的区别往往需要法律分析。

知识产权的虚拟性也使其相对难以排他，因此易受"搭便车"之苦。虽然有形财产的客体有明显的界限，可以清楚地加以标记和注意，即使缺乏法律规则或执法机构，也可以排他，但智力创造缺乏任何明显或自然的界限，无法在没有明确和有效的可执行法律规则的情况下排他。第6章进一步讨论了知识产权的这一方面。

知识产权与不动产之间的这些差异表明,知识产权并非严格意义上的财产,其独特性要求在运用不动产的概念框架、理论基础和政策分析时要谨慎。本杰明·卡普兰(Benjamin Kaplan)恰如其分地提到著作权:

> 如果说著作权是"财产",虽然这是一个根本不具有历史意义的说法,但如果我们准备承认有不同的财产,那么这种说法就不会大错特错了,因为几乎没有任何法律后果统一适用于所有物种,而且在实践中,真实的问题很可能是,在特定情况下,某些后果是否应附属于某一特定的所谓财产。
>
> (Kaplan,1967:72)

尽管知识产权可能只是一个隐喻,但法律隐喻在构建政策问题和法律分析方面可能被证明是非常强大的。财产修辞确实影响了法律理论和法律分析(Rose,1994)。当我们将这些不同的法律权利集中在一个屋檐下,称之为"财产",并建立一个独立的知识产权制度时,我们很可能会影响这些权利的实际范围和一般态度。近年来,人们提出了信息环境的替代隐喻,如环境隐喻,将文化视为"一个相互关联、相互依存的资源系统,包括自然的和已建成的资源系统"(Madison、Frischmann 和 Strandburg,2010);或对话隐喻,将文化和知识资源作为信息流、社会要素、话语人类互动的组成部分(Elkin – Koren,2005)。

在第 4 章中,我们进一步说明了财产概念如何影响知识产权经济分析的理论转变,即知识产权的一般概念从贸易管制和商业侵权的概念转向统一的所有权概念,也许部分原因是"财产"的所有权。因此,财产的修辞是非常有力的,财产话语是非常有影响力的,并冲击了关于权利的基本直觉。因此,它推动了更强有力和更广泛的财产保护(在传统意义上)。

2.4　知识产权法的规范渊源

知识产权的哲学依据是什么?知识产权规范分析有两大冲突基础:义务论基础和目的论(结果)基础。前者是以民法界(大陆法系)知识产权法律话语为历史渊源主导的,而在英美法传统中,结果论思维被认为是主导知识产权法的基础。在每一个领域中,我们都可以确定知识产权的两个主要规范理论(Fisher,2001)。

义务论中的一种观点是基于义务的知识产权正当化理论包括自然法和自然

权利理论。义务论范式大多不在法经济学的范畴内,因为义务论范式根据一项法律、决定或行动的内在道德价值来判断其是对还是错,而不考虑其在个人主观价值或偏好方面的后果。换言之,传统的自然法思维将道德或善恶的基本区分视为先人,或源于上帝,或源于人性的本质,并认为积极的法律应该反映和执行道德。尽管自然法的传统可以追溯到古代,但13世纪的托马斯·阿奎那(Thomas Aquinas)在法律理论的背景下构建了自然法传统,约翰·洛克(John Locke, 1690)则以此为基础,为包括知识产权在内的财产权辩护(Shiffrin, 2001)。

洛克的自然法对财产权的解释是,每个人都有拥有自己创造物或劳动成果的自然权利,无论它们是物质的还是知识的,其中包括原材料不为公共持有的创作(Nozick, 1974)。洛克提出的6个不同的理由是否构成自然知识产权的一致理由是一个悬而未决的问题(Fisher, 2001:22)。然而,毫无疑问,洛克的著作有助于形成欧洲对知识产权的态度,借鉴了自然法传统(Gordon, 1993)。如果这种自然权利得到承认,它就不能受到损害,即使分配它会减少社会福利或效用的总额,妨碍公平分配,等等。从这个意义上说,自然法的论述超出了法经济学的范畴,它也不能证明现行的知识产权法的积极性。因此,从自然法/自然权利的角度来看,知识产权不能受到时间限制,应当分配给发明人或创造者,而不是分配给投资者或创造者受雇的公司。

另一种关于知识产权正当性的义务论理论,不是集中在对劳动成果的自然权利上,而是集中在知识产权作为自我或人格的固有成分上。这些理论与康德和黑格尔的自我实现或自我繁荣的论点有关。它们可能被视为知识产权法中道德权利的重要来源,但肯定不符合当代知识产权法的积极范围(Fisher, 2001)。接受这一规范的基础将意味着知识产权在时间上是无限的,但那些只会给予真正的创造性表达或真正的智力创造,它们表达自我,不是为了纯粹的运气,一种是发明的结果,另一种是信息的编译,例如数据库。如同自然权利基础一样,由于自我实现的个人自治理论在本质上也是道义论的,它们不属于法经济学范畴,因此在本书的框架中将不再进一步讨论。

目的论领域的两大理论流派是功利主义及其衍生理论和古典共和理论。功利主义道德理论是现代经济学特别是规范经济学的历史渊源之一,因此它自然成为法律经济学话语的主要焦点,包括知识产权的经济分析。但是,正如我们在下文所述,共和主义道德和政治哲学也可以在法经济学的框架内讨论,这可能是该学科对知识产权最有趣的挑战。

功利主义作为一种现代道德理论,起源于杰里米·边沁(Jeremy Bentham, 1789)的著作,并由约翰·斯图尔特·密尔(John Stuart Mill, 1863)进一步发展。它反对道义道德理论，特别是自然法和权利，认为善恶是主观的、个人的价值。每个人都定义了什么对他有好处，并合法地努力促进自己利益的实现。这一出发点导致了唯一的集体道德标准——集体效用最大化或最大数量的最大利益。功利主义是一种有吸引力的道德理论，它在原则上可以通过考察任何决定、行动或法律是否增加了社会的总体效用来判断任何决定、行动或法律的可取性。在选择行为、决定或法律的情况下，道德选择是总效用最大化的选择。然而，效用很难衡量和比较，因此，当经济学家采用效用主义时，他们只能求助于次优。福利经济学用财富代替效用（Kaldor，1939），承认财富最大化是第二好的，主要是因为它忽略了财富边际效用的下降——与穷人的额外收入相比，富人的额外收入产生的效用更低。因此，福利经济学家试图通过社会福利函数来纠正这种转变，社会福利函数将不同的权重归因于支付意愿。

从效用到财富的转变或许可以解决计量问题，但它还保留了另外两个关键问题，这两个问题在知识产权背景下非常关键——最大化的地理单位和最大化的时间框架。前一个问题直接关系到知识产权的内部化，以及发达国家知识产权制度所达到的平衡是否也为世界其他地区带来了效用（或财富）最大化的激烈争论。最大化的时间框架与静态效率和动态效率的目标相关。后者寻求随着时间的推移财富最大化，但发展和增长的视野应该是什么？我们的目标是在未来一年、五年、十年还是一个世纪实现增长最大化？我们将在下一章讨论其中一些问题。

经济理论试图解决功利主义计量问题的另一个方向是建立在这样一个前提下的：由于效用无法计量和比较，我们必须假定个人的偏好顺序，而不是效用函数。社会选择理论和帕累托原理进一步发展了这一方向。根据帕累托原理，只要至少有一个人生活得更好，而没有一个人生活得更糟，那么一项决定、行动或法律就有其正当性。原则上，任何效用增强法都是帕累托最优的，因为反对者可以得到赞成者的补偿，而赞成者仍然保持较好的状态。帕累托准则与协商一致决策是唯一合理的集体决策规则，这是从霍布斯（1651）到罗尔斯（1971）政治哲学中的社会契约传统的基础。

1979年，理查德·波斯纳提出了一个独到的论点。根据这个论点，财富最大化并不是效用最大化的次优选择，而是事实上在规范上被优先考虑，它应该是法律的主要规范原则（Posner，1979）。波斯纳的论证确立了芝加哥法经济学学派的主要规范框架，我们在前一章中对此进行了阐述并提出了批评。

知识产权的功利主义基础及其结果为知识产权提供正当理由，直到授予这些权利最大化社会效用、社会福利、个人偏好、社会财富或经济效率。每一个后续目标之间都存在显著的差异，这些差异将在后面的章节部分讨论，但所有这些目标都可以用经济学的方法进行分析。激励理论也许是在这种范式下分析知识产权法最常用的框架。它证明了有限形式的知识产权是正当的，这种知识产权将产生创造和创新的动力，同时考虑到产品的公益性质，这意味着一旦产品生产出来，最大限度地利用它们将提高集体效用和财富。因此，知识创造的产权对效用或财富最大化的目标产生冲突的后果，导致产生一个最优的解决方案，导致产权在时间、期限和范围上受到限制。

换言之，激励范式提出了这样的问题：什么是使社会效用、福利或财富最大化的理想法则？它认识到，虽然产权会激励创造，因此应当由法律确立，但产权化也阻碍了创造过程，因为新的创造在大多数情况下依赖于以前的创造，如果后者是私有财产，成本太高，那么新创造的可能性就会降低。从这个意义上说，人们不能把建立在功利主义基础上的法经济学模式描述为有利于财产化和反公共领域。挑战在于设计合适的知识产权范围，并衍生出公共领域，使知识产权最大限度地造福社会。我们将在第3章详细讨论这些主题。

共和主义者的知识产权理论可能被认为是最复杂的理论。政治哲学中的共和传统与社会契约传统重叠，卢梭（1762）的著作就是一个例证。因此，它可以被视为与目的论道德理论相联系。然而，共和主义的传统增加了一个重要的转折点。卢梭的普遍意愿或美国开国元勋们的共同利益不仅仅是个人偏好的集合。共和主义者强调对国家的参与、审议和责任，可以在经济思维和模式的背景下以各种方式加以解释。在知识产权哲学辩护的背景下，共和主义者的目标是实现一个有吸引力和公正的社会和文化（Fisher，2001），促进人类社会的繁荣（Elkin – Koren，1996），促进"民主文化和公民协会的话语基础"（Netanel，1996）。

另外，我们（Elkin – Koren 和 Salzberger，2005）认为，共和主义者的思维不在法经济学的范畴之外，但也许是它最有趣的挑战。从法经济学的角度来看，古典功利主义（和衍生的）道德和政治哲学与共和主义者哲学的主要区别在于对个人偏好的假设。功利主义方法将个人偏好视为已知的，或是集体决策过程的外生的，或是市场过程的，因此超出了经济分析的范围。相比之下，共和主义者的方法则将个人偏好视为分析的内生因素。换言之，从共和主义者的角度来看，法律安排本身，以及制度和程序，都会影响个人的基本偏好，使他们在其他方面更加合作，从而扩大集体效用边界。

这些非常笼统和哲学的观点对于当代许多关于知识产权的争论，例如支持产权的倡导者和公共领域的捍卫者之间的争论，是非常重要的。公共领域的概念存在于特定的知识产权背景之外，是共和主义者话语的一部分。公共领域，与公共空间一样，是一个隐喻空间，在这个空间里，个体被鼓励相互交流、交换观点和信息，并试图影响彼此的观点和偏好。因此，在一个假定内生偏好的分析框架下，从福利或效用最大化的角度来看，开发和保留这样一个空间是有益的。如果个人改变了其他人的偏好，那么集体就能够达到效用或财富边界或其他相应的目标，而这些目标在最初的偏好下是不可及的。在知识产权的背景下，公共领域不仅能够实现信息和意见的自由流动，而且是一种生产手段，与其他传统生产资源（如土地、劳动力和较小程度的资本）不同，公共领域不是竞争性的或排他性的。关于个人偏好的这一点是针对主流法经济学文献（Salzberger，2008）批评的最重要的一点，它对知识产权理论有着深远的影响。在本书中，我们将探讨这个多用途的公共领域如何影响传统的生产和分配效率分析。

如上所述，共同的智慧是，虽然自然法思维主导着大陆法系的知识产权法，但功利主义或理性思维主导着英美法系的知识产权法。本书的一个重要论点是，在过去的10年里，这两种传统已经走得更近了。在欧洲有关知识产权法律改革的辩论中，越来越多的经济论据被提出，事实上，新的政策、法律规范和司法裁决反映了这些论据。此外，对这一领域法律安排的实证分析反映了经济利益，可以解释为对立法实证分析的基本框架。在美国，法经济学的论述已经从功利主义或结果论的框架转向新的自然法——自由主义。根据自由主义，每一种潜在的经济价值都应该被产权化。换言之，越来越多的文学作品将知识产权视为财产，并以此为前提进行经济分析，从而使话语更接近传统的欧洲学派。

2.5 知识产权的法经济学

直到当前的技术革命，知识产权才成为经济学的一个重要研究领域。事实上，除了约瑟夫·熊彼特的著作（1912，1928，1942）之外，经济理论完全忽略了创新和技术进步的经济学。在过去的20年里，我们见证了新兴的经济文献，知识产权、创新和技术进步，无论是经验还是理论的。历史上，与法律学术不同的是，专利法领域的经济研究比著作权法和商标法领域的经济研究多（Landes和Posner，2003a：403-419；Menell，2000）。专利被视为工业产权，因此一直与工业和商业环境联系在一起，在工业和商业环境中，效率和经济指标经常被研究。这一领域的研究涉及诸如专利制度对竞争、社会和私人利益、生产过程和市场结构的影响等问题。19世纪和20世纪专利对工业和商业的重要性也为专利制度经济学的实证研究提供了充足的资金（Samuelson，2003）。

在过去的10年里，知识产权法经济学文献在规范和积极领域都有了巨大

第 2 章 知识产权的兴起

的增长［Scotchmer 和 Menell（2007）是一篇很好的调查文章］。越来越多的经济研究探讨了具体的规则，并根据它们所服务的目的来检验它们的经济效果。著作权法领域的研究探讨了"合理使用"豁免的经济学（Gordon，1982）、增加著作权保护期限的经济学结果（Gordon，2002；Kilbey，2003）、表演者权利对音乐产业的经济影响（Towse，1999）和文化产品经济学（Towse，2003）。

早期关于知识产权经济学的著作质疑法律权利对刺激创新的必要性。例如，阿诺德·普兰特声称，大多数发明都是自发的，而且，市场上的先发优势和不完善为发明人和出版商提供了足够的报酬，即使没有知识产权，也可以创作和发行他们的作品。因此，他认为，授予专利保护最终将导致资源浪费（Plant，1934a：30 – 51；1934b：167 – 195）。另一些人说，创新者可以从私人利用专有信息中获得大量收入，而不需要产权，他们可以根据自己在这些发现成为公共知识之前，发现市场上的投资机会（Hirshleifer，1971）。

总的来说，经济学家们对知识产权在促进创新和增长方面的重要性相当怀疑，或者至少是不相信的。他们对促进创新和技术进步的关注已扩展到竞争法和公司法等其他法律领域。这不能说是主流的法经济学文献。经济学家对知识产权的怀疑（最近的一个例子见 Stiglitz，2008）并没有超越主流的法经济学著作。

虽然很难找到与创新和技术进步相关的其他法律领域的法经济学文献（调查见 Salzberger，2012），但对知识产权法经济分析进行探索的最新研究认为，强有力的知识产权制度是有效的，有助于增长，因而是可取的（Granstrand，1999；Landes 和 Posner，2003；Towse 和 Hozhauer，2002；Braga、Fink 和 Sepulveda，2000）。这些研究已经被包含在财产措辞中，并集中在以信息产品为财产来获取最高价值或利润的方法上。

然而，法经济学作为知识产权学术研究的主导方法的兴起以及与知识产权相关的经济研究的激增，几乎没有告诉我们这一日益增长的学术体系对政策制定的影响。

在知识产权政策制定中，法经济学话语已成为主导，导致决策者只关注知识产权的经济后果。这种狭隘的经济视角忽略了创造力和创新的许多方面，例如艺术和科学的社会学或人类动机的复杂性，这些因素可能对这一领域的决策至关重要。因此，有必要重建现有的学术和方法，以解决被排除在调查范围之外的基本问题（Cohen，2000；Boyle，2003）。

人们预计，将在美国的知识产权制度中找到经济论据，而在欧洲则很难找到。虽然欧洲知识产权法的基础是道义上的，但授权国会在知识产权领域立法的美国宪法采取了一种合理的做法。国会被授权立法以确保对作者和发明人的激励。美国国会的宪法权威在美国宪法第8条中有定义，其规定：

> 国会有权……为促进科学和实用艺术的进步，在有限的时间内确保作者和发明人对其各自的著作和发现享有专有权。

因此，经济理由被认为是美国知识产权的主要理由。

与美国法律的工具主义方法形成鲜明对比的是，在欧洲，著作权被视为保护作者的一系列自然权利。因此，可以预期，经济论据在欧洲知识产权制度中的作用将不如在美国（Samuelson，2001）。然而，近年来，欧洲著作权领域的法经济学论述也在不断增加（Koelman，2004）。

鉴于欧盟和美国法律体系的传统差异，这相当令人费解。一些学者认为，美国和欧洲著作权制度在著作权理论上的根本差异正在消失（Samuelson，2001；Koelman，2004）。这一进程可归因于若干原因，其中一个原因是受国际协定制约的全球信息经济的兴起和知识产权法协调化的趋势日益增强。Koelman解释说，由于欧洲著作权理论中经济论据的兴起（Koelman，2004），欧洲和美国的理论越来越接近。欧盟委员会的工作重点是促进内部市场的建立和促进共同体的经济目标。因此，委员会的法律行动主义在知识产权领域，在与知识产权有关的政策辩论中更多地使用了经济论据。

对欧洲立法过程中经济话语的分析表明，经济论据通常被用来证明加强支持权是正当的。他们把重点放在奖励作者的努力上，但没有探索激励的必要性和激励创造的必要范围。对激励和奖励的片面关注进一步忽视了信息的非竞争性和随之而来的经济后果。以排他性权利的形式提供激励有时可能违背知识产权制度的经济目标。经济话语在欧洲的引入对知识产权的理论基础没有多大改变，因此不需要重新审视法律制度。经济论据基本上是为了进一步证明一个已经存在的制度的合理性。

最后，美国和欧盟知识产权理论基础日益融合的现象，也可以归因于美国知识产权方法的变化和专利方法的兴起，如第4章所述。

第二部分

规范分析

第3章
激励范式

几十年来，激励理论一直是分析知识产权的主要法经济学范式[1]，特别是著作权法和专利法。直到最近几年，一些法经济学文献才转向采用所有权范式，我们将在下一章对此进行阐述。激励范式假设经济激励是产生足够创新活动所必需的。信息产品（发明和创造）是非排他性的，使得发明人和创造者缺乏足够的动力来投资于它的发展。所以有必要进行中央干预，通过创设产权，使生产者能够合法地排除那些不曾为这些创新行为投入的人，以弥补失灵。激励范式的规范目标是效率，因为它涉及中央干预——在一定期限内设立产权——只有一种特定的效率可以实现目的（见我们在第1章中的讨论）。激励范式以财富衡量效率，并以财富最大化为目标。[2] 因此，激励范式可以将法经济学与芝加哥学派联系起来。

激励范式基于两个断言。第一，信息是一种公共物品，如果没有中央干预，对创造性表达的投资与由此产生的文化和技术进步将是匮乏的。第二，产权是社会实施这些激励措施最便宜、最有效的方式（Andersen，2004、2006）。然而，获得知识产权是要付出代价的，社会为获得作品和发明方面制造了垄断和障碍，同时也可能因此扼杀创新。公共物品分析导致知识产权在时间和范围上的有限性：社会优化需要平衡这两种对立力量的功能——由于赋予创作者产权而增加的新知识创造带来的好处，与过度保护知识产权将对社会其他人产生的限制效应（Valkonen和White，2006）。

过去几十年的技术革命和信息革命已经停止了对激励范式的严重挑战。绕过知识产权或颠覆性地使用享有知识产权的知识和信息的大规模生产，如

---

[1] 值得注意的是，并非所有形式的知识产权都是在这个框架内单独分析的。商标权、商业秘密权和发表权的经济基础也来源于其他类型的市场失灵，如信息的缺乏和信息的不对称，本文不作讨论。

[2] 关于中央干预为何将效率衡量向财富最大化倾斜的解释，请参阅我们在第1章中的讨论。

"开放内容""获取知识""开放源代码"和"自由文化",已成为信息领域的一个重要组成部分,并指出现行知识产权法的效率低下。此外,随着生产信息产品的手段变得更加分散,吸引新的参与者参与生产信息产品,激励分析变得更加复杂并需要调整。知识产权制度在过去所取得的平衡在今天可能不再是最优的。信息时代增强了我们对信息产品的依赖,信息产品已成为基本的商业和政策运作所必需的。随着我们对信息产品依赖程度的提高,知识产权制度所隐含的成本也越来越高。

本章将讨论和评价激励范式的经济学基础及其在法律制度设计和司法政策中的表现。将特别强调信息时代的知识产权和数字信息产品,我们认为这些技术发展对传统分析提出了新的挑战。第 3.1 节在对"激励范式的经济基础"进行讨论和对市场公共物品失灵的分析之后,将在第 3.2 节质疑是否存在对创造和创新的货币激励的真正需求。假设激励对于促进创新是必要的,我们将在第 3.3 节讨论产生激励的不同形式以及知识产权制度是否提供了最佳的法律制度,包括讨论知识产权的具体设计和调整。第 3.4 节将给出本章的总结。

3.1 知识产权法的基础：公共物品的市场失灵

现代经济理论一直对政府干预市场持怀疑态度。人们认为,自由开放的市场如果不被政府的行动打断,是可以有效运作的。自由竞争市场的均衡会实现效用最大化、财富最大化和帕累托最优。因此,中央干预的初步证据需要证明自由市场的失灵（Cooter, 1997）。芝加哥法经济学学派借鉴了传统的新古典理论和福利经济学对市场失灵的识别和分类,将激励范式与之联系起来。根据这种方法,当市场双方没有多个参与者时（例如垄断、卡特尔和垄断体的问题）,当市场参与者没有与其市场活动相关的完整或对称信息时,当任何参与者通过非自愿行为绕过市场时（外部性问题）,或者当交易的商品是公共物品时,存在市场失灵。后来在市场方法的发展中,继罗纳德·科斯的开创性文章"社会成本问题"（1960）之后,这些市场失灵的框架转移到了更一般的交易成本设置上。需要注意的是,这 4 类市场失灵（有时定义为 5 类,正交易成本为第 5 类）并不相互排斥。可以在一个以上的框架内分析具体问题。例如,信息产品的生产可以被分析为外部性或公共物品。

激励范式将知识产权法律制度视为应对市场失灵的中央干预的合理手段。一旦确定需要对市场进行干预,效用最大化、财富最大化和帕累托最优的具体化就不可能都得到保证,必须设定一个初步的规范目标。如第 1 章所述,这一目标在理论上不属于法经济学分析范畴。然而,在实践中,法经济学文献总是偏向于以财富最大化定义的效率，理查德·波斯纳在这一领域的主要著作就是最好的例证，该书最初于 1972 年出版，后来在知识产权背景下得到了兰德斯和波斯纳的认可（Landes 和 Posner，2003a：11 - 36）。

3.1.1　公共物品分析

纯公共物品是具有非排他性和非竞争性两个显著特征的商品。在某些情况下，中央干预对于部分为公共物品的商品或服务，即部分非竞争性和/或部分非排他性的商品（如道路和其他有形基础设施）的做法可能是合理的。

当不可能排除免费使用者（搭便车者）使用商品或服务时，或者排除费用太高，以致排除效率低下时，就会出现非排他性。信息产品被认为是非排他性的，因为复制信息产品通常相当便宜（Landes 和 Posner，1989；Menell，1987、1989）。创建一个音乐文件或一个软件的多个副本的成本，或者知道配方制造一种救命药的成本，通常可以忽略不计。信息产品的非排他性特征来源于其虚拟性。信息没有物理边界，其复制和分发成本相对较低。排除的边际成本往往大于提供的边际成本，所以将资源用于排除免费使用者是低效的。因此，在没有复制障碍的情况下，在竞争激烈的市场上，作品的价格可能会降到接近零的水平（Geroski，2005）。非排他性产品的潜在生产者，知道该产品的竞争性市场价格将等于（非常低的）边际生产成本，由于不包括固定成本，将不会生产该产品。免费使用者搭便车减少了对产生新信息的投资的激励，而没有政府干预，信息往往供应不足。

图书出版就是一个典型的例子。历史上，第一部著作权法 1709 年安娜女王法令（8 Anne c. 19）的制定与印刷机的出现（即大幅降低复制成本）有关，旨在促进图书业的发展（Birrell，1899）。出版商投入必要的资源来覆盖作者准备稿件所需的稿费、设计封面以及画图和编辑等方面的费用。出版商还承担大量印刷书籍的生产和通过各种分销渠道分销的边际成本。在没有著作权法的情况下，一旦这本书在市场上发行，后来者就可以很容易地复制它，只需承担制作额外副本的边际（相对较低）成本，并避免了制作手稿的大量成本。因此，第二个不投资创作的人可以很容易地以较低的价格发行这些作品，从而把原来的出版商赶出市场，导致出版商将缺乏投资于图书等信息产品生产的动力。同样的分析也适用于药品或尖端高科技设备的生产，其研发投资大大超过单位生产的实际边际成本。

公共物品的第二个特点是非竞争性的。非竞争性是指一个人消费的商品或服务不会减损其他人的消费能力。有形物品和不动产通常是相互竞争的商品，也就是说，一个人使用它们，别人就无法使用它们。信息产品通常是非竞争性的，它们是不会被使用穷尽的。如果我用一块地种小麦，想建度假村的企业家就不能同时使用这块地。相反，如果你听到莫扎特的交响曲的同时，你也不会妨碍别人欣赏。如果你阅读了一本书，即使一些用户可能无法同时使用同一本书的有形副本，但依然不会因为你的阅读而剥夺其他人阅读它的权利。体现作品的有形媒介，如印刷书籍和塑料光盘，不是公共物品。它们受到的是其他稀缺资源的竞争，但这种稀缺性并不适用于它们所包含的信息。与有形物品相比，信息资源的使用不是消耗性的。我们"消费"一本书的方式与"消费"巧克力或水的方式不同。信息作品的消耗不会耗尽资源。恰恰相反，一个人使用一个思想、阅读一篇课文或实施一个数学理论并不妨碍其他人使用它，而且通常的情况是随着实际越来越多的个人同时或分别前后使用同一产品，个人使用的好处也会增加。

信息产品的非竞争性意味着其使用不会造成社会损失，因为没有人会被剥夺这种使用。因此，无须将信息资源分配给最高效的用户。恰恰相反，因为每个人都可以同时使用信息产品，所以一旦生产出来，就会被尽可能多的人使用。托马斯·杰斐逊（Thomas Jefferson）的诗文很好地描述了信息产品的这种特殊性质：

> 它的独特之处也在于，没有人拥有更少，因为每个人都拥有它的全部。从我里领受意念的，自己受训诲，不减少我的训诲；向我点灯的，自己受训诲，不使我黑暗。
>
> 杰斐逊，1813 年 8 月 13 日写给艾萨克·麦克弗森
> （Isaac Mcpherson）的信

此外，信息产品的使用在为用户带来直接价值这一点上是有益的，因为它使读者、观众和其他用户参与到共同的生产体验中。书籍的读者了解其内容，软件的用户获得一些功能。从这个意义上说，信息的使用正在培育人力资本，从而有助于生产更多的信息产品。用经济学术语来说，信息的消费——无论是文化产品、软件还是科学发明——都会产生正外部性。因此，一旦信息产品被创造出来，好处在于尽可能扩大使用范围以使社会福利最大化，并作为进一步创新的基础。

虽然信息产品的非排他性特征证明有必要进行中央干预，以确保对生产新作品的进一步投资的激励，但这些产品的非竞争性使得有必要对权利的范围和期限设定限制，以便尽可能最大限度地利用这些权利，实现最大的集体福利。因此，激励范式将知识产权视为一种不可避免的"罪恶"，必须限制在实现其目标所必需的范围内，正如麦考利勋爵（Lord Macaulary）（1914）的名言所反

映的那样，即著作权是"为了给作家一笔赏金而向读者征税"。

进一步，即使是有限的信息产权也是要付出代价的。授予专有权，即使是在有限的期限内，也会赋予所有者垄断权。与竞争性价格相比，为边际或平均生产成本（考虑固定成本或研发成本）实现最大化社会福利，信息产权所有者可以根据自己的意愿设定价格。他们很可能设定一个能使他们的利润最大化的价格，从而降低社会福利总额。这种经济语言中的集体损失被称为无谓损失，它包括在竞争价格和垄断价格之间对信息产品进行估价的所有潜在用户，这些用户因此不会去购买这些信息产品。

在信息产品市场，这些损失尤其严重，因为这些产品是进一步创新的主要资源。技术创新是一个接一个地建立起来的。艺术作品相互参照，使用符号、隐喻和文字，也会经常引用其他作品。人力资本——信息产品的作者、发明人和其他创新者——的技能取决于能否接触到以前的作品。接触过去的书籍、现代艺术或现有的计算机软件，都可能成为编写新小说或开发新文字处理器的关键。人力资本需要培训和了解当前的技术水平。一个过于强大的激励机制将因此提高未来作品的价格，并可能完全阻断人们进一步创新的可能性。知识产权法试图通过限制权利的期限和范围来缓解这种现象。它只保护作品的某些方面（即著作权指保护表达方式，而不保护思想），并承认一些特定的使用或例外（即著作权制度中的合理使用）。

3.1.2 激励措施是否必要？

如上所述，知识产权的经济理由的核心是需要激励信息的生产创造，这是基于信息的非排他性的原因。早在1970年，哈佛大学教授、现在的美国联邦最高法院大法官史蒂芬·布雷耶❶（Steven Breyer）就在他的一篇重要文章"不安的著作权案例：对书籍、影印品和计算机软件著作权的研究"中表达了在著作权背景下，对中央干预提供这种经济激励的必要性的怀疑，布雷耶探索了如果著作权保护被完全废除将会发生什么。

在质疑著作权保护的必要性时，布雷耶认为，与竞争对手相比，创作者有几个优势可以抵消搭便车者较低的制作成本。其中一个优势就是前置时间。如果创作者制作的复制品首先进入市场，创作者就可以在面临复制者的竞争之前将其出售。当然，复制行为变得越发容易是建立激励机制的一个基础；在古登堡发明印刷机之前，著作权并不存在，同样，在发明影印机之后，著作权的范围也得到了扩展。因此，有人可以说，数字技术使复制变得更加便宜、快捷和

---

❶ 早在1934年，Plant就在专利方面提出了类似的论点。请参阅本书的简介。

普遍，即使布雷耶的论点在1970年是合理的，但现在已经不是这样了。然而，布雷耶在1970年讨论的主要例子是当时一种新的尖端技术产品——软件。

布雷耶利用软件行业来证明前置时间作为一个优势因素的重要性，它可以为潜在投资者提供经济激励。因此，他认为，应用程序出售后，不是直接"下架"，而是"被打包"。这些软件包包含"受著作权保护的文档手册和一个承诺，即卖方将安装该程序，消除其'缺陷'，在升级时进行更新，并通过不时调整，以使其与机器中的其他软件相兼容"。计算机用户经常购买服务和专业知识，与他们购买一个特定的计算机软件一样别无二致。因此，模仿者独立开发这种支持通常会为最初的程序员提供足够的前置时间来收回开发成本。事实上，在日益增长的自由软件和开源市场上，内容提供商从软件销售转向提供服务的趋势是显而易见的，在这些市场上，软件往往是免费提供的，通常是通过收取额外的商品和服务、销售支持、咨询服务和培训费用来获取收入（Arno，2005）。

尽管如此，过去20年，基于技术进步和数字技术，电影的制作时间确实比20世纪70年代缩短了。盗版的新片往往在电影上映后数小时内，有时甚至在电影上映前就被泄露并在互联网上分发。数字复制和大规模发行的便利性实际上常常会完全消除出版商的前置时间，因为数字复制是在原始内容（无论是音乐文件、电影还是电子书）发布后几秒内实现的。这也是20世纪70年代末和80年代初芯片行业要求将知识产权延伸至芯片的原因之一："芯片制造技术的进步大大降低了制造精确或接近精确竞争芯片所需的成本和时间，从而大大缩短了创新者预期的交付周期，并降低了复制成本"（Samuelson，2002：1598）。

数字化进一步影响到最初出版商的其他类型收入，这些收入可以保持足够高的利润，并保持即使没有著作权也能进行创造的动机。布雷耶所讨论的一个变量是报复的威胁，即盗版出版商担心它无法收回复制件和分发原稿的（较低）成本，因为最初的出版商将以低于复制件成本的价格出售复制件（Breyer，1970：300-301）。在数字环境中，盗版者面临的风险最小，因为数字复制件和分发的成本可以忽略不计。

在数字时代，其他反补贴措施可能会变得更加可行。布雷耶认为，如果采取其他手段来维持出版商的收入，如政府或买家事先提供资金，著作权就没有存在的必要了。他设想有一批买家可能会提前签约购买书籍。在20世纪70年代，这类解决激励问题的方法并不十分实际，并带来了许多困难，例如组织买家群体的管理成本很高，需要将购买决策专门委托给一群人。然而，在数字环境下，沟通、协调和筹集大量无组织个人资金的成本相对较低。斯蒂芬·金是第一个尝试直接销售电子书收取预付款的作者，他曾宣布将在2000年出版一本新书《植物》(*The Plant*)，并将它分成10个部分上传到一个主系统中，他要求读者每下载一期支付1美元。他承诺只有在至少75%的读者同意的情况下才会发布下一期。在第一期成功之后，实验最终被中止，因为只有46%的下载是付费的。

总的来说，数字复制的低成本增加了信息作品的非排他性，因此建议加强著作权保护，以确保出版商的投资回报。然而，与此同时，近几十年来的技术进步使复制变得更容易和更便宜，而且还排除了复制。新的信息产品排除实践对创新政策、消费者权益、隐私权、言论自由等公民权利都有着重要的启示。我们在第6章中将进一步讨论这些问题。

新兴技术改变信息经济的另一种方式是引入新的生产和分销方法以及新的参与者。数字网络产生了用户生成内容（UGC）和新的社会生产形式。与过去相比，个人创作者和发明人在内容制作方面发挥了更大的作用，因为数字分发的可访问性更强，成本更低。较低的沟通成本进一步促进了公司和国家组织结构之外的新形式的协调与合作（Benkler，2006）。信息作品生产和分配的这些根本变化正在挑战激励范式，需要认真考虑其中的一些原则。我们将在以下章节中进一步阐述这些变化的含义。

值得注意的是，布雷耶的文章赞同知识产权的基本目的规范性基础，即假定只有在提高社会总福利的情况下，知识产权才是正当和可取的。他根据当时可获得的数据，对著作权保护进行了彻底的经济分析，考虑到出版行业经济的变化和软件行业的引入，验证了著作权的必要性。布雷耶意识到进行成本效益分析的局限性和实际问题，由于没有足够的事实可以作出准确的定量估计，因此无法准确地进行成本效益分析，他坚持认为"人们可以确定收益和损失的来源，估计所涉金额是否重大，并得出大致结论关于著作权保护是否有足够的价值来证明不仅需要保留它，而且要扩大它的保护范围"（Breyer，1970：292）。不幸的是，迄今为止，经济学家还没有完成对著作权成本效益的决定性计算。

在接下来的章节中，我们将更仔细地研究更多的论据和实证结论，这些论据和结论涉及通过中央干预为创造者和发明人提供货币激励的必要性。我们将区分激励在个体创造者层面的作用和在组织层面的作用。

3.1.3 创造激励——个人层面

创造或创新可以由个人单独实现，也可以是个人在公司和其他组织内的工作。个人的激励范式可能不同于组织的激励范式，而且情况更为复杂，因为既要考虑法律制度，也要考虑技术，可能不仅影响创造是否会发生，还会影响是谁——个人或公司。有人也许会说，知识产权法实际上通过调整对公司和大型组织的激励措施，促成了从个人创造到公司创造的转变。现在的技术产生了相反的效果。近年来，随着数字技术和分布式网络将个人带到创造和创新过程的前沿，在个人层面上注重鼓励创造和创新变得越来越重要。第 3.1.5 节进一步说明了这一过程。个人用户生产高质量内容并将其分发给广大受众（使用互联网）的能力不断提高，增加了个人在信息总体生产中的份额。这就需要特别注意个人创造者和创新者的激励。

激励范式认为，货币激励是激发创造力和创新的必要条件。这一假设基于一个没有有力证据的经验主张：货币激励（源自知识产权）实际上会诱发更多创造和创新活动，更甚的情况是潜在的作者和发明人不会从事创新活动，除非他们得到一些货币收益的承诺（Moore, 2003: 610 – 613）。对这些命题的实证支持非常有限。

近年来，许多学者越来越关注激励创作者的非货币激励机制，从而挑战了货币奖励对于诱导人类创造力是必要和充分的这一主流观点（例如 Zimmerman, 2011; Tushnet, 2009; Cohen, 2007）。创造活动是由人类完成的，无论是单独工作的音乐家还是在制药工业实验室工作的科学家。人类的创造力包括一个复杂的动机和激励矩阵，它们常常同时发挥作用来诱导或阻止某一特定行为。虽然与知识产权相关的经济文献几乎只关注货币奖励，但有大量的研究探索了产生创造和创新活动的不同类型的动机（Tushnet, 2009）。

人们从创造活动中获得许多非货币利益，人们有一种自然的创造动力、创造的激情、表达自己和交流自己的想法和才能的需要、被认可的需要、被享受和被满足的需要（Moglen, 2002）。大多数科学家、创造者和发明人的动机是对调查和发现的内在满足感，也是希望获得同行和公众的认可（Martin, 1998: 46 – 50）。为了更好地影响这一领域的决策基础，必须更好地理解创造和创新的动力矩阵。这一点尤其重要，因为我们的信息环境中越来越多的部分是由个人、单独工作或与他人合作产生的。

非货币动机有不同的分类方法。一个有用的区别是内在动机（自我导向）和社会动机（其他导向）（Peddibhotla 和 Subramani, 2007）。"自我导向的动机"是指内在的动机，如乐趣、自我表达或个人发展，也指功利动机。"其他导向动机"是指社会关系、利他主义和互惠。

自我导向的动机集中于人们从创造活动中获得的利益。首先也是最重要的，有一种自然的创造动力。人是有创造力的，创造往往反映了一种人类的欲望，一种对世界采取行动的激情，一种从无到有的愿望（Buber, 1955）。诗人、雕刻家和音乐家创造了不朽的艺术作品，在任何一种知识产权制度赋予他们合法的创作权利之前早已存在，他们创造这些作品只是为了创造艺术和科学。正如赫特和舒奇曼早在 20 世纪 60 年代就指出的那样："在著作权法颁布之前的几个世纪里，大量的文学和戏剧作品表明，除了垄断收益的预期之外，创造知识产权还有其他动机"（Hurt 和 Schuchman，1966：425）。现在在网络上浏览丰富的用户生成内容可能是当代人类渴望创造性自我表达的最好例子。从博客到 YouTube 上发布的自制视频片段，再到 Flickr 上共享的图片和 MySpace 上发布的音乐，这些网络资源都表明，创意活动并不全是为了钱。这种丰富的用户生成内容展示反映了人类渴望与世界接轨，创造意义。

创造力提供社会心理奖励，这是与创造行为相关的文化意义的功能，包括社会认可和获得名誉带来的好处，也包括社会关系，如归属和友谊的概念（Benkler，2006：92-99）。其他类型的激情——自我、对权力的渴望、竞争和对抗——也可能推动创造。

此外，实证研究表明，实际上货币奖励有时会扼杀创造力。探索创造动机的研究区分了货币等外在奖励和快乐、好奇心等内在奖励以及自主的积极体验和竞争。这些研究表明，内在动机往往受到外在奖励的破坏，当人们获得货币奖励时，他们的创造力可能会降低（Deci、Koestner 和 Ryan，1999；Lawrence，2004）。同样，认知评估理论（CET）关注货币奖励的负面影响，并预测为取得成就而给予的奖励有时会降低创造者的自主意识（Cameron、Pierce、Banko 和 Gear，2005）。这样的奖励实际上可能会降低工作质量（Kohn，1999：136-138），或者改变工作方向。

社会动机必须被视为在不同的创造动机的丰富社会背景下产生的，包括货币奖励。个体创造者或科学家可能不会仅仅为了钱而从事创作过程，但这并不意味着他们永远不会期望从自己的创造力中获利。用户生成内容可以在商业环境中分发，实际上可能会产生收入。例如，艺术家和业余爱好者经常从广告中获利，他们将广告植入内容中，或通过在线服务（如 Google AdSense）将内容吸引的流量货币化，Google AdSense 自动将目标广告发送到博客和个人主页，以分享收入。因此，尽管艺术家或业余爱好者创作的内容往往不是为了营利而产生的，但它正日益受到市场力量的影响。社会动机和商业利益的混合可能会动摇社会动机。在个人层面上，以货币和社会利益为动机的营利和非营利活动的混合有时可能削弱内在动机。货币奖励可能进一步干扰社会团结感，这种团结感为参与社会生产提供了基础，货币奖励降低了合作的动机。换言之，可能需要鼓励在个人层面上创造，但不是直接以货币激励（如知识产权）为主要形式，而是在基础设施、教育和促进创新文化方面——这些特征通常被激励范式和新古典主义方法完全忽视，正如新熊彼特主义方法所论证的那样（见

第1章)。

综上所述,个人创造者和发明人在新内容总体生产中所占份额的不断增加以及用户生成内容的兴起,可能会增加个人层面激励的重要性。从个体创作者的角度来看,与工业化内容形成鲜明对比的是,创作作品和发明并不是为了利润最大化而产生的,尽管它们可以在商业环境中进行分配,可能事实上产生收入。此外,有一些经验证据表明,货币激励可能削弱从事创意企业的社会动机。应制定促进创造和创新活动的法律政策,以尽量减少这些负面影响。由于社会激励在个体层面上对创造活动的诱导起着核心作用,旨在促进创造和创新活动的法律政策必须促进社会激励。例如,在某些情况下,作者为其创作的作品获得适当荣誉的权利(道德权利)在产生激励方面可能比利用作品的经济权利更充分和更有效。

3.1.4 激励需求——组织层面

到目前为止,我们关注的是个体创造者独自创造或创新的动机。但至少直到最近,大多数创造和创新活动,包括技术研究和开发专利的来源,都是在商业或公共机构的组织内发生的。早期的熊彼特著作(1928)甚至声称,创新主要来自大公司和垄断企业。同样,在20世纪下半叶,作为著作权主题的内容的生产和大规模发行也由内容生产权利人主导:大众媒体、图书出版商、唱片公司和电影制片厂。与熊彼特早期观点截然相反的是,可以说著作权制度本身激励了这种内容生产模式。一种不同的著作权制度不会导致较少的创作,而是导致个人创作的比例高于公司和其他组织的创作。

个人创作者的动机与出版商、内容和发明的制作者以及大学和研究机构的动机存在显著差异。尽管一个充满激情的诗人即使缺乏经济激励,也可能会写诗,但图书和音乐出版业不一定会出版他的作品,一般来说,如果没有经济激励,作品供应就会不足。组织的激励和对为其工作的个人的激励,以及在组织内工作的个人创作者和信息产业雇员之间也存在重要的差异。虽然,正如我们在上一节中所看到的,单独工作的个人不仅受到货币因素的激励,公司为了利润最大化,也将对在公司内工作的个人动机产生影响,而不是单独工作的个人。

从制度层面理解知识产权的经济功能最好的方法是在斯蒂格利茨(2008)提出的框架内看待知识产权,他区分了创造动机和资本动机,认为知识产权应该为创新服务,为有成本的知识生产提供资金。虽然非货币激励在激励个人创作者和发明人方面发挥着重要作用,但一些作品在制作时涉及高成本,例如电影制作或环保工业的生产机械开发。有人认为,在缺乏足够的投资回报的情况下，很难吸引足够的资金投资于成本较高、风险较大的企业，例如商业企业的内容制作或研发。创新是有风险的，因为创新的成功本身就存在高度的不确定性。这种观点认为，投资不足将导致资源供应不足，从而导致对社会有益的创造性作品和发现的减少。没有这些产业，充满激情的创作者将无法向公众传播他们的艺术品。这在制药行业尤为明显。塔夫茨药物开发研究中心（the Tufts Center for the Study of Drug Development Outlook，CSDD）的一份报告估计，开发一种新药的成本约为 13 亿美元（CSDD，2011）。其他的研究则引用了较低但依然相当可观的数据：5900 万美元（Light 和 Warburton，2011）和 2200 万美元（Love，2003）。总体而言，这些成本很高，包括研发的直接成本、满足监管机构（如食品药品监督管理局或卫生部门）标准的延迟成本以及此类开发活动的高风险。弥补这些成本可能需要高额投资，并确保投资者将从投资中获得回报。在没有知识产权的情况下，创造或研发的成本不是由仿制者承担的，因此，仿制者可以将最初的投资者赶出市场。

然而，最近进行的研究（例如，Johnson，2011）表明，一般来说，公司的激励理论已经被经验驳斥。这些研究显示，企业在面对创新和研发投资决策时，根本不指望知识产权能给企业带来回报。事实上，基本的激励理论并不适用于现实世界——发明和创新在大多数情况下都是有利可图的，即使没有外部的支持奖励。在这方面，应该认识到的是，许多业务经理忽视了他们知识产权的前景，有时甚至不知道这些研发成果。从他们的观点来看，营销策略——例如前置时间、先发优势、专业的销售和服务知识、卓越的制造能力——作为成功的考虑因素更为重要。这些研究的结论是，虽然有证据表明某些领域（如药品）需要外部激励，但这些领域显然是例外，而不是规律，没有普遍性。事实上，在大多数领域中，在没有政府干预的情况下，市场已经有效地为大部分研发成本（Johnson，2011）定了价。这一描述与实证结果一致，根据实证结果，认为没有发现专利申请数量和创新水平之间有相关性（Zoltan 和 Audretsch，1988）。

区分个人创造者的动机和驱动组织的激励结构在数字时代变得至关重要。直到最近，制作和向公众传播内容都是由在市场框架内运行的利润最大化公司策划的。在过去，向大众传播内容是昂贵的，分发实物复制件或播放电视节目需要昂贵的基础设施，这些是由广播公司和出版商拥有和经营的。内容产业投资于制作作品（小说、新闻报道、电视连续剧或电影）的母版，并通过以垄断价格出售或通过授予独家播放权来收回投资。尽管著作权的文章一直强调作者的权利，但事实上，著作权法满足了内容产业的需要。它为那些投资于创意过程的人，而不是那些参与创意过程本身的人提供了一种确保货币激励的机制。事实上，这些激励措施偏向于大型组织。因此，传统的知识产权经济学分析假设市场结构是一个外生变量，但可以说，不断扩大的知识产权制度实际上对市场产生了重大影响，以牺牲个体创造者和发明人的利益来实现激励大公司。

最近的技术进步正在改变这一局面。在某些方面，较低的交易和通信成本正将生产从企业级别推回到市场中的个人承包。例如百科全书和字典，通常被作为一个典型的例子，就是为了营利而制作的作品，需要大量的前期投资来制作（Hurt 和 Schuchman，1966），现在正被同行所仿效，经典的例子是维基百科（Wikipedia）。同样，软件和其他高技术产品的大量生产是由相互签订合同的个人而不是在公司的框架内进行的，或者由小公司而不是大公司进行的。对于这种新的生产方式，目前的知识产权激励结构可能是一种障碍，而不是一种鼓励创新的激励机制。

制度视角使迄今为止描绘的简单和天真的画面复杂化，它还引起了不同组织之间的区别。企业在组织结构和利润分配上各不相同。与商业公司的研究相比，在大学或公共研究机构进行的研究可能受到一系列不同的激励。此外，大学和公共研究机构，与私人公司相反，由政府或公众提供资金，这种资金本身可能足以克服其产品的公益性质。这可能是质疑允许资助这些公共机构也从知识产权中受益的理由。

制度经济学和新制度经济学的见解可以进一步加深我们对激励作用的理解。这一系列的文献告诉我们，我们不能像描绘消费者那样描绘生产者，即致力于从市场互动中获得最大效用或收益的个人。企业供给曲线的实际形状取决于企业的结构和所有者、董事、经理和雇员（每个有其独特偏好或效用函数的群体）之间的互动产生决策和行动的过程。这些见解应被纳入激励分析，而且组织结构也应被纳入现有模式。

此外，制度层面需要区分企业层面的投资激励、创造或研发融资激励以及自由职业者和雇员个人层面的创造激励。例如，与员工签订的财务协议因公司而异，可能对激励企业或个人的创新至关重要。在组织内部，如果管理不当或不公平，货币奖励可能是一种危险的激励因素（Fromer，2012；Sauermann，2007）。研究表明，如果员工因为有限的报酬而被"买断"，他们往往缺乏正当动机（Lawrence，2004）。而且，这些奖励可能会损害员工的内在动机，正如著名黑客和开源倡导者埃里克·雷蒙德（Eric Raymond）所言："你不能用金钱激励最好的人。金钱只是一种得分的方式。在任何领域中，最优秀的人都是被激情所激励的"（Fast Company Magazine，1999）。为了进一步了解员工的动机，必须进行社会心理学研究，这些研究表明，对自我表达的渴望是发明人发明的主要原因（Fromer，2012）。其他研究表明，虽然对员工的外在激励（如加薪、职业晋升和同事的认可）通常会增加他们的工作产出，但内在激励（如挑战和对任务的兴趣）通常会提高他们的工作质量。此外，研究发现，内在激励可能通过鼓励更高风险和更具探索性的活动来刺激员工的创造力和创新，而外在激励可能削弱创造力，导致员工在解决问题时选择安全、无风险和无活力的方法（Sauermann 和 Cohen，2008）。

综上所述，即使在组织层面上，以知识产权形式存在的货币激励与创新水平之间的联系也并非一目了然。创造和创新的货币激励并不等同于追求利润最大化的大型企业的货币激励。此外，如下文所述，旧的知识产权平衡可能不适合当前的技术时代。

3.1.5 替代生产方式和货币激励措施的兴起

数字网络引入了新的信息生产和分配模式以及新的消费模式，所有这些都进一步挑战了以知识产权形式进行货币激励的必要性，或者至少就权利期限及其范围而言，挑战了目前的知识产权制度的平衡。

正如许多学者所指出的那样，数字网络促进了用户生成内容的兴起和社会生产作为主要内容生产类型的出现（Benkler，2002、2006；Litman，2004；Tapscott and Williams，2006；Howe，2008；Elkin-Koren，2010）。在这种环境下，与过去相比，个人在内容和创新的生产中扮演着更重要的角色。当《时代》（*Time*）杂志评选"你"为2006年度"年度人物"时，它表达了许多人的共同看法，即个人用户已经在网络环境中占据了核心地位。Web 2.0将个人带到了创新过程的最前沿，互联网用户可以生成自己的内容，并与自己选择的社区共享。低成本的互联网接入的可用性使得创造的材料能够分发给大量的受众，从而增加他们对用户的潜在影响。用户生成内容的繁荣：人们利用博客发布新闻和分析，独立音乐家在MySpace上发布他们的录音，业余摄影师在Flickr上发布他们的照片，在YouTube上发布他们自制的视频，上述内容分享的数量表明，全世界数百万人正在以视频文件、音频文件或在线日记的形式将自己生成的内容上传到网络上。个人在表达自己分享内容而不必担心知识产权问题，而且通常甚至都不知道这些问题。

此外，个人可以在公司或其他正式机构的框架之外，进行大型联合项目上的合作。较低的沟通成本使企业和国家的组织结构之外有了新形式的协调和协作（Benkler，2006；Shirky，2008）。社交媒体平台（包括商业平台和非营利平台）往往有助于这种协调。在线协调工具能够在没有合法组织结构的情况下进行协作，协调不同贡献者承担的任务。贡献者没有任何法律义务来执行特定任务，通常是自愿的。十年来，我们见证了内容社会化生产的蓬勃发展。例如，在软件开发领域，用户社区产生了重要的信息产品。开放源代码项目，如Linux，由分布在全球各地的数千名无组织的开发人员组成，他们自愿为一个共同项目作出贡献，而无须直接的货币补偿。❶ 自由软件的开发与Microsoft Windows形成鲜明对比，Windows是由微软员工编写的，受著作权法、专利法和商标法的保护，禁止未经授权复制、再分配和修改软件。人们可以问，是什么促使开源开发人员将时间和资源投入此类产品的创建中。研究表明，在这些项目中，个人创造力很强。贡献者的动机主要是基于享受的内在动机和社区相关的社会动机（Lakhani和Wolf，2005）。似乎为项目编写代码是对这些开发人员的一种智力刺激。

但软件绝不是新生产模式的唯一例子。其他在线现象也有类似的属性。例如，比较CNN公司员工制作的新闻和新闻组订阅者制作的新闻，在这些新闻组中，个人贡献的新闻项目经过一段时间后由同行评定其可信度和可靠性；或者比较成熟的百科全书与维基百科，这是建立在许多人的个人努力的基础上，他们不为任何货币激励而运作。另一个例子是创建分类在线网页的类别。虽然雅虎是一个商业目录，其中的类别是由付费员工创建的，但开放目录是由志愿者运作的，每个人编辑一个子类别。所有独立编辑的贡献被合并到一个开放源代码的目录中，每个人都可以自由使用，并且确实被一些主要的搜索引擎使用，包括谷歌。另一个例子是电影或电视节目翻译的在线社区。团队之间相互竞争（令人惊讶的不是为了钱），但也分享知识和技术技能。翻译成英语、西班牙语、意大利语、俄语和希伯来语在eMule和Torrent客户端等文件共享软件中非常常见。

正如本克勒（2002）所说，新技术使一种新的完全分散的生产模式成为可能，这就是基于公共资源的信息对等生产。这些社会和经济现象反映了一种非所有权制度，即内容是通过合作开发的，而不要求对其享有任何专有权。本克勒认为，信息、知识和文化的生产不再需要企业等级制度的管理，也不再需要市场的价格信号。当项目是模块化的，可以分成独立生产的小部件时，它们可以依靠个人的非货币动机。只要能将不同的动机汇集起来并合并到一个单一

---

❶ GNU/Linux 操作系统和 Apache 服务器软件是在一个共同的非专利体制下开发的，它们越来越受欢迎，被认为比同类商业程序（Gillen、Kusnetzky和McLarnon，2003）更稳定。无法确切地知道有多少人使用 GNU/Linux——这就是开源理论的全部要点。用户无须注册或请求许可即可使用免费操作系统，而且没有人在跟踪他们。然而，用户的数量是可以估计的，最近的一个估计是现在有9100万台运行 GNU/Linux 的计算机（http：//mrpogson.com/2011/03/27/how-many-people-use-gnulinux-lots/）。

的努力中，大规模的合作将是可能的。通信和处理信息的低成本使得这种协调和集成以以前不可用的方式具有成本效益。这种强大的信息产品是非竞争性和非排他性的，没有任何明显的货币补偿和任何有保证的金融投资回报，其发展正在挑战激励范式及其基本前提——对信息、技术和智力创造的货币激励的需求。实际上，史密斯和柯洛克（1999：230）称 Linux 为"不可能的公共产品"。

数字技术也改变了消费的本质。内容消费的体验变得非常社交化：我们观看同龄人评价的视频，听联系人推荐的音乐，并寻求与不同社区共享内容。Facebook 的"喜欢"键或"推荐"和"活动提要"等社交插件允许用户查看好友在网上喜欢、评论或与网站共享的内容。随着电子书的推出，阅读一本书，过去是一种孤独的体验，现在可能变成一种社会体验。例如，"流行亮点"功能使亚马逊网站的电子书突出了那些被大多数读者欣赏的段落，却没有透露他们的身份。"公共笔记"功能还允许读者与其他人分享他们的精彩内容和笔记。2010 年，参与社交网站是最受欢迎的在线活动。我们越来越多地寻求与内容接触，而不是简单地获取内容的副本。一个常见的例子是阅读新闻报道和一连串的评论。另一个例子是视频和音乐的混音和混搭。这种交互产生的信息流常常成为内容本身的一部分。内容的消费和生产日益趋同。网络用户对用户生成内容所产生的兴趣不仅仅是因为它提供了一个更有时效性或更可靠的内容，他们同时也寻求社区参与。最近的一项研究表明，网络用户甚至愿意为参与社区和为社区作出贡献的机会支付额外费用（Oestreicher – Singer 和 Zalmanson，2010）。

从经济的角度来看，新的生产和消费模式可以在 3 个理论内进行分析，所有这些框架都指向减少中央干预的需要，以提供创造货币激励。第一个架构是科斯公司理论（1937），该理论将公司的创建视为市场中合同关系的替代品，在市场中，公司等级性质所涉及的交易成本低于市场内交易的成本。新的技术前沿显著降低了合同交易成本，从而将生产活动从企业转移到市场，从无形产品的工业生产转移到个人、团体和无组织人群的生产（Benkler，2002），其中有重要的非货币激励计划。

第二个理论是科斯定理（1960），根据该定理，在一个没有交易成本的世界中，法律规则（权利的分配以及对其侵权的补救措施的选择）并不重要，因为个人会绕过效率低下的规则。相反，在一个交易成本为正的世界里，这种绕过效率低下的规则的做法可能不会实现，因此法律规则的选择确实很重要，制定这些规则的首要考量应该是将交易成本最小化。上述内容生产模式的转变至少在一定程度上是交易成本大幅降低的结果，可以证实科斯的预测，即个人将绕过效率低下的规则。不依赖知识产权的内容生产的出现，可能标志着现行知识产权法的低效。

分析这种新生产方式的第三个经济理论是对工作和休闲的传统划分。努力的碎片化可以将"旧"世界视为工作的活动转变为将数字世界中个人视为休闲的活动（Elkin-Koren和Salzberger，2005：62-63）。工作是人们为了薪水而做的事，休闲是他们为了娱乐而做的事。然而，通常与休闲联系在一起的在线活动现在产生了一种价值，我们通常将其与"工作"的产出联系在一起。例如，对书籍和电影的评论，作为一种社会实践，通常会被用户分享，但是当这些评论发布在网上时，对于亚马逊等平台来说，它们就变得非常有经济价值，这些平台使用这些评论来改进其为客户提供的服务。然而，亚马逊从用户生成的评论中获取经济价值的事实并不一定能将这种做法转化为工作，也不会在各方之间建立就业关系。但与此同时，我们对劳动的定义也可能发生变化，并可能扩大到不被视为工作的劳动形式，如参加聊天、在网上论坛发表评论和玩网络游戏。

内容越来越多地是在职业惯例或雇佣协议之外创建的，只是从社交互动、游戏和娱乐中产生的。事实上，这些过程正在挑战某些职业的界限。以博客为例。随着越来越多的人在自己的博客上报道新闻，传统新闻和博客、有执照和付费记者的新闻报道以及在线新闻论坛参与者的新闻报道变得越来越难以区分。作为一种职业，新闻工作也可能发生变化。博客作者可能不是专业人士，但人们可能不再需要成为专业记者才能报道新闻（Shirky，2008：70-80）。

用户生成内容正在模糊业余人士和专业人士之间的区别。自发制作的作品内容不是在一个产业结构中产生的，它与任何特定的商业模式都没有联系。它通常是为了好玩而创造的，并在一个社会框架内免费交换。虽然许多在线内容是由业余人士制作的，但有些用户生成内容是由专业人士制作，不在他们的雇佣协议范围内。一个典型的例子是成千上万的软件开发人员，他们在高科技公司担任固定的工作，在下班后为各种各样的开源项目作出贡献。一些公司鼓励员工积极参与用户生成内容的交流活动，并为合作项目作出贡献。这些员工的产出只是与其他用户的贡献混合在一起，公司既没有宣传也没有品牌。

工作和休闲之间的模糊区分，以及在内容的整体制作中非货币激励的重要性增加，可能会挑战专业作者的地位。需要支持那些完全致力于创作的专业作者，这是支持著作权的经济论据之一。据推测，即使艺术家的动机是非货币激励，他们也不会成为专业作家，除非他们可以从自己创作的著作权作品中获利。19世纪出现的专业作家可能会衰落。

最后，创造和创新生产是由社会动力驱动的。因此，在这种环境中促进创造和创新，应考虑这些活动的社会性质以及能够促进这种活动的社会制度设计。社会动机是一种特殊的非货币动机，它产生于一种社会背景——一种超越个体创造者的背景。社会动机虽然具有自我导向的性质，但本质上是他者导向的。自我导向的动机侧重于个体创造者，而在其他导向的动机中，社会背景起着关键作用。在社交媒体平台上生成和分发内容的用户通常参与社交活动，例如分享意见（在博客中）、分享技能和知识（在论坛中）、对电影和文章进行评级，或标记照片和共享视频（在社交网络中）。分享自己创造的东西，或者仅仅是自己看过或经历过的东西，是一种社交互动，给阅读和写作的体验增加了一层意义。个人不仅具有对世界采取行动的本能动机，而且作为社会存在者，可能只想与他人互动、交流、联系，让其他用户听到他们的声音，感觉他们属于群体，并与群体建立联系（Wellman 等人，2003）。个人往往不注重自我表达以获得内在的满足感，而是寻求进行社交行为，目的是参与他人对话，获得他们的关注并获得反馈。

社会动力的另一个方面是归属感。维基百科就是一个典型的例子。一些研究探讨了人们为什么在维基百科上编写条目，重点是维基百科的公共性质（Rafaeli 和 Ariel，2008）。社区意识反映了社区成员对社区其他成员以及整个群体的承诺。通常基于互惠原则，这是一种倾向，即为过去从中受益的人作出贡献（Peddibhotla 和 Subramani，2007）。因此，个人有时会制作内容（写评论、在维基百科上编辑条目），以回报他们从其他用户那里得到的好处。这种互惠是一种强烈的社会动机，因为它鼓励个人在特定的社会背景下作出进一步的贡献，在这种背景下，互惠成为一种规范。有几项研究侧重于社会互动，定义为归属感和自适感（例如 Rafaeli、Havat 和 Ariel，2009）。一项对众包网站 Google Answers 的早期实验研究表明，即使涉及巨大的货币回报，经济激励也会受到社会变量的强烈调节（Rafaeli、Raban 和 Ravid，2007）。这表明，社会生产过程的重点不是个人，而是群体和社区。

虽然自我导向的动机有时可以替代货币回报，但社会动机不能。这是因为它反映了一个连续的、持续的过程，而不是与一个不明确的对象一次性的交流。社会动机包括与具体或部分想象的社区的关系。这一行为本身——分享照片、讨论新闻——的含义来自于与他人的实际接触和互动。社会动机的这些方面不能归结为市场交换，因此需要重新考虑我们捕捉和设计这些内容市场的方式。

工业生产内容的转变和社会生产的兴起，动摇了知识产权法的一些基本前提，对无形商品的治理提出了新的挑战。对知识产权的经济分析假定创造者和发明人只是自私、理性的行为体，他们追求的是收益最大化。在 20 世纪下半叶主导信息产品生产的公司是利润最大化者，所以需要经济激励来投资于新内容和发明的生产。社会生产的兴起和社会动机的日益重要，正在挑战这种创造环境和知识产权的主要经济理论。社会生产是由社区驱动的。与工业模式形成鲜明对比的是，在社会环境中产生内容的个人受到广泛的社会动力的驱动。因此，社会生产对公司的商业模式的依赖性较低，这种商业模式确保了每项创造性投资的经济回报；相反，它依赖于个人（通常是大量个人）的自愿捐款，以及他们的持续参与和热情，反过来，社会生产与教育、通信、基础设施和文化等各种微观指标有关。

社会生产的增加和用户生成内容在公众可获得的总内容中所占的份额的增加，意味着公共利益所要求的平衡发生了变化。创意作品的"公益"性质意味着知识产权法必须平衡两种矛盾力量：一是需要为激励新作品的创作提供专有权，二是需要尽量减少由于过度保护而对获得收益的限制。这种对获取现有材料的限制将阻碍进一步创造，并剥夺社会知识产权制度的利益。虽然过去有必要采取货币激励措施，促使内容产业大规模生产，但社会生产的兴起表明，现在应更加重视其他因素，即最大限度地利用（非竞争性的）信息作品。与社会网络相关的法律政策应旨在通过培育社会动力、促进协作和增强创意社区的社会资本来促进社会生产。

3.1.6 技术变革和激励需求

数字环境对信息产品的非排他性也有重要影响，信息产品是法经济学激励范式的主要来源。新技术不仅使复制更容易、更便宜，而且使限制使用变得更容易、更便宜。互联网增强了限制和控制信息传播的能力，使信息的重要部分不再是公共物品。互联网和其他数字平台（如 DVD、电脑游戏、电子图书等）上的信息的性质允许应用具有成本效益的自助技术措施来控制其消费和使用。

考虑一下，比如一本书。与印刷书籍不同，数字格式的书籍（电子书）与阅读设备（电子书阅读器）、平板电脑、智能手机或 Kindle 等专用阅读器相连，后者将二进制代码转换为可读文本。印刷书籍通常作为商业产品广泛发行，消费者在使用之前不需要经过任何批准程序或承担任何额外的承诺。然而，在线购买电子书通常需要经过鉴定，而且电子书必须遵守许可协议，包括对以某种方式使用这本书的自由，如出借、公众播放或把书卖给别人。DRM 通常会设置额外的限制，防止复制、剪切和粘贴文本，打印电子书或将电子书转移到其他位置。一个引人注目的案例是发生在用户与亚马逊之间。在用户购买乔治·奥威尔（George Orwell）《1984 年》电子书后，出版商对其使用可以有效控制，其中亚马逊网站由于某些著作权问题，从 Kindle 上远程删除了奥威尔的《1984 年》电子书。在公众的强烈抗议下，亚马逊网站道歉，后来在一个集体诉讼中解决了这个问题，在诉讼中亚马逊被起诉违反其服务条款，远程删除购买的书籍副本。这一事件显示了在线零售商远程控制储存在电子设备上的电子书的力量。

数字技术可以把以前不可限制使用的信息变成可限制使用的资产。事实上，数字复制件的制作成本非常低，但受知识产权保护的复制件的分发不再是产生利润的唯一途径。防止复制和收取费用的技术方法更为广泛。此外，数字环境有助于从销售复制件到收费访问的转变。流媒体等分发方法使在线提供商能够在不授予最终用户对复制件的控制权的情况下方便访问。这种安排免除了供应商对盗版的担忧。音乐和电影行业正在从销售唱片、CD 和 DVD 转向流媒体服务，如 Spotify，后者提供受 DRM 保护的音乐流媒体服务。用户可以注册一个由广告支持的免费账户，也可以付费订阅以接收没有广告和附加功能的流媒体。数字网络能够收取访问网站的费用，并收取使用所提供信息的一次性费用。它允许临时进入许可和对在线个人使用信息的限制，阻止复制或转发信息的可能性等（Bell，1998；Dam，1998）。

这种新技术状态的结果似乎是理想的。一方面，它带来了信息生产和传播的显著增长；另一方面，也不能再认为信息存在公益性缺陷。因此，可能不需要或不值得政府干预。然而，这并不是全部情况。开发自助排除措施可能会鼓励用户开发破解软件和黑客工具。反过来，这可能会导致排除措施的复杂化以及这两种设备之间持续的技术竞赛。这样的竞争可能会转移原本可能投资于更有成效的方向。这种竞赛可能造成资源浪费，可能需要中央干预，这与传统公共物品框架内的政府干预有很大不同。在这方面，不会要求政府提供公共产品或法律手段，使私营企业能够生产。可能需要中央干预来阻止或控制限制使用和它们的反技术之间的技术竞赛。美国 1998 年千禧年数字版权法（DMCA）就是一个例子。这项立法包括禁止反规避活动。然而，当法院对该条款进行解释时，该条款被扩展到禁止反规避不受保护的知识产权活动（Lexmark International Inc.，387 F. 3d 522；Chamberlain Group Inc.，381 F. 3d 1178），进一步限制了信息的提供。笔者将在第 6 章回到这项立法。

3.1.7 小结

综上所述，今天的信息在多大程度上是一种公共利益，值得以中央干预的形式进行激励，这是值得商榷的。除其他因素外，这取决于技术水平的快速变化，这种变化不仅是知识产权制度的原因，而且是知识产权制度的结果。因此，在需要政府干预的情况下，以及在何种程度上干预，公共利益分析可能无法很好地确定遏制措施，而当代知识产权法律形式的激励措施甚至有可能达到相反的目的——抑制创新和创造。鉴于这些技术的发展（事实上，在某些领域，特别是著作权领域，近年来保护实际上得到了加强），知识产权法的原则没有得到重新审视，法经济学分析也没有推荐平衡的转变（例如在期限方面），这一事实应该会引起一些问题。这些观察和经济分析对于解决传统公共产品问题所需的适当激励数量的不确定性，可能是法经济学文献转向知识产权所有权范式的一个可能解释，笔者将在下一章详细阐述。

3.2　激励什么？

从另一个角度审视激励范式，即要考察谁应该获得货币激励——投资者、创造者还是生产者？对于哪种活动进行激励——最初的创造、管理和分配，或者也许是改进？人们可以在这些问题上找到非常不同的立场，这意味着不同规模的货币激励和各种形式的激励。一种极端是，有人认为有必要对创新给予垄断，使创造者能够收集创新产生的每一分钱，因为只有这样的方法才能补偿失败的风险。例如，正如弗雷德里克·M. 谢勒（Frederic M. Scherer）所说，补偿并不是一个足够的回报衡量标准，因为在创意产业中，失败的可能性非常高，而且很难预测。因此，法律必须确保成功的产品产生足够高的回报，以补偿创作者在不成功的尝试中付出的努力（Scherer, 2001: 3-23）。从经济学角度讲，加强知识产权垄断定价的话语权有助于补偿创造和创新活动所涉及的风险。

另一种极端是，也有人认为，这足以让创作者获得略高于投资回报的收益。原因是，给予创作者的任何额外价值都是消费者的损失。例如，马克·莱姆利（Mark Lemley, 2005: 1060-1062）警告说，让发明人控制与其发明相关的所有正外部性的意义就是让他们控制可能对其作品进行的改进和新用途。因此，未来改革者投资开发第一代技术（即原始发明）的动机将减少，提高第一代技术的竞争将被扼杀。

在考虑对刺激最佳创意活动至关重要的激励类型时，有必要准确定义激励措施所指向的诱导活动的类型。在这种情况下，正如以下小节所讨论的，找到几个区别是有意义的。

3.2.1　创造激励还是生产激励？

为了更深入地理解激励范式，我们需要更仔细地研究这种政府干预试图促进的特定市场行为。为此，有必要区分创造激励以及生产和分配激励。例如，著作权法中的专有复制权和发行权对作者的激励作用很小，但对发行商和出版商的激励作用更大（Shih Ray Ku，2002）。事实上，著作权的出现是由出版商主导的，它们认为不仅要保护作者，还要保护出版商在将一本书推向市场方面的大量投资（Zimmerman，2003）。相对于熊彼特（1928）对创新过程的描述，专利也可以这样说，创新过程包括发明阶段、创新阶段、扩散阶段和模仿阶段。专利不必然促进投资发明，它更多促进激励扩散，当然也是模仿的障碍。

关于知识产权的法经济学文献一般将作者和发明人的利益以及出版商、生产者和投资者的利益视为相同的（Landes 和 Posner，1989；Breyer，1970；Sunder，2006；Fisher，2001）。赫特和舒奇曼是一个例外，他们认为作者和出版商的动机应该被区别开来，因为他们对著作权制度的依赖程度不同（Hurt 和 Schuch man，1966：425）。

近年来，分配激励和创造激励之间的区别变得更加重要。在过去 20 年里，内容市场经历了一个根本性的转变，内容出版商和制作者的角色正在迅速削弱。图书和音乐发行商处于前数字时代。在数字时代，作者越来越多地将自己的作品直接提供给潜在的读者和观众。原因在于，数字技术使得直接分销的成本非常低，从而减少了对出版商的依赖（Elkin-Koren，1996：254-258）。个人可以很容易地直接在网上传播各种各样的信息作品，使用个人电脑传达自己的想法，或者使用相同的协议与其他个人分享信息作品。例如，文件共享系统的用户只需将文件放在其个人计算机上的指定目录中，就可以让其他用户下载文件。信息的电子传递成本低，不需要在复制件的制作和分销渠道的建立方面投入大量资金。数字网络提供了廉价的、全球性的和简单的方式来共享或销售数字信息，而无须创造者或用户的任何投资（Peukert，2005）。

消除信息供应链中的中间人被称为去中介化，这一术语最早出现在 20 世纪 70 年代高利率引发的金融服务革命期间。当时，消费者发现，通过去中介化（即切断银行）可以获得更好的货币回报，即直接投资银行曾使用的货币市场。互联网通过让消费者与企业或个人直接接触来去掉中间商。例如，音乐家可以在线提供他们的作品。例如，安和南希·威尔逊（Ann and Nancy Wilson）姐妹，最成功的摇滚乐团之一，在互联网上发布了她们的流行歌曲《朱庇特的宝贝》（*Jupiter's Darling*），并在 P2P 网络上共享。詹尼斯·伊恩（Janis Ian），一位获得两项格莱美奖的录音艺术家，从使用 P2P 文件共享网络中获益匪浅。她的网站（www.janisian.com）自 P2P 技术兴起以来，浏览数量急剧增加，从每年约 6 万名独立访客增加到 5 倍之多（*Brief of Amici Curiae Sovereign Artists*，*Grokster*，125S. Ct. 2764）。另一个例子是芝加哥的 Wilco 乐队。2001 年，该乐队因专辑《扬基狐步舞酒店》（*Yankee Hotel Foxtrot*）的创作冲突而退出 Reprise Records 唱片公司，随后在互联网上免费发行该专辑。这张专辑非常成功，后来乐队通过 Nonesuch Records 唱片公司正式发行（Jardin，2004）。因此，在不独家授予复制和分发权利的情况下，在不依赖任何独家知识产权的情况下，创造的动机仍然存在。

同样，科学论文的作者过去只依赖科学期刊出版商发行的出版物来出版他们的学术著作。这些纸质期刊的制作和发行成本很高，而且由于它们面向的受众相对较少，期刊的成本变得不成比例（Boczkowski，2005）。虽然科学家通常不会因为他们在科学期刊上的贡献而获得任何货币回报，但一些出版商却发了财。科学家们越来越多地使用开放机制获取在线提供的知识来进行科学研究，例如公共科学图书馆（PLOS）期刊。这是一个非营利性的科学和医学出版企业，为科学家和医生提供高质量、高知名度的期刊，他们可以在其中发表最重要的工作成果，同时让所有人都可以免费阅读、分发或用于自己的研究。另一项开放获取倡议是约翰斯·霍普金斯大学学术交流小组，其目的是允许开放获取高质量信息，以此鼓励学习、学术交流、研究和患者护理。

随着数字技术降低了生产成本，中间商在吸引激励和管理风险方面的作用也在下降。以电子书为例，制作电子书的部分成本与制作实体书的成本保持不变，如编辑、封面设计、ISBN、版式布局与设计、营销与推广等。尽管如此，电子书的生产节省了印刷、储存和向书店运送副本的成本。因此，数字出版不再受制于预先印刷大量纸质副本和管理可能无法出售的库存所需的大量投资（Elkin–Koren，2011）。

数字网络削弱了一些传统中介机构的作用，如唱片业或出版业，同时也为行业引入了新的参与者。在线环境中的新中介发挥了作用：在线零售商、搜索引擎和在线聚合器、社交媒体平台、通信运营商、互联网服务提供商和设备制造商都可能发挥作用，这些新中介将作者和读者聚集在一起。在线中介以多种方式促进数字内容的访问。音乐、应用程序和电子书的主要分销商是在线零售商，如 iTunes 和亚马逊网站。数字内容的访问也由通信运营商提供，如移动电话公司，它们将内容整合到通信包中。另一种模式是对等访问 Facebook 等社交媒体，在社交环境中，音乐、电影、图片和新闻等信息商品变得可用。最后，还有通过搜索的访问——在搜索引擎的帮助下，用户发布的数字内容被识别和定位。因此，在这种环境下，创意内容的分销和营销正在采取不同的形式。

在激励分析的背景下，新的在线中介机构感兴趣的是，它们的商业模式不一定依赖于复制件的销售，因此这些模式对著作权的依赖性较小。例如，搜索引擎和社交网络等在线中介的分销依赖于流量。数字内容使中介机构能够吸引更多用户，并从向用户推销广告中获益。中介机构可以与作者分享广告收入。

广告服务，如 Google AdSense，自动将目标广告发送到博客和个人主页，其可以与主网站分享广告收入。正如我们在下面进一步讨论的，这种以广告为基础的商业模式对控制复制件的合法权利的依赖性较小，不一定要求限制未经授权的复制件。

上述讨论和例子表明，数字网络如何影响信息的创造和传播，从而使现行的激励计划变得不必要或过时。较低的在线传播成本削弱了获得分销商激励的必要性。新的在线中介机构的新兴商业模式表明，在不控制复制件和不向公众分发施加不必要限制的情况下，也可以实现对分发作品的货币激励。

3.2.2 创造激励还是改进激励？

第二个对确定激励目的至关重要的区别是创造和创新激励与改进激励之间的区别。第一个提出这一区别的学者是埃德蒙·基奇（Edmund Kitch），他在1977年的论文中提到，根据他的分析，专利权是鼓励有效利用现有发明的必要手段。基奇认为，我们应该在发明之前授予专利，使专利成为在特定领域"展望"技术进步的权利。基奇的理论是所有权范式的基础之一，我们将在下一章讨论。它基于两个基本假设。第一个假设是，除非发明人获得对发明的专有权，否则他们不会投资使其发明得到有效利用。如果没有专有权，投资者担心它们的投资会导致竞争对手直接获取不受任何专利权保护的信息。第二个假设是，专利持有人能够控制对本发明的任何改进将导致对进一步创新的有效投资。它建立在完全信息假设、完全理性假设和零交易成本假设的基础上。因此，明确的专利权会促成对用户和潜在改进者的有效授权。

基奇的论点以某种不同的形式再次出现，即作为美国著作权期限延长法案（CTEA）的支持性论点，该法案在已经很长的著作权期限基础上又增加了20年。CTEA 的倡导者认为，延长知识产权的保护期是必要的，这样既可以激励现有的著作权所有人保护他们已经制作的电影，也可以鼓励他们发行已经出版的书籍。这项法律的基本原理是防止作品进入公共领域。据称，将作品从这样的命运中拯救出来是必要的，因为一旦作品进入公共领域，毫无疑问，它就是"孤儿"，没有人有任何动机去关注它并投资于它的改进。兰德斯和波斯纳（2003a）还提出了激励措施是鼓励进一步改进现有成果所必需的论点。他们认为，不仅需要激励措施促进市场效能，而且需要持续改进产品以保持其价值商品。他们强调，他们对著作权保护期的延长的支持是基于传统的产权激励论，但有一个"新的转折"。在知识产权产品的初始创造过程中，激励并没有用尽。这些激励措施对于"保持财产的价值，以及恢复已放弃或未开发的知识产权"（Landes 和 Posner，2003a：231-233）来说是更有必要的。

这个理论有很强的反证力。例如，马克·莱姆利（2005）认为，这一理论与整个竞争市场范式相矛盾。竞争和看不见的手是市场走向效率的动力。基奇及其后继者的论点的意义在于，市场上只有一家有技能的公司才能达到有效的结果，为此，社会必须为其提供充分的激励。过去，某一特定市场上的商品曾受到专利权或著作权等排他性权利的保护，这一事实并没有改变他对竞争性市场概念的信念。莱姆利启发我们比较了知识产权市场和回形针市场。如果公司能以高于生产和供应成本的价格销售回形针，它们将生产和销售回形针。授予一家公司生产回形针的独家权利可能会导致价格上涨和回形针供应减少。在莱姆利看来，图书和回形针没有什么不同。与图书一样，回形针曾经获得专利。与图书市场一样，回形针市场的竞争也不是完美的竞争，因为在这两个市场上都没有完美的替代品。最后，在回形针市场和图书市场上，一旦知识产权到期，许多公司就可以通过竞争以获取利润，而且只要它们能够以低于人们购买成本的价格制造和分销知识产权，它们就会这样做。

莱姆利认为，经验证据有力地支持了市场的直觉。将20世纪30年代的著作权作品与20世纪一二十年代的公共领域作品进行比较后发现，公共领域作品实际上比著作权作品更多地被销售给公众，而且通常价格略低。与20世纪30年代出版的书籍相比，现在出版的书籍数量是20世纪20年代出版的两倍（因此是在公共领域出版的）。

支持莱姆利发现的一个强有力的例子是谷歌图书搜索（GBS）计划，在该计划中，谷歌扫描了来自主要研究类图书馆的数百万册图书，以使它们可以在线搜索。截至2012年3月，谷歌已经扫描了超过2000万本图书。扫描后的副本被送到合作图书馆，电子图书数据库可供在线搜索。谷歌愿意投资那些已出版并非数字化的书籍的扫描成本，并使它们可以被搜索和数字化地用于在线搜索。它为消费者创造了附加值，并计划从中获利。缺乏著作权并不是谷歌投资的障碍。事实上，著作权对这项增值服务的发展构成了障碍。2005年，作家协会和5家出版商在美国纽约南区对谷歌提起集体诉讼，指控谷歌扫描有著作权的书籍侵犯著作权。双方在2008年宣布和解，但最近美国地方法院拒绝批准修订后的和解协议（*Authors Guild*, *Inc. v. Google*, *Inc.*, 05 Civ. 8136 CDC），2011 WL 986049（S. D. N. Y. March 22, 2011）。我们将在下一章讲这场辩论。

3.2.3 创造激励还是披露激励？

第三个重要的区别是创造和披露的动机。据说专利法通过鼓励技术公开来促进进一步的创新。如果没有专利，人们可能会继续创造，但会保守发明秘密，并试图在基于发明的最终商业产品中掩盖其性质。可口可乐选择对其著名饮料的配方保密，而不是注册并在有限时间内获得独家知识产权。因此，它享受其配方的排他性的时间比其在知识产权下享有的权利要长得多。以足以允许本发明所属领域的技术人员有效地制造和使用本发明的方式公开具体发明意味着该发明对于公众而言是已知的。披露是为了换取授予发明人的专有权。发明人与公众之间的这种交换构成了专利权人与公众交易的交换条件。一些人甚至认为，专利保护不足以导致发明人将其发明作为商业机密，以此获得竞争优势，损害社会福利（Sommer, 2005: 153-155）。

有一些案例支持这样一种观点，即需要激励信息披露，从而使知识产权成为一种促进进步的机制。例如，巴西教授弗拉维奥·奥特图姆（Flavio Alterthum）和两位美国学者在盖恩斯维尔的佛罗里达大学（University of Florida at Gainesville）工作时发明了一种基因改造的微生物，它能消化糖收获过程中产生的生物废物，有效地生产乙醇。美国专利商标局（UPSTO）授予这项发明一项美国专利。类似的专利最终在其他5个制糖大国获得授权，但在巴西却没有，当时巴西还没有此类发明的专利。这项发明的商业开发正在美国和其他地方取得进展，但在巴西没有进展，尽管这项新技术在巴西可以带来实质性的好处。这位巴西的共同发明家回到巴西，试图让当地的糖业公司投资开发这一工艺，但由于当时当地缺乏专利保护，他没有成功（Sherwood, 2000: 352-353）。

然而，"糖"的故事是一个传闻，事实上它并不能证明激励披露对进步至关重要的论点，因为注册专利的选择权是可行的，但根本没有行使。它实际上可以支持一种相反的论点，根据这种论点，如果没有强制性披露，内容提供者和发明人将应用最有利的战略（如可口可乐案），或者不止一种法律排除策略。例如，在软件方面，专利为软件的功能要素提供保护。然而，专利软件的缺点是披露要求。披露这项技术会使其暴露在竞争对手面前，使其更容易被改进。因此，一些程序员更喜欢将他们的软件代码作为商业机密，避免在专利申请中被泄露（Campbell-Kelly 和 Valduriez, 2005: 277-278）。同样，在著作权法的情况下，法律的经济目的是确保更多的作品成为可获得的——相当于披露。DRM 的引入使得著作权人可以分发受著作权保护的作品，但同时也进一步限制了对作品的技术访问。我们将在第6章进一步讨论这个问题。

无论如何，即使披露需要激励措施，知识产权并不是产生这种激励措施的唯一机制，事实上，知识产权可能不如其他形式的激励措施更加有效，例如赠款或补助金，因为它可能需要披露作为先决条件。我们将在下一节详细阐述产生激励的不同机制。

3.2.4 小结

这里所作的三个区别在法律上归结为权利的对象和范围；在知识产权的情况下，归结为权利的期限和例外。创造者、分销商、推广者、改进者和信息披露所需的激励措施将意味着知识产权的范围和方案与仅用于创新和创造的激励措施完全不同。虽然我们不能在这里规定最佳方案，但笔者认为，上述讨论驳斥了近年来代表扩大知识产权激励范式的许多论点，事实上，笔者主张的恰恰相反。

目前尚不清楚激励措施是否真的有必要在个人和组织层面上鼓励所有类型的创新和创造。过去几十年的技术革命改变了创造和创新的过程，而对这些问题的法经济学分析没有任何相应的变化，导致对这种分析的可行性提出了一个很大的质疑。在过去，激励措施可能是进行发明或创造并广泛传播所必需的，但现在的技术工具大大降低了这一理由，而当代知识产权法形式的激励措施有可能造成相反的结果——即在事实上，它们抑制了创新和创造。我们将在下一节回顾其中一些主题，但毫无疑问，必须开展更多的实证工作。关于激励的必要性问题也应该是行为法经济学和发展法经济学的一个重要挑战。

3.3 中央干预的知识产权形式

激励范式包括两个主要前提：①货币激励是产生有效水平的创造和创新所必需的；②知识产权是提供这种激励的最佳途径。到目前为止，我们已经批判性地研究了激励范式的第一个前提。在本节中，我们将假设激励是必要的，并且将研究知识产权是否是产生这种激励的最佳机制。与知识产权的义务论基础不同，知识产权的激励范式不依赖于特定的专有解决方案，前者根据自然权利证明了对自创作品和发明的所有权，并因此提供了有利于知识产权的一级理由。激励范式的出发点是公共物品的市场失灵。激励范式只有在弥补了市场失灵的情况下才能为知识产权进行辩护。因此，知识产权的法经济学理由具有二级性质。换言之，一个问题是验证信息市场中是否存在失灵；另一个问题是确定这种失灵的可取补救办法。

什么是确保投资于创造和创新的最佳激励措施？产权——排斥他人的合法权利——是社会维持这些激励措施的最有效方式吗？在下面的章节中，我们将批判地讨论针对这一法律机制提出的一些论点。首先，在第3.3.1节中，我们描述了排他性权利作为产生激励的手段与知识获取（这是知识产权寻求促进的最终目标）之间的内在张力，并强调了所涉及的内在悖论。我们分析了知识产权可能获得的垄断权的一些弊端，以及知识产权在行政成本和交易成本方面的其他弊端。其次，在第3.3.2节中，我们研究了产生激励的其他机制，如责任规则、不当得利、补贴和奖励，并认为它们比知识产权具有更大优势。最后，在第3.3.3节中，我们考察了不同类型知识产权（著作权、专利、设计等）与激励范式之间传统区别的可行性，以及根据所涉及的行业类型（专门的知识产权）对知识产权进行分类是否更合适。

3.3.1 知识产权激励

知识产权法通过赋予创作者和发明人一系列合法权利，使他们能够在市场上交易自己的作品和发明来寻求激励。从某种意义上说，知识产权为弥补无形信息产品的非排他性提供了法律上的排他性。从法经济学的角度来看，这一监管方案造成了一些困难。

3.3.1.1 垄断性净损失与知识产权悖论

知识产权作为一种激励工具的主要缺点是，知识产权为其持有人提供了垄断权，从而用一种市场失灵取代了另一种市场失灵。知识产权创造的专有性和排他性，是为了使权利人能够以高于最终产品边际成本竞争的价格出售其创造的信息，从而获得其在研发中的沉没成本，然而这种权利使生产者有权利通过利润最大化的方式来设定一个远高于他们投资的价格，这就给社会带来了所谓的无谓损失。消费者不会购买那些高于市场竞争价格、低于垄断价格的信息产品。这些潜在买家的价值之和就是净损失。

有人认为，这种描述是不准确的，因为有些创造和发明有替代品，因此不会使知识产权持有人设定垄断价格。排他性适用于特定著作权作品或特定专利发明。当这些作品或发明有适当的替代品时，其所有者将被迫以有竞争力的市场价格出售它们。这里我们来讨论知识产权悖论（Lunney，1996：556-570）。那些有替代品的产品将以接近竞争性的市场价格定价，因此是否受知识产权保护不会有太大的区别。相比之下，没有替代品的最有用的发明将以垄断价格出售。但是，这些特殊的发明有最正当的理由被广泛使用。任何特定发明的效用越大，就越需要让尽可能多的用户能够使用它，以便最大限度地提高社会福利。这是智力创造的非竞争性的直接结果。授予极为有用的发明（如关键药物）知识产权，以刺激其生产，产生了权利持有人的垄断权，这极有可能限制人们寻求最大限度地获得这些关键发明的机会。将知识产权授予那些真正具有突破性、独特性和必要性的创造，意味着这些创造无法惠及更广泛的人口，而这首先是提供激励的最终目标。因此这是一个悖论。

例如，考虑一下制药行业的激励措施。当一家公司投资开发一种治疗头痛的新药时，它将面临与市场上许多药物的竞争。尽管制药公司可能拥有任何产权，但它无法将其价格定得远远高于竞争性市场价格。因此，这种新药将可以广泛供许多人使用。相反，如果发现一种治疗艾滋病的药物，且只有这一种，一旦这种药物有效，社会福利最大化将要求使尽可能多的感染患者可以使用它。如果这种药物没有替代品，而且它是受专利保护的，它将以垄断价格出售，只有少数人能够购买。这就是全球卫生活动人士对专利立法提出的强烈反对意见的原因，立法禁止以边际成本生产救命药。然而，制药行业辩称，如果没有专利，拯救生命的药物根本就不会被发明出来。该行业认为，如果治疗致命疾病的药物得不到充分的专利保护，制药企业将缺乏足够的动力来投资这些药物，研发工作将被转移到更有前景的市场，如抗衰老药物。这是一个双刃剑的论点：知识产权的激励将引导研发走向利润最大化的方向。富人的疾病将比穷人的疾病吸引更多的投资和努力（另见 Fisher 和 Syed，2007）。此外，需要开发药物或发明的数量与其独特性或缺乏替代性的程度之间并不完全匹配。因此，意外发现的药物，如伟哥，可以享有垄断权，而开发新药的巨额投资如果最终失败，将不会得到潜在的知识产权补偿。

  关于艾滋病药物争议最显著的例子发生在南非，南非是世界上艾滋病患者比例最高的国家之一。南非有 2250 万人艾滋病毒呈阳性，这一数字约占全世界艾滋病毒感染者总数的 2/3。仅在 2009 年，就有 180 万南非人感染了艾滋病毒，据报告有 130 万人死于艾滋病（联合国 2010 年全球艾滋病疫情报告）。南非是世界上最贫穷的国家之一，平均年收入为 2600 美元，2009 年人均国民总收入为 5770 美元（联合国儿童基金会）。在南非生产的艾滋病专利药需要每名患者每天的费用几乎为 3 美元，而在巴西生产的仿制药价格仅为这个价格的 1.55%（Lewis，2002）。1997 年，南非纳尔逊·曼德拉政府通过了药品及相关物质管制修正法案。该法的目的是使政府能够更加负担得起艾滋病毒治疗药物，允许从比药品公司销售价格较低的国家平行进口专利药物，并允许使用艾滋病毒药物治疗的仿制药作为专利药物的替代品。南非捍卫这项立法，依靠其政府根据本国宪法所赋予的确保获得健康权利的义务，以及根据国际人权法所赋予的尊重、促进和履行其人民享有能达到的最高健康标准的基本人权的义务。

  根据 1998 年 2 月的这项立法，南非医药制造商协会（PMA）和许多制药公司开始对政府提起法律诉讼，以阻止这项法律，声称其条款违反了南非宪法和 TRIPS。该案定于 2001 年 3 月 5 日开庭审理，南非政府同意在法院对该案作出裁决之前不执行这项立法。在 1999 年 2 月，美国副总统阿尔·戈尔（Al Gore）在一份备忘录中评论，在即将与南非政府官员举行的会谈中，药品专利的保护应该是"一个中心焦点"。戈尔解释说,南非政府必须确保不会损害对专利持有人的法律保护(Scherer,1999)。1999年4月,美国政府进一步将南非列入贸易"观察名单"。此外,作为美国—南非两国委员会主席,戈尔威胁说,如果南非继续实施该法,将对其实施制裁。然而,在对南非医药制造商协会进行了激烈的示威之后,该协会于2001年4月19日宣布无条件撤回对政府(艾滋病法律网络)的法律诉讼。

从经济分析的角度来看,艾滋病的例子提出了进一步的概念和理论问题。当立法旨在通过产生克服非排他性的激励措施和限制非竞争性的激励措施之间的平衡来实现财富(或福利或效用)的最大化时,这种最大化的区域单位应该是什么?如果财富最大化是在南非层面上进行的,那么南非政府提出的立法可能是完全合理的。如果在全球范围内实现财富最大化,结果可能会有所不同。如果智力创造跨越了某一司法管辖区的边界,那么任何针对某一司法管辖区的财富最大化立法都会给其他司法管辖区造成外部性影响,而且智力创造的性质很容易跨越地理边界。在第7章讨论知识产权的实证经济分析时,我们将讲到这一点。

3.3.1.2 知识产权和市场力量

知识产权作为一种产生激励的最佳方法的另一个缺点来自权利的所有权性质,这可能导致市场支配力超过垄断价格。信息产品的排他性赋予了权利人在信息市场上的战略优势,使其能够对信息产品行使控制权,这远远超出了精心定义的权利清单和它们所服务的经济目的。知识产权法已成为扩大市场支配力、减少竞争、集中控制信息及衍生产品和服务的生产和分销的主要手段。

例如,考虑一下著作权法。基本的著作权是复制的专有权或排除未经许可的复制者的权利。然而,近年来,著作权法已经成为一种控制手段,著作权被要求实现战略目标(Elkin‐Koren,2002;Litman,2006:77-88)。著作权已被战略性地使用,以增加进入壁垒(这些壁垒本来就很低),并降低竞争。因此,即使提供了版税,著作权也是获得分销渠道控制权的基础,例如有线转播或互联网流媒体。一个例子是2000年由主要著作权所有人在美国发起的诉讼,其中包括美国国家足球联盟、国家篮球协会、20世纪福克斯电影公司和一些其他好莱坞制片人对加拿大私营公司 iCraveTV 和 TVRadioNow 公司提起的诉讼(iCraveTV,53 U.S.P.Q. 2d 1831)。iCraveTV 向美国的互联网用户播放了受著作权保护的节目,如职业足球和篮球比赛,以及由 iCraveTV 制作的广告框制作的节目,如《60分钟》(*60 Minutes*)、《甜心俏佳人》(*Ally McBeal*)和《星际迷航记》(*Star Trek Voyager*)。流媒体技术允许 iCraveTV 从美国的电视台捕获美国节目,将这些电视信号转换成计算机数据,并从其网站通过互联网传输。任何互联网用户只需输入任何加拿大区号的三位数就可以访问 iCraveTV.com 网站。

美国地方法院认为，iCraveTV 侵犯了原告公开表演作品和控制他人授权的权利。此外，iCraveTV 还参与了共同侵权行为，在明知第三方可能并将进一步侵犯原告的著作权的情况下，在互联网上提供原告的受著作权保护的节目，进一步传播和公开播放节目。法院认为，原告可能面临的无法弥补的损害导致其控制权的丧失，这种控制权由国会赋予受著作权保护的材料的著作权所有人。

这场官司展示了知识产权如何被用于战略利益。同时将电视节目转播给互联网用户的互联网流媒体，显然不会损害现有市场的收入。广播公司从向广告商出售节目时间中获得收入，而广告商的销售价格将取决于预测观众的规模。当一个电视节目的预期观众更多时，价格可能会更高。因此，当转播提高了电视节目的收视率时，著作权人不会受到直接的货币损失，除了出于战略目的之外，没有理由反对转播。对 iCraveTV 的诉讼不是关于报酬，甚至也不是关于分享新技术创造的利益。事实上，iCraveTV.com 网站提出支付著作权费，并没有否认权利人应该为他们的作品获得报酬。关键是控制电视信号的互联网传输，以及这些信号是否可以在未经授权的情况下被接收并通过网络重新传输。尽管电影制片厂没有遭受直接损失，但它们仍试图保持对作品发行的决策权：在什么时间、以什么形式、在什么情况下，它们的作品可以向公众公开。互联网流媒体提供了一系列全新的商机，挑战现有的许可计划，并允许全球覆盖、可互动和定制化。权利持有人试图控制这种新的分配方法（Elkin – Koren，2002）。

有趣的是，在 20 世纪七八十年代，有线电视运营商的转播也引起了争议。美国著作权所有人同样声称，这种转播是盗版的，并干扰了著作权所有人授权使用其作品的权利。然而，这场争论的解决方式却各不相同。尽管同步转播直到 1978 年 1 月才受到著作权法的限制，但根据 1976 年的著作权法，它最终受到强制许可制度的限制，该制度成功地将报酬和控制分开（Botein，1998）。在信息环境中，著作权的战略使用越来越普遍，例如在 iCraveTV 诉讼中，信息环境中的进入壁垒较低。在基础设施没有核心瓶颈的情况下，市场参与者越来越依赖排他权来保护市场支配地位和扩大市场力量。

谷歌图书（Google Books）就是一个战略使用著作权的例子，它不只是为了获得报酬。谷歌启动了一个庞大的图书数字化项目，根据与几个主要科研图书馆的合作协议扫描图书。自 2004 年以来，谷歌已经扫描了合作图书馆中存储的数百万册图书，以便让它们可以用于在线搜索。谷歌为出版商提供了加入合作伙伴计划的机会，在这个计划中，著作权所有人可以授权谷歌将图书的全文扫描到其数据库中，并向公众提供。作为回报，谷歌提出与合作图书馆分享广告收入。协议允许出版商在任何时候从合作伙伴计划中删除它们的图书。未经合作伙伴计划下权利持有人授权的书籍不得提供全文。扫描后的书籍仅用于索引和搜索，围绕搜索词显示几句文字（"文字片段"）以响应搜索查询。谷歌辩称，根据合理使用原则（Band，2009），谷歌有权扫描受著作权保护的书籍，并在回应搜索查询时显示这些书籍的"片段"。出版商不同意，2005年与作家协会一起对谷歌提起集体诉讼，指控谷歌扫描有著作权的书籍侵犯了著作权。双方于2008年宣布和解，但美国法院拒绝批准修订后的和解协议（*Authors Guild*，*Inc. v. Google*，*Inc.*，No 05 Civ. 8136 CDC），（S. D. N. Y. 22 March 2011）。

出版商提起诉讼以及出版商和谷歌之间的和解协议证明了知识产权是如何被综合利用的。图书出版商本可以将谷歌图书计划视为免费营销，使消费者能够搜索内部图书，并有效地识别他们需要购买的图书。谷歌提供的服务不是图书全文，因此不能代替购买一本书。获得出版商许可的全书文本，可以进一步使世界各地的消费者买书体验更友好，提供一种对消费者更有用的数字格式的图书。总的来说，这可能被视为一个扩大图书市场的机会，并有可能实际提高出版商从图书中获得的收入。然而，出版商坚持认为，任何使用图书都需要事先获得许可，并反对谷歌提供的退出系统，该系统使出版商能够发出通知，它们的图书应被删除。由于谷歌和其他在线中介机构在在线出版领域越来越占据主导地位，出版商很可能担心自己将被踢出出版业务。这起诉讼表明，可以利用知识产权，防止未经权利人许可的新参与者为现有作品提供附加值。

双方在集体诉讼中达成的和解（随后被法院驳回）进一步表明，谷歌是如何试图依靠出版商的著作权在其搜索市场上获得主导地位并防止竞争的。和解协议授予谷歌一个许可证，允许谷歌以数字格式提供扫描图书，从而使任何公司在可预见的未来都很难展开竞争。法院承认对这一企图的关切。在拒绝批准和解的过程中，法院尤其认为，谷歌有权制作孤儿作品的完整副本，并将其用于美国标准协会规定的展示和非展示目的，但试图这样做的竞争对手可能要承担法定损害赔偿责任。法院的结论是："谷歌拒绝竞争对手搜索孤儿书的能力将进一步巩固谷歌在在线搜索市场的市场力量"（*Authors Guild v. Google*：37）。

在这些案例中成功采用的法律策略允许权利持有人扩大其市场势力并积累对其他市场的控制权。正如劳伦斯·莱西格所描述的那样，加强著作权法将扼杀技术进步，相反，加强技术将削弱权利人的控制（Lessig 1999：125 – 126）。根据莱西格的说法，在不动产中，为了创造生产激励和保护占有权，法律保护是必要的。相比之下，在知识产权法中，只需要产生足够的激励来创造。因此，就知识产权而言，只需要不完全控制，而在不动产方面，法律必须向所有人提供完全控制。因此，知识产权法应包括对权利人控制其作品使用的权利的内在限制（Lessig，1999：133－134）。

知识产权所产生的过度市场垄断并不局限于著作权法。专利法也有类似的问题。正如许多评论员所观察到的那样，专利的经济价值并不局限于从每一项专利中可以获得的预期价值。专利通过授予专利权人排除他人实施专利发明的权利来奖励创新者。然而，与著作权不同，为了获得知识产权，需要申请专利。产权是以公开为交换条件的，并非所有的注册申请都获得批准。此外，莱姆利和夏皮罗（2005）断言，专利并不提供绝对排他，而是提供了试图排除的合法权利。专利权是一种概率产权。根据经验数据，绝大多数已发布的专利从未被提起过诉讼，而被提起过诉讼的专利中，约有一半被认定为无效专利，因此，大多数专利代表着高度不确定性或概率性的产权。

专利制度为在发明过程中很早就提出专利申请提供了强有力的激励，因为从产品商业化和想法披露到专利申请截止日期，发明人的时间是有限的。在美国，这段时间只有 1 年。在欧洲，没有这样的宽限期，因此，尽快提出专利申请的动机更加强烈。许多发明人在提交专利申请时，并不清楚该发明是否会被商业化，在某些情况下，甚至根本不知道该发明类别是否可以申请专利（Lemley 和 Shapiro，2005：77）。每年专利申请量巨大，且申请初期的结果是，专利主管部门的审查程序并不宽泛和深入。在美国，绝大多数的专利申请，至少占85%，最终产生了一项授权的专利（Lemley 和 Shapiro，2005：79）。只有一小部分的专利被证明具有经济价值，甚至更少的专利被强制执行或提起诉讼。平均只有1.5%的专利曾被提起诉讼，只有0.1%的专利被诉讼至法院审理（尽管生物技术领域的诉讼率为6%）。在最终裁决（上诉、审判或即决判决）的诉讼中，46%的专利无效（Lemley 和 Shapiro，2005：80）。从这个意义上说，专利是一种财产权和彩票的混合体。那些不确定自己的想法价值的发明人在申请专利之前就已经申请了很多专利，他们知道大多数专利将一文不值，但希望少数专利能产生高额利润。事实上，研究表明，许多个人专利的预期价值很小。行业参与者并不认为专利是一种有效的分配机制。专利甚至被认为不如其他方法，例如提前期、学习曲线优势甚至保密（Cohen、Nelson 和 Walsh，2000；Levin、Klevorick、Nelson 和 Winter，1987：793－802）。

此外，注册所涉及的费用与绝大多数注册专利的实际使用量成正比，这些费用实际上可能超过专利的价值。瓦格纳和帕尔乔莫夫斯基（2005）估计，在美国向 UPSTO 提交专利申请的成本，包括代理费、申请费、发行费和续期费，为10000～30000美元。专利诉讼的平均费用为：提交证据结束时每一方花费79.9万美元，审判和上诉结束时每一方花费150.3万美元。WIPO 2010

年报告的估计数甚至更高，平均每宗诉讼约 300 万美元（*WIPO Magazine*，2010）。然而，在价值方面，经验数据表明，专利的价值很低。1986 年的一项研究发现，法国、德国和英国的 90% 的专利价值不到 25000 美元（Pakes，1986：774）。1998 年的一项研究证实了这一结论。在这项研究中，估计平均药物专利价值为 4313 美元，化学专利 4969 美元，机械专利 15120 美元，电子专利 19837 美元（Schankerman，1998）。尽管专利保护的私人成本很高，单项专利的预期价值相对较低，但对美国专利申请记录的实证研究表明，自 19 世纪 90 年代以来，除第二次世界大战期间（Andersen，2004）外，所有技术部门的专利申请数量都在稳步增加。WIPO 2007 年的一份报告显示了全球专利活动的统计数字。❶ 报告显示，2005 年全球共申请专利 166 万件，比 2004 年增长 7%。专利申请最大的受理国家是日本和美国（WIPO，2007 年专利报告）。对这种增长有什么解释？可以说，专利正发挥着吸引投资的重要作用。克拉丽莎·隆（2002：627-637）断言，专利权的主要价值在于其作为可信信号的功能。专利被用来向那些她称之为观察者的人（即非所有者）传达关于发明和发明人的可信信息。这些信号是必要的，否则观察者可能不会自己投资收集这些信息。从这个意义上说，专利的价值在于减少专利权人与第三方之间的信息不对称。

因此，申请专利的目的似乎不是获得创造或投资的激励。事实上，专利正被战略性地使用，通常是聚合使用，以抵御恶意收购和专利战争，防止竞争对手进入市场，并保持战略市场领先地位。智能手机市场就是一个显著的例子。这里的专利并不是用来打击盗版智能手机，而是作为一种战略资产，使制造商能够将竞争对手赶出市场。在争夺智能手机市场主导权的竞争中，诉讼和恐吓信的使用显示了专利的战略力量。已故的史蒂夫·乔布斯（Steve Jobs）的指控是这些专利战争的一个显著例证："如果需要的话，我将用尽最后一口气，我将把苹果 400 亿美元的银行存款中的每一分钱都花在纠正这一错误上。我要摧毁安卓系统，因为它是一个被盗的产品。我愿意为此发动热核战争"（《卫报》2011 年 10 月 21 日）。在 2011 年 8 月，谷歌以 125 亿美元的创纪录价格收购摩托罗拉移动，显示出专利战争在多大程度上已成为技术领域的主导。摩托罗拉移动拥有约 17000 项智能手机技术专利。专家们认为，任何一款智能手机

---

❶ 专利一经授权，在大多数法律制度中，在最初提出专利申请后的 20 年内仍然有效。为了使专利在整个保护期内保持有效，专利权人必须在一定期限后支付一定的维持费。55%～67% 的美国专利在 20 年前因未能支付维持费而失效。近一半的美国专利甚至没有达到 10 年的标准，2/3 的专利在 20 年的法定保护期之前失效，因为大多数发明者选择不支付所需的续期费（Cornelli 和 Schankerman，1999）。这表明许多专利对其拥有者来说价值不大。

都涉及约25万项专利申请，其中一些可能是重叠的专利申请（《纽约时报》2011年8月16日）。摩托罗拉移动的专利不包括任何特定的发明，而这些发明是制造移动电话或其任何组件所必需的。事实上，谷歌实际上成功地开发了其智能手机操作系统安卓（Android），而不需要任何这些专利。然而，收购摩托罗拉移动及其专利组合，意在帮助谷歌应对竞争对手联盟（包括苹果和微软）构成的战略威胁，这两家公司2011年曾联手收购北电拥有的6000项无线专利。

截至2011年中，在美国提起的1900起专利诉讼中，270起与手机有关（斯坦福新闻中心，2011）。在智能手机市场的主要参与者中，每位参与者都在起诉其他参与者。谷歌安卓正在吸引许多诉讼。当摩托罗拉移动被谷歌收购时，有超过40起与谷歌安卓系统相关的专利侵权诉讼。谷歌是一家财大气粗的公司，但苹果等主要手机制造商提起的诉讼意在阻止谷歌进入手机和平板电脑市场。在这个市场上，与谷歌的竞争尤其困难，因为谷歌是一家在线服务提供商，出售搜索和广告服务。它不出售操作系统，安卓是一个开源软件，通常是免费分发的（安卓开源项目）。使用专利阻止谷歌发布安卓系统可能被证明是非常有效的。

专利常常被描述为仅仅是一个"起诉许可"，购买专利组合为专利战争提供了弹药。它可以作为一种进攻性的措施，使竞争对手不敢进入市场。当专利持有人可以通过反专利诉讼威胁潜在的索赔人来降低他们的诉讼风险时，它也可以用于防御策略。诉讼风险为扩大专利组合提供了激励，有时可能导致专利丛林。通过排他权提供激励会产生反竞争行为的风险。权利持有人获得禁令的权利可以证明在阻止竞争对手进入市场方面非常有效。然而，上述专利战争并不一定会激发创新。事实上，这种专利的使用将大量资源从研发转移到诉讼处理和降低诉讼风险，从而对创新征税（Lloyd、Spielthenner和Mokdsi，2011）❶。知识产权战略使用的最极端例子与"专利流氓"的兴起有关，即通常被称为非执业实体（NPE），这些实体购买专利不是为了制造发明，而是仅仅为了提起诉讼（*Tex. Data Co., L. L. C. v. Target Brands, Inc.*，2011）。NPE从未实施过它们的专利——让它们免于专利侵权的反诉。尽管侵犯了专利权，但这些实体通常不会受到任何直接损害，它们纯粹是为了个人利益而提起诉讼（*Forest Group, Inc. v. Bon Tool Co.*，2009）。然而，这些实体拥有正在寻求实施

---

❶ 应当指出的是，管理专利诉讼的成本是巨大的——平均专利诉讼成本约为300万美元，持续时间约为2年。上诉可使这一估计数再增加200万美元，并且在时间上再增加1年（*Managing Intellectual Property*，2009；*WIPO Magazine*，2010）。

的合法产权——专利。法院还没有找到区分这些实体并对其行为适用不同规则的方法（Tex. Data Co., L. L. C. v. Target Brands, Inc., 2011）。有许多类型的非营利组织——失败的公司、大学，甚至个人。许多 NPE 只是为了积累专利而开展业务（Risch, 2012）。

在 2004 年一宗涉及英特尔的案件中，一家获得专利许可的公司以 5 万美元的价格购买了一项专利，然后以英特尔奔腾 II 半导体涉嫌侵权为由向英特尔索赔 70 亿美元。尽管法院驳回了此案，但英特尔被迫支付 300 万美元的法律费用（Landers, 2006）。另一家非执业实体 NTP 就黑莓手机制造商 RIM 的手机电子邮件专利侵权提起诉讼。双方达成了 6.125 亿美元的和解，尽管 UPSTO 在随后的程序中宣布了 NTP 的大部分专利无效（美国有线电视新闻网财经频道，2006 年 3 月 3 日）。

专利流氓很有争议。一些人认为，它们实际上通过购买小发明人的专利来激励研发，由于小发明人无法承担昂贵的专利诉讼，这样使小发明人能够从自己的发明中获利。此外，有人认为，专利流氓通过"清除"市场和使专利更容易获得有助于创造一个有效的专利市场。专利权人可以将其专利权以现金的形式出售给专利流氓，而不是根据发明制造产品或获得专利许可。通过这种做法，专利流氓增加了专利的可获得性，使专利更具有市场价值。有人认为，专利流氓通过成为中介，匹配多个买家和卖家，有助于提高市场效率。因此，在寻找某一特定技术的制造商时，不需要联系许多发明人或专利权人，而只需要联系专门从事该特定技术的专利流氓。因此，专利流氓可以防止或至少最小化双方之间潜在的信息差距（Shrestha, 2010）。

另一些人则认为，专利流氓通过向开发商强加高额的法律成本，增加了诉讼风险，增加了创新成本。此外，专利流氓从专利权人和制造商那里收取高额的许可费（例如在 NTP 案中）。这些高额的许可费用增加了产品的成本，因为这些成本被转移到消费者身上。批评者还认为，专利流氓增加了"专利丛林"问题，即增加了在交叉许可协议中谈判失败的可能性，导致产品价格上涨（Shrestha, 2010）。

专利拥有者采用的另一个共同策略是专利池。专利池是几个专利所有者之间的合作协议，旨在捆绑销售各自的许可证（Dequiedt 和 Versaevel, 2007）。尽管该协议具有反竞争的特点，但竞争主管部门已重新认识到该协议的优点——降低交易成本、避免昂贵的侵权诉讼等，因此倾向于批准该协议。这种专利池的例子有 DVD 视频、DVD-ROM 和 MPEG-2 数字视频。德奎特（Dequiedt）和凡尔赛维尔（Versaevel）解释说，专利池有两种观点：事前和事后。他们认为，企业首先投资于高风险的研发是不现实的，如果成功的话，可以考虑与其他专利持有人建立一个专利池。因此，他们从事前的角度来审视。德奎特和凡尔赛维尔通过对激励因素的不同考虑，提出了一个动态的创新和专利池形成模型，平衡了专利池的规模和参与价值。

尽管成本效益计算为负，但解释申请专利的一个可能的经济理论是一种在风险下的行为。专利本质上是彩票。不过，与赌博不同的是，申请专利体现了一种与购买保险类似的避险态度。然而，与保险不同的是，大公司申请了许多专利，并时不时地获得专利，它们可以以这样一种方式确定获得专利的价格，并支付绝大多数不成功专利的所有费用。换句话说，成本转移到消费者身上。专利池是进一步降低风险的一种机制。根据这种防御理论，获得专利是一种军备竞赛。竞争企业利用专利作为谈判筹码，与竞争对手谈判，并在市场上获得某些利益。基于这一理论的假设是，法院严厉地执行专利权，从而可能对竞争企业构成专利诉讼威胁（Hall 和 Ziedonis，2001：105 - 107）。

著作权和专利之间的差异是获得专利保护所涉及的巨大成本的结果，而著作权是自动授予的，完全没有成本。然而，在这两个领域授予知识产权的效果是相似的。一方面，专利和著作权之间的相互关系；另一方面，创造的动机，仍然非常模糊，而且似乎授予专利和获得著作权的效果超出了直接受保护的创造或创新。微软是当代知识产权（各种各样的知识产权）如何被用作控制市场和产生垄断力量的手段的终极例子，这种垄断力量会进一步加剧垄断，该公司利用其在操作系统领域的垄断优势，在文字处理和互联网浏览器等应用领域占据主导地位（Stiglitz，2008：1702）。

总之，知识产权法已成为扩大市场势力、减少竞争和集中控制的主要工具，信息的过度生产和分配，远远超出了受知识产权保护的特定信息所产生的垄断造成的无谓损失。

3.3.1.3 交易成本和管理成本

第三点批评是，知识产权是获得激励的最佳机制，与交易成本有关。我们已经在上一节讨论了维护专利系统的行政成本——注册和诉讼——估计超过了专利的总价值。但知识产权引发的高交易成本并不局限于需要注册的权利，如专利。高交易成本是任何知识产权所固有的，因为知识产权每次使用都需要事先以许可证的形式获得许可，从而产生激励。未经许可的使用将使知识产权受到损害。获得知识产权和其许可的交易成本不断增加，提高了内容和发明的成本，而这些对于任何进一步的创造都是必不可少的，从而对产生新的作品和创新造成了障碍。近年来，随着知识产权制度涵盖越来越多的信息作品，并为过去属于公共领域的作品类型或作品的新方面提供保护，与发明许可和受著作权保护的材料相关的成本呈指数级增长。

例如，今天的著作权和邻接权只包括事实和数据（例如欧盟的第95/46/EC号指令）。近年来，著作权所界定的一系列权利得到了扩展，以涵盖更广泛的用途，例如，防止未经授权访问数字格式作品的权利、控制数字作品发行的权利以及所有这些权利的延长期限。数字环境的一些特点也意味着信息作品的可用性较低。例如，不同权利持有人持有的重叠权利使获得使用著作权作品的许可成本更高（Lemley，1997）。总的来说，广泛的著作权，加上其他法律机构（如反规避立法❶）的额外保护，为获取现有材料设置了新的障碍。

许可变得越来越昂贵，不仅对用户，而且对权利持有人。许可可能需要就有关知识产权保护范围进行法律咨询，即对权利范围和授权用途（例如，美国著作权法下的合理使用的含义，或知识共享许可下的非商业用途）的深刻理解，并熟悉用于描述它们的法律语言。权利人通常需要律师管理他们的知识产权。当他们期望受益时（即当他们打算将该作品或发明许可用于商业用途时），他们更可能承担许可的成本。然而，他们可能不愿意为非商业用途支付高昂的许可费。因此，许可费用可能会阻止用于本来可以使用的作品，从而妨碍获得该作品和随后的创作和创新。因此，与知识产权系统相关联的高交易成本，不仅降低了人们所期望的使用水平，而且具有越来越不平等的分配效果。许可对企业来说更实惠，更容易获得，因为可以将成本转嫁给消费者。许可对个人和小企业的创造产生了更显著的寒蝉效应。这种不平等可能对创新的本质和文化的未来产生深远的影响。

随着个人生成和大规模分发内容的能力不断增强，以及用户生成内容的增多，许可交易成本的寒蝉效应在网络环境中尤为明显。由于知识产权需要事先获得许可，任何人如果想利用已有的作品，必须首先获得适当的（通常是昂贵的）许可。用户必须确定哪些许可是必要的，确定不同的著作权所有者，协商使用该作品的许可并支付许可费。许可所涉及的高成本可能会造成障碍，使用户难以参与生成内容，尤其是当成本高于使用作品的预期收益时。在这种情况下，许可的交易成本可能会阻止原本可能有益的使用。

事实上，事先同意的法律机制是为工业和商业的利益量身定做的。生产大量内容的行业相对较新，在20世纪得到了显著的加强（Benjamin，1968：217－252）。内容的大规模生产包括由内容产业策划的单一原型的生成，以及复制件的生产和分发。著作权法是为了满足文化产业的需要而制定的，当使用者或作

---

❶ 反规避立法（例如，美国法典第17编第1201条）保护DRUs系统，该系统管理受著作权保护的作品的使用，并在物理上限制访问和使用，即使是对于无权直接获得著作权保护或此类保护已过期的信息。我们将在第6章详细阐述这项立法。

者使用时，可能会产生不同的后果。虽然内容行业可以处理许可的成本，但这些成本对于业余用户来说，无论是作为潜在的许可证授予者还是潜在的许可证持有者，都是一个问题。作为许可人，他们通常缺乏设计许可策略所需的法律知识。作为被许可人，业余用户也面临着困难：一方面，他们有更多的能力积极改造现有作品，这可能需要更多的许可。另一方面，他们往往缺乏获得此类许可所需的法律培训、组织支持或财政资金。由于缺乏收费量表，特别是难以支付获得许可的费用。单纯地避免侵犯著作权就成了业余创作者的一大挑战，责任风险也为用户生成内容环境下的创作和合作活动设置了新的障碍。

不断增长的财产化和涉及知识产权的交易成本是推动一些试图绕过僵化的知识产权制度运动的主要力量。值得注意的例子是自由软件运动和知识共享。自由软件是一个基于合同的创新法律框架，旨在解决知识产权造成的准入障碍。自由软件受著作权保护，但受一个称为通用公共许可（GPL）的约束。GPL基本上授权软件的无限复制、重新分发和修改。该许可证是一个"病毒合同"，意味着它适用于未来的用户，试图使用户承诺运行这个数字代码（Radin，2000）。它包括一个病毒性的条款，要求任何包含自由软件或衍生工具的衍生作品将受到相同的许可。GPL取消了许可费用和许可谈判的负担。这种对著作权法的颠覆性使用并不是利用所有权制度来产生"激励"（或者更确切地说是利润），而是为了创造另一种非所有权制度，通常被称为"著佐权"。知识共享将相同的原则应用于更广泛的信息创造。这项倡议提供了一个基础设施，包括法律和技术，可以克服获得创作作品的障碍，目的是减少许可的高昂费用对创造造成的寒蝉效应。自动授权平台允许作者保留他们各自作品的著作权，并授权他们选择作品的多种用途。希望这样一种机制能使权利持有人更容易以更慷慨的条件分享他们的作品。然而，与GPL不同的是，知识共享的许可计划包括各种各样的许可。任何超出绝对排除范围的许可都有资格推广、共享和重用受著作权保护的材料。

从法经济学的角度来看，可以在1960年科斯定理的框架内分析这些私人秩序制度的出现，以绕过知识产权造成的障碍。这个突破路径的定理证明了个人如何绕过低效的法律规则来实现权利的有效分配，但这只有在没有交易成本的情况下才会发生。互联网和相关技术正在显著降低交易成本（Elkin–Koren和Salzberger，2004：第7章），使各方能够在低效知识产权法律的阴影下进行交易。因此，这些最新的发展不仅可以用利他行为和政治议程来解释，而且可以用传统的经济理论来解释。无论如何，他们指出，目前的知识产权制度效率低下。

3.3.1.4 最佳进度——概念和实际问题

最后一点批评是知识产权作为一种激励机制更具有哲学意义，并与对经济方法学的更广泛批评联系在一起。这与无法确定创造或创新激励的理想或最佳水平以及无法确定实现最佳水平所需知识产权的确切范围有关。毫无疑问，由于知识产权的扩大，我们看到了娱乐业以及高科技相关产业的疯狂扩张。如果没有这种扩张，我们可能就不会有好莱坞的一些大制作电影，例如《阿凡达》。但这些电影真的代表了信息和艺术制作的有效水平吗？它们是否可以与在更为有限的著作权制度下或著作权保护之前创作的伟大艺术杰作相媲美？与之相对应的是，受专利驱动的行业和数量庞大的新产品，它们在我们的生活中持续的时间越来越短，因为法律制度和知识产权激励我们用新产品取代它们。同样的问题也会在制药行业被提及，一般来说，制药行业是为了一个有价值和重要的事业——改善我们的健康。但可以说，它生产许多无关紧要的产品，其动机是从知识产权中获取利润。激励范式是假设更多的创造对世界更有利。它代表着更多的作品，似乎经济分析对创新的质量漠不关心。知识产权的扩大可能会增加创造和创新的数量，但可能不会影响其整体质量（Birnhack，2006）。

现行的知识产权制度创造了财富。正如我们在第 1 章所指出的，知识产权的价值今天超过了实物产权的价值。但人们可以将知识产权与人为和虚构的金融工具相提并论，后者是 2008~2009 年全球经济危机的主要原因。知识产权创造的财富可以被描绘成一个泡沫，这可能是未来全球经济危机的根源。

由于越来越多的专利是针对琐碎的发明而提出的，除了防御性的目的之外，没有任何经济原因，知识产权制度代表了一种浪费。它削弱了研发资源，增加了诉讼和许可方面的支出。当前知识产权制度创造的财富也充分凸显了财富与福利或效用之间的间接联系。一个被迫经历太快的技术和文化变革的社会，可能不会比一个变革—进步速度较慢的社会更幸福。经济合作与发展组织（OECD）的成员今天的平均收入是 100 年前平均收入的 10 倍，但这并不意味着今天的人们比一个多世纪前富裕了 10 倍。

当要求中央干预创造激励措施时，必须制定一个关于创造和创新需要多少的规范性目标，并制定旨在实现这些目标的积极法律。经济分析还没有形成一个严格的模型，既能说明创新和创造的理想速度，又能说明实现这些目标的确切权利。

知识产权作为一种激励创造的机制，其显著的缺点要求我们对能够在激励范式的一般框架内更好地发挥作用的其他潜在法律工具进行调查。这将是下一节的主题。

3.3.2 其他激励形式

纠正信息产品市场中公共产品失灵的中央干预可以采取知识产权以外的多种形式。假设知识产权是产生有效激励的最佳机制，典型的法经济学文献还没有认真考虑这些选择。此外，学者还没有认识到这样一个事实，即当其他形式的中央干预确实与知识产权并行存在时，可能会有重叠的激励措施，授予知识产权的理由可能会减少。

产生激励的替代机制可分为两类：一类是以公共资金替代激励，另一类是以私法产生激励。公共资金本身可能有几种形式。政府可以选择自己生产信息产品，也可以通过资助研究机构、大学和文化机构来赞助研究和发展活动。公共资金也可以通过为公共或私营部门发起和执行的或政府确实要求的特定项目提供政府研究补助金来安排。虽然知识产权是事后奖励制度，通过承诺对商业上成功的发明给予经济奖励而产生激励，但公共资金通常是事前的，为前期研究和开发项目提供资金。

但公共资金也可以被设计成事后奖励制度。近年来，有人提出了一些精心设计的替代机制，以产生激励。一个例子是阿布拉莫维奇（Abramowicz）(2004) 倡导的奖励制度。他的提议考虑了各种各样的设计问题，比如延迟支付与立即支付、基金与开放式项目、可交易回报与非交易回报。阿布拉莫维奇提议的实质是，奖金制度将以延迟为基础：不是在索赔人提出请求后不久将钱分配给他们，而是应将钱留在投资账户中，只有在几年也许十年后，政府才会将其发放给索赔人。延迟发放提供了一种更有意义的衡量发明重要性的方法，揭示了潜在的缺陷和错误，并让专利经受时间的考验。此外，延迟发放奖金将继续激励专利持有人和创新者。这样，权利人将继续投资于产品的商业化和推广，以获得奖励。这种机制将进一步鼓励研究人员公布研究成果。这将激活可能产生社会效益的研究活动，并将减少无谓损失问题。在这种情况下，延迟发放会阻止自然垄断者在收取垄断价格的同时获得专利奖励。

霍利斯（Hollis）(2005a) 提出了一个专门针对制药行业的类似建议，他描述了制药行业的特点，作为功能失调的市场，提倡基于产品的增量治疗效益进行事后中央支付。[1]

---

[1] 最近，《纽约时报》记者大卫·莱昂哈特（David Leonhardt）发表了一篇文章，呼吁将奖金返还作为创新的奖励制度（Leonhardt, 2007）。他提醒我们，在18世纪，奖金是奖励创新的一种常见方式，但如今，奖金被预先奖励资金的赠款所取代。拨款毫无价值的优点是，它们更容易受到政府官僚的监督。莱昂哈特认为，拨款是失败的，他给出了大胆的例子，世界各国政府都为寻找各种替代能源发放了拨款和补贴，但从来没有人找到这样的能源。因此，莱昂哈特建议回归奖金制度。

私法也可以通过各种法律规则而不是所有权来促进激励。责任规则可以为公共物品市场在信息和观念上的失灵提供一种可能的补救措施。卡拉布雷西和梅拉梅德（Melamed，1972）强调了是否分配一项权利和分配给谁的问题之间的区别，以及关于保护权利适当方法的问题。在信息商品的背景下，给予激励的必要性等同于是否分配权利的问题，而创造激励的形式等同于保护的方法。对于后者，卡拉布雷西和梅拉梅德建立了在财产和责任规则之间进行选择的框架。根据他们的模型，选择应该取决于交易成本的结构。你对自己想法的权利（无论是作为一阶理由还是二阶理由）可以受到财产规则的保护，财产规则禁止其他人使用这些想法，或者受到责任规则的保护，责任规则不禁止这种使用，但使创作者有权获得赔偿。

这两种方案哪种更可取？根据卡拉布雷西和梅拉梅德的说法，当谈判成本低于执行机构或法院确定权利价值的行政成本时，应优先采用财产规则。在这种情况下，中央干预应该是最低限度的，因为在法律规则建立之后，各方可能会为有效的最终结果进行谈判，坚持或绕过最初的权利分配。通过选择一项财产规则，权利将通过市场中的自愿交换而易手，政府的唯一职能将是通过禁令和刑法防止绕过市场。当通过谈判确定初始权利价值的成本高于通过执行机制确定该价值的成本时，应优先采用责任规则。此外，为了避免讨价还价的成本，可能更倾向于采用责任规则。根据卡拉布雷西和梅拉梅德的说法，缺乏关于成本最有效规避者的信息或不确定性可能也会使我们朝着责任规则的方向发展。责任规则涉及国家机关对权利的客观价值作出决定的额外中央干预。在这种情况下，如果创作者获得权利，他有权利得到补偿，但不能禁止他人使用。

信息和思想的一个特征是其价值的不确定性，以及随着时间的推移其价值可能的变化。赋予信息产品的产权意味着投机者可以通过以适中的价格购买信息产品，然后以其未来的市场价值享受巨额利润。如果是这种情况，财产规则根本达不到为创造提供充分（但不超过）激励的目的。此外，与有形资产不同，知识产权（专利、商标、外观设计等）的注册程序涉及大量交易成本，当不需要登记时，如著作权的情况一样，有时很难找到知识产权的所有人。例如，莱斯格（2004：100 – 107）就说明了著作权交易的成本可能非常高，他讨论了在从事基于各种先前创作的艺术创作之前清理权利的过程。正如我们所提到的，信息产品是非竞争性的，这意味着授予对信息产品的垄断性产权比允许每个人使用信息产品但必须支付适当的事后补偿的效率要低。因此，责任规则可以为传统知识产权提供一种有意义的替代办法。适用责任规则可能会加强公共领域，因为不能禁止那些想使用受责任保护的权利的人，他们只需支付使用费用。

卡洛琳·阮（Caroline Nguyen）(2004) 更进一步提出了补偿知识产权的建议。她认为目前的知识产权制度过于激励。人为的高价格和低供应的情况造成了严重的垄断性无谓损失，并产生了破坏社会进步的意外后果。相比之下，卡洛琳提出的补偿知识产权提案是："……保留对生产者的财政激励，但将其降低到仅仅足够的水平，将大量生产者剩余转移给消费者。补偿知识产权提案包含两个组成部分：智能产品的创造者从政府获得基于成本的产品补偿，作为交换，他们的产品立即被授予社会，以供不受限制地使用。发明人保留所有公众对他们工作的信任和认可。这一体系将缓解异议者对当前知识产权实践的反对，同时满足鼓励研究和开发的财政激励的功利主义要求"（Nguyen，2004：115）。

在讨论责任规则时，卡拉布雷西和梅拉梅德提到了根据权利持有人的损失（损害）计算的补偿，但他们的分析框架也可以包括基于使用权利的一方所取得收益的补偿。这种可行方法的法律框架是不当得利或归还法，这可能更适合将其模式应用于信息中的权利分析（Elkin-Koren 和 Salzberger，2000）。一种权利持有人无权阻止他人使用，而是有权获得他人使用该权利所获得的收益的制度，消除知识产权的垄断效应，使信息的使用更广泛，因此可能比传统的知识产权制度更有效率。由于在任何情况下，通过法律程序强制执行知识产权的成本都远远高于强制执行有形资产和不动产的产权，因此，在管理这种替代制度方面的额外成本（如果有的话）与从这种制度中获得的收益相比，可以忽略不计。

每一种替代方案都有利弊。例如，一方面，直接由政府生产或资助创作，在较低程度上，奖励制度有隐藏或明确的政治意图的危险，或者更广泛地说，从民主和自由价值观的角度来看，有危险。另一方面，政府对创造活动的直接补贴，而不是授予知识产权，将削弱知识产权持有人的垄断权利，并将导致更大的公共领域，从而增强未来创造的来源。此外，知识产权还有限制生产手段的危险，可能产生事与愿违的效果，制约知识生产的前沿发展。人们还可以说，从自由和民主理论的角度来看，知识产权的危险性丝毫不减，因为它增强了大公司的权利，取代了民选官员向人们口授可用信息的权利，事实上，还有向人们口授生活的方式。斯蒂格利茨（Stiglitz）(2008) 将知识产权与赠款和奖金进行了比较，认为后者具有交易成本更低、风险更低、激励结构和融资结构扭曲程度更低以及传播激励效果更好的优点（赠款和奖金不会产生垄断权），而知识产权制度（尽管是一个重要的制度）的唯一优势是没那么扭曲的选择过程。

法经济学学者似乎更喜欢知识产权，而不是政府自己的创造活动或补贴、赠款和奖金，因为前者被认为有利于市场贸易，因此信息产品的价值由市场力量决定。如果没有创意和创作方面的自由市场活动，我们如何才能确定要资助多少创意？给多少补贴？给谁？然而，这并不是一个微不足道的问题。第一，为了使知识产权能够在竞争性市场上进行交易，需要有一个初步的中央干预来界定这些权利——范围、期限等。这一定义本身并不是自由市场活动的结果，当然，对于权利的实际对象，它将对未来的市场结果产生决定性的影响。第二，知识产权制度创造了垄断权，但受保护的创造物的实际市场价值无法通过纯粹的市场运作来检测。第三，知识产权构成了一个有问题的金融结构，因为它们创造了一个福利税制度，这意味着，例如，患者必须为作为其用药基础的信息提供资金（Stiglitz，2008）。第四，让发明人控制所有与他们的发明相关的全部正外部性，包括改进的发明和作品的新用途的控制。因此，未来改革者投资开发第一代技术（即原始发明）的动机将减少，改进第一代技术的竞争将被扼杀（Lemley，2005：1060-1062）。

此外，可以根据竞争变量进行补贴、赠款或奖金的发放，这些补贴产生的实际产品和服务将根据其在市场上的边际价格进行交易，因此将产生比受知识产权保护的产品和服务的交易更大的竞争，这些产品和服务被知识产权持有人垄断。事实上，大多数基础研究的资金来源与预期的市场价值没有直接联系，而专利通常也不包括在内。然而，我们看到，近几十年来，研究机构越来越多地试图将其研究产品商品化，这当然导致公共领域的缩小，以及将研究工作从基础研究转向更多的应用研究。正如下面将要解释的那样，这种专利延期不能轻易地通过公正的经济分析来证明。

必须强调的是，从法经济学的角度来看，事前赠款制度和事后奖励制度不仅相互替代，而且都是知识产权制度和中央生产的替代品。换言之，发明创造的激励机制可以由知识产权制度或赠款或奖励制度构成，但同时拥有这两种制度可能是无效的，或者至少对那些能够享受奖金和赠款的人来说，知识产权的范围应当不同于那些无权竞争的人的知识产权的范围。应该强调的是，这一点不同于向一开始就可能不会遭受市场公共商品失败的政府资助研究机构提供激励的问题。近年来，高校在专利申请和专利收入统计中名列前茅，这与经济学分析不符。政府资助的研究和信息生产不应享有与私营企业（个人或公司）相同的知识产权保护，因为它们已经通过政府直接资助的创造性活动享受了货币激励。

3.3.3 定制知识产权

到目前为止，我们的讨论依赖于知识产权的同质化概念———一种旨在激励人们创造的排他性权利机制，其时间和范围有限，以便能够最广泛地分配这些非竞争性商品。分析的最后一个关键阶段是相对于实际法律制度而言最尖锐的阶段,也是法经济学文献中研究最少的阶段——知识产权的最佳期限是多少?什么是最佳的例外集合?不同类型知识产权之间的传统区别有意义吗?本节将在法经济学框架内简要讨论这些问题。我们首先讨论不同知识产权的传统分类,然后研究在每一类知识产权中统一的持续时间和例外列表是否是最优的。

3.3.3.1　激励措施和不同形式的知识产权

正如我们在第2章中所指出的,知识产权一词是相对较新的,它在一个顶层设计下产生的非常不同的问题,从作者保护其作品完整性的权利,到制药公司防止其药品竞争性生产的权利、名人防止其照片呈现的权利。我们讨论了两种最重要的知识产权形式(著作权和专利)之间的一些理论差异,这些差异主要与创作过程的不同组织形式有关。这导致法律制度的不同,主要是登记的要求及其效力。让我们试着从另一个角度来处理这个问题,研究不同形式的知识产权之间的传统区别在法经济学上是否有意义。❶ 我们认为,著作权、专利、外观设计、商标、商业秘密和其他特定类型的知识产权之间的历史区别,在应用于瞬息万变的现实世界时并不是那么明确,尽管这种分类对产生的激励、创造的财富及其分配有着重大影响。目前尚不清楚这种传统的划分和分类是否充分,是否适合我们的时代,特别是相对于激励范式的主要观点。

例如,让我们考虑一下软件。正如萨缪尔森(Samuelson)等人雄辩展示的那样(1994),虽然计算机软件是文本,其本身是有价值的,但软件最有价值的方面在于另外两个要素:行为和工业设计。换言之,计算机软件的价值在于当程序指令在工业设计的框架中执行时产生的一系列结果,工业设计负责产生行为和概念隐喻,从而使这种行为具有连贯性。这些元素通常开发成本高,复制成本低,因为构建软件功能所需的技术诀窍反映在市场销售的最终产品上。因此,模仿者的竞争有可能首先破坏开发该软件的动机。此外,复杂的软件产品是由基本模块组合而成的一个全球性架构。这种演变使得私有财产和公有财产之间的区别更加模糊。

现有法律制度没有提供充分的保护(Samuelson等人,1994)。虽然软件原则上可以被视为著作权的客体,但也可以被视为商业秘密和专利的客体,因此产生了完全不同的法律制度(即注册要求、产权保护期限、范围和可能的例外情况)。商业秘密法并不保护大规模销售的软件产品表面上的行为或其他技术诀窍,因为这些技术诀窍不能保密。即使表面上看不出必要的技术诀窍,商业秘密法长期以来仍将市场上现有产品的逆向工程视为获取秘密的公平手段。

---

❶ 然而,值得注意的是,在18世纪,著作权和专利权是皇家特权而不是财产权,创造性表达和创新之间没有真正的区别(Carroll,2004)。

专利法也未能对计算机软件的有价值方面提供充分的保护。专利通常是为实现结果的特定方法授予的，而不是为结果本身授予的，因此不能阻止使用另一种方法来实现这些相同的结果。此外，功能性程序行为的创新、用户界面的创新以及产生行为程序的工业设计，都是典型的增量类型。通过专利法保护这种渐进式创新行为将阻碍专利制度的经济目标：只有当创新者对技术水平和先进竞争作出了重大贡献并将其提升到一个新的水平时，才被授予专有权，正如萨缪尔森等人所指出的（1994）。

著作权法也没有提供足够的保护。著作权法明确地将计算机软件作为文本加以保护。著作权不保护程序指令执行所带来的物理机器的行为（另见 Samuelson 等人，1994：2316-2357）。美国联邦贸易委员会（FTC）在最近一份关于专利和竞争的报告（FTC 报告，2003）中承认，制药和生物技术行业以及软件和硬件行业的专利之间存在差异。在制药和生物技术行业，人们发现，一家公司的可疑专利可能导致其竞争对手放弃在专利所涵盖的领域进行研发。这种影响阻止了竞争对手进入市场并继续创新，增加了可疑专利持有人压制竞争的潜在权利。据行业代表称，制药和生物技术行业的创新成本高昂，而且难以预测。专利使该公司能够防止其竞争对手在发现药物时搭便车，从而收回为发现、临床试验和获得监管部门对新的潜在药物产品的批准而进行的大量资本投资。

相比之下，正如其代表所承认的，在软件和硬件行业，开发更先进技术的竞争是推动这一迅速变化的行业创新的动力。软件和硬件行业的创新过程比制药和生物技术行业的成本低得多，产品生命周期一般要短得多。此外，计算机硬件制造商宁愿保守这项发明的秘密，也不愿在专利申请中公开披露，并冒着第三方盗用专利权的风险。因此，在软件行业，公司获得专利的目的是防御。企业有时可能需要获得大量专利才能生产出单一的商业产品。这些专利中有许多是重叠的，每一项专利都会阻碍其他几项专利。这往往会形成"专利丛林"，是一个密集的、重叠的知识产权网络。专利权的重叠很大程度上是由于技术的性质造成的。计算机硬件和软件包含了大量令人难以置信的增量创新。这些公司寻求越来越多的专利，以提高它们的议价能力，同时试图获得他人的交叉专利，并将它们所需的技术商业化（FTC 报告，2003：110-165）。因此，现有的法律制度都不适合处理软件日益增长的功能和日益扩大的市场。

软件案例表明，不同的知识产权在创造动机方面的作用不同，而且同一类型的知识产权在各种创造环境中的作用也不同。因此，将一般激励原理应用于不同行业肯定不是简单的，而且这种多样性甚至可能挫败一般原理本身，有可能操纵制度，并导致更高的交易成本。因此，一个问题出现了，即使假设知识产权是产生创造和创新激励的最佳方法，在激励范式的一般框架下，将知识产权分类为专利、著作权等的传统做法是否可行，或者更好的制度是授予单一排他性和统一的权利（Dinwoodie，2008）。法经济学的文献尚未回答这个问题。

3.3.3.2　不同知识产权的期限和范围

将所有知识产权统一为单一、同质知识产权的另一种方法是，在传统知识产权类别（专利、著作权等）内，或在质疑传统权利类别之后，为不同类型的创作活动量身定制不同的权利。这方面的一些事实上的法律发展是对植物专利、半导体芯片掩模和其他一些特殊安排的特别规定。事实上，这两种策略甚至可以结合起来，通过创建一个单一的知识产权而不是专利、著作权等，将克服把某些创造性活动（如开发计算机软件）划分为传统知识产权类别的需要，但根据不同的领域授予这一权利的持续时间是不同的创造性活动。

目前，所有授权专利的保护期限都是自提出申请后保护20年（关于在这一最长期限内申请延期的必要性，法律制度之间存在一些差异），而大多数著作权法规定了作者去世后70年的专有权。激励范式最关键的缺点是缺乏任何理论或经验证据，证明20年的专利和生前及死后70年的著作权正是平衡激励需求和信息最大化使用需求的最佳范围。美国近期将著作权从50年延长到70年，或许可以作为考察50年或70年是否是最佳期限的一个很好的来源，但到目前为止，法经济学文献还没有对此进行研究。

即使20年和70年分别是专利和著作权的平均最佳期限，但对于那些需要较短专有权的创作活动和那些需要较长期限才能产生最佳激励的创作活动来说，显然存在社会损失。一些学者认为，一刀切的政策是低效的（Carroll，2006），特别是在专利领域（Burk和Lemley，2009；Bessen和Meurer，2008），不同行业的研发成本差异很大。例如，有人断言，制药行业研发的必要投资远远高于高科技行业（Burk和Lemley，2003），这意味着两个行业的最佳专利期限截然不同。与著作权相反，专利期限没有改变这一事实可能是受专利保护的行业内相互冲突的结果，我们将在第7章中讲到这一观点，并讨论对知识产权的积极经济分析。但从纯粹的规范性分析角度来看，我们要承认统一权利的成本，并询问根据创造领域调整知识产权是否可能是一个可行的解决方案。

迈克尔·卡罗尔（Michael Carroll，2010）提出了一个分析这个问题的理论，该理论包括成本效益分析：①放宽统一权利；②这种做法的行政成本；以及③政治经济成本，这些成本基本上是最佳定制与实际定制之间的差距造成的成本。虽然定制知识产权减少了统一性成本，但它增加了利益集团活动可能产生的成本，这些活动旨在为其特定活动获得更好（扩展）的权利（称为卡罗尔的"政治经济"成本）。尽管从一开始就预计定制活动也会增加定制（通过法律或法规）和分类特定创作（通过行政和/或司法机构和律师费用）的行政成本，但卡罗尔声称，一个更具体和准确的权利定义也可能通过用更具体和准确的规则取代含糊和昂贵的术语"合理使用"来降低成本。

虽然卡罗尔的理论似乎是有意义的，但仅限于以财富最大化为标准的规范目的，因而忽略了分配问题、财富与福利或效用的联系，这在知识产权方面至关重要。这一理论还忽略了我们在本章中讨论的许多其他批评观点，例如最佳进展程度、技术作为外生变量的隐含假设以及实现最大化（或成本效益）的地理和时间单位。随着技术变革步伐的加快，相对于法律适应速度的放缓，根据法律调整知识产权可能是一个非常有问题的策略。此外，如果在现行制度的基础上进行调整，可能会导致知识产权的扩大，而不是权利的削减。但最重要的是，这是一个总体框架，其具体内容依赖于经验数据和信息，这在知识产权领域是很难获得的。与整个激励范式类似，即使原则是正确的，它们对特定法律规则和权利的适用也是极不稳定，因此有些人会认为，这是武断的。

3.4　结论

激励范式一直是知识产权分析的主要法经济学框架。其出发点是将信息认定为公共产品，这意味着市场失灵。自由和竞争的市场由于其非排他性，不会产生或将产生不足的信息。因此，需要中央干预，根据激励范式，最佳干预方式是创造知识产权。然而，信息产品作为公共产品也是非竞争性的，这就意味着一旦这些产品被生产出来，经济效率就会寻求它们的最大化利用。这就是知识产权在范围和时间上受到限制、包含各种豁免和例外的原因，试图平衡产权化的冲突力量。

在这一章中，我们批判性地考察了激励范式的几个前提。我们认为（并提供了一些证据），货币激励、知识产权或其他，并不总是必要的，以产生个人层面的创造，甚至可能扼杀创造。还有其他内在的创造动机，比如个人的满足感和社会的认可与尊重。创造者和发明人的前置时间、声誉、服务和包装以及网络效应也可能提供足够的激励来创造，从而否定对知识产权的需求。激励分析在组织层面上更为复杂，但在这种分析中，制度结构不能作为一个外生变量，因为这种结构本身受到知识产权制度的影响。

随后，我们考察了知识产权提供最优激励机制的前提。它的一个主要缺点是，知识产权制度带来了一个悖论：那些有替代品的创造物将以近乎自由的经济市场价格定价，因此，也许知识产权保护首先不需要对它们的创造进行保护。对具有突破性、独特性和本质性的发明授予知识产权给创新者赋予了垄断力量，因此这些发明不会惠及真正需要它们的广大民众。我们进一步表明，信息产品的排他性赋予了权利人在信息市场上的战略优势，并使他们能够对信息产品行使控制权，这远远超出了精心定义的权利清单和其所服务的经济目的。增加交易成本是知识产权制度的另一个缺点。我们讨论了产生激励的几种替代机制，并强调知识产权只是各种替代机制中的一种，而大多数决策者和法律经济学文献都不这么认为。

在本章中，我们还研究了一些可能的激励目标或需要激励的不同类型的活动以及它们所服务的不同群体：创造激励与传播和分配激励、创造激励与披露激励，以及创造和创新的激励与改进的激励。这些目标、活动和团体中的每一个都证明了知识产权的不同形式和范围是正当的，以便获得理想的货币激励。在下一章中，我们将展示激励目标的转变如何导致知识产权范式的转变。

我们特别关注产生新的生产和分发模式的技术，质疑传统知识产权制度是否适合这种不断变化的环境。由于知识产权的目的是平衡创造的公共产品属性和创新这两个对立的特征，令人吃惊的是，尽管过去十年发生了技术革命，但这一平衡（反映在知识产权一词中）的范围和例外清单并没有改变。这也适用于不同形式的知识产权（专利、著作权、外观设计等）之间的传统划分。

激励范式与我们在下一章讨论的"公地悲剧"范式有几个共同的特点，但也有几个重要的区别。其中一个差异与法经济学运动中的规范性正差异有关。激励机制框架是一个纯粹的规范性分析，而"公地悲剧"最初是从实证分析中产生的。从这个意义上说，公地悲剧的产权框架可以表现为在实证分析和规范分析之间建立一种内在的平衡。激励范式由于其纯粹的规范性，必须由立法者实施，才能实现。因此，它面临着利益集团的操纵、社会选择问题和其他公共选择障碍，我们将在第7章进一步讨论这些问题。激励范式缺乏规范分析和实证分析之间的平衡，或者换句话说，无法预测理想（最优）解决方案是否真的将基于法经济学框架的相同基本假设，特别是理性、自我最大化的行为假设。

这一点在关于当前知识产权法的扩展，或过去不属于知识产权保护对象的商品化，以及此类商品化对公共领域的影响的辩论中尤为重要。虽然知识产权扩展和扩大的支持者是一个相对较小的群体，但他们很可能组织得很好，因为组织的成本将低于该组织的预期收益，更大公共领域的支持者包括许多个人，他们从组织中获得的收益可能小于巨大的组织成本，他们影响决策者的能力将远远低于知识产权游说团。因此，立法结果很可能反映出对亲知识产权阵营的偏见（根据激励分析的最佳点），从而扭曲知识产权与公共领域之间的界限。我们将在本书最后一章回到对知识产权法的实证分析。

第 4 章
知识产权的专有权范式

近年来,在法经济学文献中出现了一个新的知识产权分析理论,而不是我们在第 3 章阐述的激励机制/公共产品的分析模式。这个新的理论可以称为知识产权的"专有权范式"。这种范式不是要求如何分配资源以优化对创造和创新活动的投资,而是着眼于知识产权的组织功能和对无形资产的管理。因此,这种方法实际上忽略了激励范式的基础,其中最重要的是分配知识产权的初始正当性。换言之,新的法经济学范式从一开始就偏离了授予知识产权的目的论规范正当性——最大化社会福利,假定信息创造者拥有创造产品的"自然"权利。这种分析知识产权专有权的方法是建立在不动产的经济合理性基础上的,主要是"公地悲剧",这是一种用于分析土地和有形财产财产权的分析方法。

本章首先简要介绍了知识产权法经济学文献中专有权方法的兴起及其主要原则(第 4.1 节)。其次讨论"公地悲剧"这种对一般财产特别是土地法进行实证分析的最古老和主要的法经济学理论(第 4.2 节)。再次,我们描述了如何扩展这一分析理论,以解释知识产权,并提供规范性分析,以及它如何巩固了法经济学学者的观点,即任何知识创造都应被视为财产的客体(第 4.3 节)。我们讨论了对专有权方法提出的一些批评,这种方法将产权理论应用于信息产品,并讨论了产权在组织信息工作中的作用,以及产权是否为信息环境带来的新挑战提供了适当的组织框架(第 4.4 节)。最后,我们简要讨论了"公地悲剧"理论在知识产权实证分析中的应用(第 4.5 节)。

4.1 知识产权法经济学专有权分析方法的兴起

如第 2 章所述,在上个千年中,与著作权、专利、商标、外观设计、商业秘密等无形资产有关的基本理论和实证法已经被分别制定了出来。直到 20 世纪 60 年代后期，这些独立的学说在被归类为统一的"知识产权"法律标题下，之后它们才被视为财产法的一部分。标题为"财产"的新分组对这些合法权利及其合理性的分析产生了影响。1998 年，美国国会制定了著作权期限延长法，将著作权再延长了 20 年。此次延长不仅授予将来的作品，而且授予现存的作品。激励机制——公共产品理论分析并不能为法律辩护，因为创建现有作品无须激励机制。许多法经济学者支持这项立法，不得不提出新的理由或分析理论。因此，知识产权经济学分析的专有权范式诞生了。

埃德蒙·基奇早在 1977 年就提出了支持将专利视为完全产权的观点。基奇认为，专利的产权化对于促进现有创新的有效利用而不是新作品的创作至关重要。他的论点集中在管理对信息作品的投资，以便进一步开发和改进，隐含地假设最初的创造已经完成，值得拥有产权。我们在第 4.3 节详细阐述了这一论点。

大约在 20 年之后，基奇的论点才在关于桑尼·博诺（Sunny Bono）著作权期限延长法及其著作权追溯性延长的辩论中重新出现。几位法经济学学者对这项立法给予了支持，完成了从激励范式到专有权范式的转变，在我们比较两位法经济学代表人物——威廉·兰德斯和理查德·波斯纳 1989 年的工作与他们最近的工作时得到了最好的例证，他们是阐明激励范式理论的先驱（Landes 和 Posner, 2003, 2003a）。兰德斯和波斯纳在早期的著作中将著作权（以及其他类型的知识产权）描绘成一种机制，以增强创造的激励，这种激励应与广泛获取信息的好处相平衡，信息是新思想和创造的主要来源。这是他们主张限制知识产权期限而不是不动产的主要原因，不动产在使用上具有排他性和竞争性。然而，在后来的论文中，兰德斯和波斯纳改变了他们的分析，主张无限期地更新著作权。在新的分析中，他们忽略了限制知识产权持续时间的主要原因——知识产权对未来创造的障碍。他们也否认信息产品的非竞争性，这是公共产品分析的主要基础之一，认为（以类似于"公共悲剧理论"的方式）过度使用思想、图像、文学人物等会降低其价值，因此它们的使用实际上是竞争性的，值得专有保护。

知识产权专有权范式的一个典型例子是理查德·爱泼斯坦（Richard Epstein, 2003）对商业秘密保护的分析。传统上，商业秘密被分析为合同权利。爱泼斯坦将它们概念化为财产，而不是一个保密协议的网络。他认为，仅仅将商业秘密视为保密协议的一个网络，将导致狭义的定义，这将不包括对在此类保密协议之外获取商业秘密的第三方的保护。此外，它不会阻止陌生人窃取信息或从他们知道是通过非法手段获得信息的人那里获取信息。而且，爱泼斯坦认为，

第4章　知识产权的专有权范式

现行法律不适用于任何滥用信息的个人，也不局限于违反合同的情况。此外，没有明显的理由说明为什么一个人不能自己开发和保守商业秘密，因此不在合同协议的框架内。事实上，这些没有与任何其他人共享的信息并不排除商业秘密的法律保护。相反，一个人对自己保密的权利使他以后可以在保密的条件下向其他人披露。土地的所有权允许地主出租。租赁能力并不是赋予个人所有权的内容。用爱泼斯坦的话来说："毕竟，我们并不是说有人因为租赁而成为财产的所有者；然而事实恰恰相反：因为他是所有者，他通常能够租赁财产"（Epstein，2003：5）。同样，对于商业秘密，爱泼斯坦认为，产权是允许个人以后与他人签订合同，以披露它（Epstein，2003：3-6）。

正如爱泼斯坦对商业秘密的分析所证明的那样，对知识产权采取专有途径并不仅仅是一种花把式。当商业秘密与著作权和专利一起归为知识产权时，它们就成为财产。当知识产权被理解为专有权时，从另一个人的投资中获得的任何利益都被认为是搭便车和低效的（Lemley，2005）。非法使用他人财产被视为盗窃（Sterk，2004）。专有途径通常会支持加强所有者权利的政策选择，因此通常会被更强大的知识产权的支持者援引。当学者们在专有权范式下分析与著作权或专利有关的各种问题时，往往忽略了激励范式提出的基本问题，只是简单地假设信息是其创造者的财产。

正如许多学者所观察到的（Sterk，2004；Lemley，2005；Menell，2007；Fagundes，2010），越来越多的法学家赞同知识产权的经济方法，将著作权和专利视为纯粹的财产。2005年，一个名为"各种法经济学者"的团体在美国联邦最高法院的专利侵权案中提交了一份法庭之友摘要，该摘要很好地证明了这一新模式，该团体认为原告应获得禁令裁决，其方式与授予不动产侵权保护的方式大致相同[*eBay V. MercExchange*，547 U.S. 388（2006）]。

从市场失灵方法（激励范式）到专有权范式的转变是近10年来知识产权经济分析中最重要的理论发展。知识产权的专有权方法可以采取实证分析的形式，解释知识产权的出现及其作为一种产权制度发展的原因。更重要的是，作为一个规范性框架，知识产权的专有权范式声称，为了实现对信息作品的有效管理，财产权是必要的。从本质上讲，它认为，授予财产权，否则将被视为公地，将防止这些资源的过度使用和利用不足。专有权范式使用的一个关键定理是"公地悲剧"。在下一节中，我们将详细阐述这一理论，并批判性地论证其在知识产权中的应用。

4.2 "公地悲剧"的经济学基础

4.2.1 哈罗德·德姆塞茨（Harold Demsetz）的理论

英国的圈地运动从 15 世纪持续到 19 世纪，与知识产权的扩张（信息的商品化）在过去 20 年形成了对比。圈地运动涉及将公共土地围起来并将其变成私有财产的过程。知识产权领域过去 20 年的特点有着类似过程，信息作品日益商品化，以前属于公共领域的此类作品的各种用途在很大程度上受到权利人的限制和法律控制（Boyle，2003a）。从法经济学的角度来看，私有财产的兴起和第一次圈地运动是通过"公地悲剧"来解释和证明的，公地悲剧可以归入外部性市场失灵的范畴。❶

尽管"公地悲剧"一词是由加勒特·哈丁（Garrett Hardin）（1968）提出的，但事实上，哈罗德·德姆塞茨（1967）首先提出了这一理论框架来分析私有产权的出现。德姆塞茨认为，产权的出现是为了回应相互作用的个体对调整现有关系以适应新的成本效益可能性的需求。因此，他认为"新的私有或国有产权的出现将是对技术和知识产权相对价格的专有权范式变化的回应"（Demsetz，1967：349）。他的分析从一种隐含的自然状态——一个缺乏产权的世界开始，从而拒绝了产权的自然法概念，并由此衍生出知识产权的自然权利概念。在自然状态下，土地和土地上的一切都不归任何人所有，或者说归所有人所有。如果每个人都能利用和生产他或她所寻求的一切，这可能是一个最佳的静态平衡。人口增长和密度可能会改变这种平衡。需求的增加也是如此，这超出了当地居民的消费需求。一旦这种情况发生，土地上的个人之间及其产生的一切将发生冲突。这可能引起过度消费，导致财产总价值的下降，所有消费财产的人将很快变得更穷，甚至更糟，这就是"公地悲剧"。因此，理性行事的个人将试图阻止这种"公地悲剧"，并同意建立私有财产权。

德姆塞茨将美洲东北部土著人的产权创造与西南部没有形成这种产权作了比较。在东北部，打猎最初是为了食物和获取猎人家庭所需的相对较少的皮毛。在这种情况下，德姆塞茨写道："狩猎可以自由地进行，而不必评估对其他猎人的影响……土地上不存在任何类似私有制的东西"（Demsetz，1967：351）。但来自欧洲毛皮贸易需求的增长打破了这种平衡。首先，就美洲土著人而言，毛皮的价值增加了很多。其次，因为这一需求导致了狩猎活动的规模急

---

❶ 根据基本微观经济模型对市场失灵进行分类，见第 1 章。

剧上升。如果没有共同商定的规则，这一变化意味着耗尽目前的资源，造成未来的短缺。因此，部落形成了领土狩猎和诱捕权，以确保资源得到谨慎的保护，并提高狩猎动物的长期可用性。为什么美国西南部的土著民族没有建立类似的机构？德姆塞茨列举了两个原因。首先，在他们的地区，没有任何具有商业价值的动物可以与北方的毛皮动物相媲美。其次，那些确实生活在西南部的动物主要是放牧物种，它们往往在大片土地上游荡，因此很难将它们与特定的土地边界联系起来，也很难将有限的狩猎权利分配给特定的个人或群体。德姆塞茨说："因此，在西南部建立私人狩猎场的价值和成本都很高，我们预计沿着这些路线几乎不会有什么发展。外部性不值得考虑"（1967：352）。

需要强调的是，德姆塞茨为我们提供了产权发展的实证分析，这也是描述产权化（以及我们稍后将看到的非产权化）过程的动态分析。与激励范式的公共产品分析不同，这一描述先于现代国家或中央政府框架内法律制度授予的产权，后者被要求干预市场活动。个人将根据自己的利益来创造商定的规则，就像霍布斯（Hobbes，1651）对从自然状态到国家和中央政府的出现的转变的一般描述。隐含地，对德姆塞茨的描述（类似于霍布斯的描述）也是一种规范分析（Frischmann，2007）。换言之，德姆塞茨赞同产权的市场创造，因为它符合效率标准，可能是根据福利和效用最大化以及帕累托最优来定义的（见第1章）。他的理论基于规范分析和实证分析之间的平衡（Demsetz，2008），而激励模型的分析并非如此。

随后的文献将从公地到财产转变的实证分析转变为外部性类型的市场失灵分析，这也为政府的中央干预提供了主要正当性。加勒特·哈丁（1968）创造了"公地悲剧"一词，主张公地私有化，他认为"公地的自由将给所有人带来自由"（Hardin，1968：1244）。当太多的人有特权使用一种资源时，比如湖泊，他们往往会过度使用。这是因为每个人将只承担消耗资源的好处，如最大限度地捕鱼，但不会承担这种使用的全部成本，即耗尽渔业。换言之，个人不会将其消费可能对资源产生的负面影响联系起来，因此每个人的单独行动可能会导致资源的集体过度消费。此外，当公地供所有人自由使用时，没有人有动力在培育资源和确保其长期可持续性方面进行必要的投资。在微观经济理论中，这种现象被认为是一种外部性，一种需要中央干预的市场失灵。尽管市场的外部性和公共产品失灵可以重叠，但过度放牧的例子并不是一个纯粹的公共产品问题，因为它首先不涉及生产产品的失灵。

4.2.2 从土地的"公地悲剧"到知识产权

知识产权法经济学中的专有权方法是以公共利益分析为基础，以公共产品的外部性和"公地悲剧"分析为核心,为信息和创造中的产权正当化奠定核心理论基础。它的支持者认为,知识产权符合实物产权的一般框架,因此,信息作品应与实物财产类似对待(例如,Easterbrook,1990;Hardy,2011;Epstein,2010)。

乍一看,将"公地悲剧"应用于知识产权似乎很有说服力。过度使用土地及其资源和缺乏私人投资激励来优化资源及其潜在价值,利用的激励机制,在没有土地产权的情况下,就相当于过度使用共同拥有的创新和知识创造:在没有知识产权的情况下,对其改进缺乏投资和生产的严重减少。德姆塞茨在他开创性文章的最后一部分写道:"考虑著作权和专利的问题。如果一个新思想可以被所有人自由地占有,如果存在对新思想的共同权利,那么就缺乏发展这种思想的动力。从这些想法中衍生出的好处不会集中在它们的创造者身上。如果我们将某种程度的私人权利延伸到创始者身上,这些想法将以更快的速度出现"(Demsetz,1967:3)。然而,德姆塞茨提倡"私人权利"。

此外,目前知识产权法的发展与德姆塞茨的理论是一致的,根据这一理论,新的产权将随着技术的变化而出现。在过去的几十年里,我们目睹了知识产权的巨大扩张,涵盖了更多的主题,延长了权利期限,扩大了权利人的范围,并全面减少了可在公共领域免费获得的信息作品的数量。这些发展只是立法的一部分结果。正如以下章节(第5章和第6章)进一步解释的那样,这也是新兴技术促进的强大自助手段的结果。这些发展,被文献描述为日益增长的"信息商品化"(Elkin-Koren 和 Netanel,2002)和"第二次圈地运动"(Boyle,2003a),与德姆塞茨的分析和预测相对应。他的观察对于解释私人秩序制度的出现尤其对著作权制度的补充具有意义。使用 DRM 系统、其他自助技术手段和合同安排来扩大对越来越有价值的信息产品使用的控制,反映了对信息技术和新立法带来的不稳定性的回应。

然而,仔细研究德姆塞茨理论在当代知识产权扩张分析中的应用,并将其作为知识产权实证分析和规范分析的一般框架,就会发现几个主要区别,为了检验这个框架是否真的适用于信息产品,必须对其进行更仔细的分析。

第一,德姆塞茨关注财产的配置功能及其在促进现有资源管理方面的作用。与土地和其他物质资源不同,信息产品在自然界中并不存在,它们是由人类创造的。因此,建立知识产权的主要目的不是防止过度消费,而是为了促进生产,也许是为了营利。这种差异产生了土地和自然资源方面不存在的问题,例如什么是社会的最佳信息和创新水平。事实上,正如我们在下文进一步解释的那样,专有权范式对"公地悲剧"的接受忽略了这种差异,因为它隐含地假设了智力创造物的存在,并关注它们的过度消费和/或缺乏改善它们的动机。

第4章 知识产权的专有权范式

第二，同样的理论基础指出了想法的财产化——创造的动力——也指出了这样一个事实，即这种财产化将使更少的想法成为新创作的源泉。换言之，当目标是最大限度地创造和创新、知识和进步时，思想的财产化是双向的。有争议的是，这一现象在物理世界中的"公地悲剧"具有同等意义，因为这种悲剧不仅反映在过度消费上，而且反映在缺乏提高财产价值的投资上。但在知识产权的背景下，这一考虑起到了相反的作用：虽然实物财产化主要起到了积极的投资激励和提高财产价值的作用，但思想财产化也会减少新创造物的来源，从而减少未来的产出。财产化的信息将赋予其持有人进一步开发的专有权，而如果信息在公共领域或共有领域，每个人都有权这样做，竞争将有可能增加其价值。由于这两个原因，知识产权不同于土地和有形财产，只有在有限的时间内给予知识产权，并且有各种例外情况，例如合理使用，知识产权才会是实现社会福利最大化的良好机制。"公地悲剧"理论无助于规定知识产权的最佳范围，这是有关知识产权政策辩论的核心。

有趣的是，德姆塞茨自己忽略了这两个差异，并指出了知识产权和物理资源之间的另一个区别。他写道（1967：359）：

> 但私权的存在并不意味着其对他人财产的影响会被直接考虑。一个新的想法使一个旧的想法过时和另一个旧的想法更有价值。这些影响不会被直接考虑到，但它们可以通过市场谈判引起新想法提出者的注意。所有的外部性问题都与土地所有权的例子中出现的问题非常相似。相关的变量也是相同的。

德姆塞茨的观点有点模糊，因为不清楚这是从分配正义的角度来论证，还是从内在效率的角度来论证（如果是的话，他对效率的确切概念是什么）。然而，当在"公地悲剧"框架内讨论知识产权时，通常忽略了对替代产品和服务市场负外部性的考虑。德姆塞茨忽略了这里提到的两个差异，可能是因为他的论点是在外部性范畴内构建的，即市场失灵，这需要中央干预和纠正，而传统的知识产权分析是在公共产品市场失灵范畴下进行的。

第三，将德姆塞茨的理论应用于无形资产，假设它们可能被过度使用或过度消费。然而，与土地和有形资产不同，它们是有限的资源，信息产品没有容量限制。它们的使用或消耗不会耗尽资源。在这种情况下，可能是为了刺激信息的价值，而不是为了抑制信息的价值创造。这些功能与"公地悲剧"分析下的传统产权角色有很大不同。正如我们在上一章中详细讨论的那样，信息是非竞争性的；信息的使用或消费并不妨碍其他人的平行消费。这再次意味着，知识产权的目的不同于土地或有形资产的产权。可以说，在知识产权领域，我们将看到随着其他用户数量的增加，用户价值的下降，而不是对实物的过度消费。但也可以说相反的观点：增加并行使用会产生积极的网络效应，因为信息产品的广泛使用通常会增加每个用户从中获得的效用。事实上，对智力创造的"公地悲剧"理论的非自由裁量采纳，有一种继承的偏见，即忽视创造和进步的基本问题，而倾向于管理和价值问题，或者更确切地说，利润最大化问题。

德姆塞茨理论与知识产权之间的第四个区别是技术在分析中的作用。虽然德姆塞茨认为技术变革及其对产权的创造和修改的影响具有重要意义，但他的分析认为技术是产权产生和转化过程中的外生变量。由于当今的技术变革更加迅速和动态，在分析知识产权时，忽视它们作为一个重要的内生变量是有问题的。正如我们在别处所说，技术发展不能被视为法律分析的外生因素（Elkin-Koren 和 Salzberger, 2004）。这是因为排除措施的可用性和成本以及有效利用资源的能力，除其他外，可能取决于界定知识产权范围的法律规则。信息技术形成、修改的容易程度和技术变革的快速步伐表明，在信息环境中，有必要考虑法律规则对技术进步的可获得性本质以及发展方向的长期影响，反之亦然，对传统的"公地悲剧"可能采取不同形式和方向的分析。

第五，德姆塞茨把产权的出现描绘成市场活动的结果，而没有国家或中央政府的干预。在他的描述中，产权是社会规范的结果。因此，他忽略了有关新财产制度出现的公共选择方面。集体行动问题、利益集团问题和寻租问题均未被纳入分析。尽管如此，这些因素对"第二次圈地运动"（Boyle, 2003; Litman, 2006）的形成以及知识产权的出现和范围都有很大的影响。在将德姆塞茨的观点应用于当前有关知识产权法修改的辩论时，我们必须考虑这些分歧。换言之，与德姆塞茨的原始产权理论不同，在该理论中，实证分析与规范分析是平衡的，但在知识产权方面却不能得出同样的结论。这在一定程度上是因为，虽然土地和土地上的东西对每个人都是必不可少的，因此它们的过度消费将产生悲剧性的影响，但信息商品的商业生产仅限于相对较少的人（以土地为主要生活的人更少）和被更多人消费。通过自发的集体行动建立有效规则的可能性很小，例如，通过中央政府或自发的个人自助手段产生有效规则的可能性很小。这种差异不仅在规范分析上具有重要意义，而且在知识产权产生的实证分析上也具有重要意义。最后一点将在第 7 章进一步讨论。

这些差异表明，德姆塞茨的理论肯定不能帮助我们证明知识产权及其理想处理方法的正当性，因为它使用专有权范式。然而，在实证分析领域，它仍然是解释这一领域变化的有力工具。在接下来的章节中，通过进一步阐述其中的一些差异，我们将看到温和的知识产权法经济学观点是如何发展成为一种极端的专有权范式的。

4.3 知识产权的专有权范式——来源和主要论点

在过去的20年里，有关知识产权的当代法经济学文献中有很大一部分脱离了激励范式，以及传统的"公地悲剧"理论，形成了一种新的范式，即假定信息是财产的对象。在这一节中，我们的目的是描述从激励到财产的转变，并就财产的基本性质以及知识产权的衍生性质提出若干论点。

4.3.1 从激励机制到专有权制度的转变，逃避激励范式的方法论和实证问题

作为纯粹的规范分析，激励范式的出发点是在财富最大化方面定义效率规范目标（Landes 和 Posner，2003a：11-36）。激励范式询问什么是社会财富最大化的理想法则。它假设如果没有产权，创造的动机就会很低，从而认可以信息产权形式存在的货币激励，同时承认产权化也可能阻碍创造过程。新的创造依赖于先前的创造，如果后者被保密或者成本太高，那么新创造的可能性就会降低。因此，授予产权有两个相反的后果，必须加以减轻和优化。在这个意义上，我们不能将激励范式描述为先验的亲财产化和反公地领域或反公共领域。问题在于，知识产权的权利范围和基于公共资源产生的衍生品的范围，或前两种权利的混合状态，都使社会财富最大化。

然而，经济学家在这项主要任务上并未取得成功——通过经验检验目前的平衡（例如，著作权使用年限为生前及死后70年，专利使用年限20年）是否有效。此外，在当今政策辩论的背景下，这个问题的措辞留下了两个核心模型没有涉及的重要因素——我们寻求财富最大化的社会定义和实现这种最大化的时间框架的定义。这两个因素在旧财产（有形资产和土地）的分析中不那么重要（但并非不存在），因为实物财产（除了特殊的外部性的情形）都与特定领域相关；而且通常其价值已经存在，并且具有相对长期和稳定的特点。信息产品没有地理障碍（或次要的语言地理障碍），其可以从具有短暂价值的新闻条目信息明显地改变为具有长期甚至永恒影响的科学突破或重大思想。此外，新的财产大多是假设性的或预先设定的，因此现行知识产权法对未来创造潜在财产的影响至关重要。所以，对于新的资产来说，两个问题——寻求谁的财富最大化以及最大化的时间框架是什么——变得非常重要。缺乏一个可靠的分析理论来讨论时间和空间这两个变量，加上无法获得明确的经验结果来达到正确的平衡（以确定知识产权的最佳持续时间），这可以被视为范式从激励转向假设财产的原因之一。

事实上，发展中国家和工业化国家之间关于药物专利的辩论（在上一章中讨论）体现了地域和时间跨度这两个关键因素。如果这场辩论的出发点是促进效率的激励措施（即使仅从财富最大化的角度来表述），那么确定我们寻求财富最大化的要素是一项初步任务。我们应该为传统民族国家或整个世界最大化财富吗？在审议 TRIPS 等国际条约时，这个问题至关重要。很明显，为什么美国的知识产权法没有考虑到它们对非洲人民健康的影响，除了对美国人财富的一些小的潜在影响，例如对非洲出口水平的下降。同样，一个主要是知识创造进口国而不是生产国的国家，为什么会认为其成员设定较低程度的知识产权保护更有效，这一点很清楚。但不清楚为什么美国的知识产权规则作为全球环境的基础是合理的。从激励机制到信息是财产这一先验假设的转变，为解决这个问题提供了一条简单的出路。这一转变使一些专有权范式的支持者于 2007 年 5 月在《纽约时报》上发表了一则署名为"失窃的财产，失窃的未来"的评论版广告，内容是："如果陌生人出现在你的后院，还在你的地盘举办聚会怎么办？美国极力捍卫的私有财产权传统不会容忍这种情况。但这就是美国企业的知识产权在海外的本质。"（Menell，2007）。

同样，财富最大化的不同时间单元将对资产化和非资产化的成本效益分析产生重大影响。例如，如果最大化计算是在瞬间或短时间内进行的，那么大多数知识产权应该属于公共领域；同样，药物的价格应该是它们的边际生产成本，因为对未来创造的潜在影响没有考虑在内，也没有考虑过去创造的动机。如果这种最大化的时间单元很长，从静态效率转变为动态效率，那么创造的动机就应该被采纳。但是这个时间单元应该有多长，我们如何预测今天的监管对未来创造的影响，特别是在技术进步（其本身取决于当前的知识产权监管）如此迅速的环境下？技术变革的步伐日益加快，甚至降低了为数不多的关于知识产权法律对文化和科学进步影响的实证研究的相关性。简言之，设定财富最大化的时间框架无论从概念或理论角度还是从实证角度都是有问题的。因此，简单的解决办法是完全放弃激励框架，诉诸于信息就是财产的先验假设。

4.3.2　从事前激励到事后激励和管理改进

新的法经济学范式并没有放弃激励的修辞，而是将其含义从知识产权的事前激励正当化转向知识产权法的事后激励正当化（Lemley，2004）。传统的事前理论侧重于行为，这种行为发生在创造物产生之前。在这一框架内，将过于强大的知识产权视为创造的障碍是至关重要的，因此提出了对这些权利进行各种限制的政策建议。事后正当性将知识产权视为开发完成后管理信息作品的一种手段。因此，在这个理论中，限制知识产权的范围和程度的主要考虑是缺

第4章 知识产权的专有权范式

失的。

埃德蒙·基奇（1977）是事后激励理论或新的专有权范式的先驱之一，他在专利法背景下认为，通过允许作品商业化和财产化对于促进作品的有效使用至关重要。换言之，基奇认为专利是鼓励有效利用现有创新而不是创造新作品的必要手段。他认为，我们应该在发明之前授予专利，使专利成为一项发明的一个特定领域的"展望"权。这一论点的重点是管理对信息创造的投资，以便进一步开发和改进，隐含地假设原始创造已经完成，并具有产权。

基奇的理论基于两个基本假设，这两个假设都没有实证结果或理论解释的支持。第一个假设是创造者不会投资于他们的发明进行有效利用，除非他们获得发明的专有权。如果没有专有权，发明人会担心他们的投资会导致不可专利的信息被竞争对手盗用。因此，必须对创作的生产和改进实行集中管理。这一论点通常是针对学术机构科学发明的工业实施而提出的，并且是在美国拜杜法案（Bayh-Dole Act, 35 U.S.C.A, 1980）的背景下提出的。该法案旨在促进美国联邦政府支持的研究所产生的发明的工业利用，在该法案之前，这些发明属于公共领域。问题是，任何企业家都不会有任何动机在公共领域投资科学发明，因为它们知道自己不会享有任何专有权（Miller, 2005）。对于那些需要大量投资来弥合科学突破和工业应用之间差距的发明来说，这可能是正确的，例如需要投资于昂贵临床试验的药物。然而，如拉伊（Rai）和艾塞贝格（Eiseberg）（2003）所示，并非每种类型的发明都需要如此大的投资来开发商业应用，事实上，他们研究的关于学术机构产生的大多数科学发明并不需要这样的投资。在多数情况下，非排他性许可足以激励私营企业家投资科学发明的商业化。

第二个假设是创造者处于管理这些权利的最佳位置，或者有完美的信息和零交易成本，这将导致对用户和潜在改进者的有效许可。这种假设是不合理的，因为最初的发明人（如科学家）往往不是管理他的发明商业化的最佳位置。虽然有充分的理由对最初的发明人给予报酬（即奖励），但没有理由认为他在集中管理自己的发明方面会有任何优势。将创意作品和发明商业化所需的专业知识和技能不同于创意或创新过程。

此外，将发明开发的决策权集中在最初的拥有者身上，与正在出现的分散的生产方式不一致。新的生产方式的出现表明，这种中央管理可能没有必要，而且实际上可能妨碍进一步改进和新的发展。正如本克勒（2002）所说，数字网络环境为新的信息生产和分发模式提供了机会。他认为，信息经济引入了一种新的彻底分散的生产模式，即基于公共资源的信息并行生产。专为确保激励措施而设计的专有权范式实际上会阻碍个人和社区的内容生产、管理和改进。这是因为信息作品是创作新作品的必要资源。使用受知识产权保护的现有作品成本高昂：作品的定价高于边际成本，而许可的转让成本往往很高。许可的高成本可能会降低，有时甚至会阻止在非商业环境中合作的同行进行新的创作。而且，任何个人贡献者单方面占用共同项目都可能减少其他贡献者参与的内在好处，降低其他贡献者的积极性。试图支配共同项目以反映自己的价值观或促进个人利益，可能会疏远他人。将其他人排除在他们共同努力的成果之外，或滥用共同项目使个人参与者受益，都可能削弱其他人作出贡献的意愿（Benkler，2002）。

此外，不确定的是，契约约束下的产权和交易是否会导致权利的最优配置。产权的配置和合同转让依赖于市场力量和价格信号。但价格并不是信息资源权利配置的最优机制。一个原因是，在使用信息之前，通常不可能准确地确定信息的价值。一些信息在后期才会变得有价值，例如，当与其他类型的信息或新技术结合时。另一个原因是，潜在利用者手中的金融资源并不表明他们有能力进一步开发资源，因此不能保证最佳分配。作品和发明的进一步发展往往取决于智力、环境、与他人的合作，有时甚至是运气等问题。这些不一定与任何市场力量有关。对于强大的经济玩家来说，在计算机技术上取得创新性突破，或创造非凡艺术表现的机会并不高。他们更依赖于对现有作品或最新技术的广泛接触。这表明，广泛的信息将增加进一步创新和改进的机会。

4.3.3 法经济学鼻祖对专有权范式的转变

大约20年后，基奇的论点才重新出现在关于桑尼·博诺著作权期限延长法案及其著作权追溯性延长的辩论中，而这一争论只有在事后激励的基础上才是合理的。几位法学和经济学的主要学者对这项立法的支持可以看作是法经济学准数字化思维的转折点。在1989~2003年，在兰德斯和波斯纳的分析中提到了这个转变。让我们详细阐述他们的论点。德姆塞茨的分析侧重于外部性作为产权的主要理由，而兰德斯和波斯纳（1989）的早期著作则侧重于公共产品的市场失灵作为知识产权的主要理由。公共产品分析的重点是，由于复制作品的边际成本很低（几乎为零），因此非专有作品的市场价格将非常低，无法覆盖创作者的初始投资，因此不会开发新作品。他们认为，只有对这些作品进行产权化，才能首先为他们的创作提供足够的激励。

不过，他们也承认，收益应超过注册和执法的行政成本，更重要的是，超过广泛获取信息的收益，这是新思想和新创造的主要来源。他们写道（1989：332）：

第 4 章 知识产权的专有权范式

……超出某种程度的著作权保护可能会提高表达成本，从而产生反效果……创作一个新的作品通常涉及借用以前的作品材料……著作权保护越不广泛，作者、作曲家或其他创作者就越能在不侵犯著作权的情况下从以前的作品中借用材料，从而使创作新作品的成本就越低。

兰德斯和波斯纳（2003）在后来的研究中改变了他们的分析，提出了无期限的可更新著作权，而不是有期限的知识产权。令人费解的是，在这篇文章中，作者忽视了他们之前的文章中提到的限制知识产权持续时间的主要原因——即产权化，一方面为创造提供了激励，另一方面限制了新创造的来源，从而可能减少这种创造。相反，他们详细说明了限制知识产权期限的其他6个主要与交易成本有关的理由，并认为这些理由不再具有说服力。

他们后来的论点的主旨忽略了土地和信息商品之间的区别——后者的公共产品性质，即使没有产权化，也能防止"公地悲剧"。波斯纳和兰德斯认为，过度使用思想、图像和文学人物会降低它们的价值，因此它们的使用实际上是竞争性的。他们的主要例子是迪士尼的米老鼠，他们写道（Landes 和 Posner, 2003: 487-488）：

如果因为著作权过期，任何人都可以在图书、电影、歌曲等中随意加入米老鼠这个角色，那么这个角色的价值可能会直线下降。不仅公众会很快厌倦米老鼠，他的形象也会模糊不清，因为有些作者把他描绘成卡萨诺娃，有些人把他描绘成猫肉，有些人把他描绘成动物权利倡导者，还有一些人把他描绘成怕老婆的米妮的丈夫。

波斯纳和兰德斯的观点类似于德姆塞茨关于新思想和旧思想创造的潜在影响的限定条件，从这个意义上说，土地和信息商品之间的差异可能不会那么大。然而，波斯纳和兰德斯忽略了信息作品的两个不同属性。一是信息商品的网络效应，这种网络效应有可能平衡作品广泛使用所带来的价值递减。信息商品的广泛使用提高了连通性。如果更多的人使用相同的软件或通信技术，那么每个人都可以从这个软件或通信平台中获益更多。同样，可以更普遍地说，与兰德斯和波斯纳的描述相比，广泛共享的虚构人物、符号、故事等提高了这些文化符号对每个用户和整个社会的总价值。兰德斯和波斯纳的分析中缺少的第二个要素是公共领域的作品对激励的贡献以及开发新作品和创造的可能性，这是信息商品的主要特征，区别于有形资产和不动产。换句话说，它们没有区分信息产品的经济价值和商业价值。从这个意义上说，信息公共领域与实物公共领域的主要区别在于，前者不仅是非竞争性消费的公共资源库，而且是一种共同的生产手段；不仅可以促进消费，而且可以促进生产的帕累托改进。

兰德斯和波斯纳支持著作权的追溯性延长，他们也赞同基奇的观点，即需要激励措施来鼓励对作品的发行和推广进行投资。他们写道（Landes 和 Posner, 2003a：230）：

> 唱片公司通过宣传与唱片公司签订独家合同的表演者或艺术家，使其产品与众不同。例如，因为唱片公司可以为芝加哥交响乐团的马勒第一交响曲录音提供著作权，所以它有动机推广该版本；它几乎没有动机推广一位不知名作曲家的公共领域作品，因为它无法从推广工作中获得利益，不同于推广由一个受欢迎的表演者录制的无名作曲家的作品所带来的好处。

他们进一步主张，也需要激励措施来促进营销努力和持续改进作品，以保持其价值。他们强调，他们对著作权延长的支持是基于传统的知识产权激励论据，但在知识产权商品的初始创造中，激励并未用尽。为了维护财产的价值，以及为了使被遗弃或未开发的知识产权复活，这些激励措施更为必要。他们再次使用的例子是有史以来最受欢迎的米老鼠。多年来，迪士尼公司花费巨资翻新米老鼠这个角色，对这个角色进行了细微的改动，并将其置于精心挑选的娱乐环境中，以增加米老鼠对当代儿童的吸引力。兰德斯和波斯纳认为，似乎只有最近版本的人物不可能留住商业吸引力（Landes 和 Posner, 2003a：231-233）。

波斯纳和兰德斯后来的工作强调知识产权对生产者的价值最大化的目标，从而揭示了范式的转变和智力成果被视为其创造者的先验自然财产的假设。具有讽刺意味的是，新的专有权范式不仅忽视了知识产权最初的规范性理由，而且破坏了竞争市场理论的一些基本原理。正如马克·莱姆利（2004）所说，竞争和看不见的手是推动市场提高效率的原因。基奇及其继承者的论点的意义在于，市场上只有一家技术娴熟的公司才能达到有效的结果，为此，社会必须为其提供充分的激励。在过去，某一特定市场上的商品由于专有权而受到保护，无论是专利权还是著作权，并不意味着最初的发明者永远是最有效率的生产者。相反，授予一家公司生产这些商品的专有权可能会导致价格上涨和供应减少。即使知识产权商品的有效分销需要管理者，但并不意味着创造者是最好和适当的管理者。创造者往往是糟糕的管理者。他们经常错误地理解自己发明的意义以及它们的用途。再者，即使创造者拥有完美的管理技巧，他们的继任者持有专有权以后，可能没有那么好。无论如何，最近对兰德斯和波斯纳的分析将规范目标从社会福利最大化转变为知识产权所有人利润最大化。如果不预设创造者享有与创造有关的一切经济利益的自然权利，这种转变就无法合理化。

4.3.4 专有权范式的规范分析

到目前为止，我们把重点放在"公地悲剧"上，认为这是知识产权专有权范式的主要争论来源。但是，在对专有权范式的规范性分析中，还有其他的争论或关于土地和自然资源的争论延伸，主张建立强有力的知识产权制度。让我们总结一下主要论点。第一组论据是基于产权制度的信号价值：产权有助于建立有效的市场，将成本和收益内部化为可交易的一揽子交易（Demsetz，1967）。市场和价格将为分配问题提供有效的信号：生产多少，消费多少。如果没有交易成本，明确的产权将使所有者活动的成本和收益内在化，并允许将该权利出售给可能更看重它的其他人。在一个有交易成本的世界里，当外部性内部化的社会收益超过这样做的成本时，产权就得到了正当化（Demsetz，1967：349 – 350）。

第二组论据与交易成本有关：产权之所以有效，是因为它们可以降低交易成本。物权法处理确权问题的方法是假定单一所有人拥有任何特定资产的所有产权，除非向可能受到影响的人发出充分通知。因此，通过授予明确的产权，可以促进更有效的贸易（Hansmann 和 Kraakman，2002；Merrill 和 Smith，2001）。一个相关的论据涉及资源冲突的最小化。产权被理解为减少社会混乱的一种机制。自亚里士多德时代以来，法律思想家们一直认为产权是避免纠纷和解决冲突的一种机制。有关土地的产权规则旨在减少潜在土地使用者之间发生冲突的可能性。但是，没有必要将土地私有化。共同所有制也足以维护社会秩序，只要法律明确规定了界限。将每一项稀缺的使用权分配给特定的个人或群体的规则，或提供解决使用权争议的机制的规则就足够了（Smith，2002：454 – 455）。然而，当资源并不稀缺，或者当资源被定性为公共产品时，为了避免冲突，就不需要制定产权规则。就公共产品而言，如道路或灯塔，可能需要产权规则来保证拨款用于创造这些公共产品（Rose，1986：752）。正如斯图尔特·斯德克（Stewart Sterk）所说："两个人不能犁同一条沟，但两条船可以由同一个灯塔引导，两个旅行者可以走同一条路"（Sterk，2004：15）。关于知识产权商品，不仅因为它们被定性为公共产品，而且由于网络效应，如果它们被广泛使用，有时它们可能更有价值（Sterk，2004：13 – 15）。

专有权范式的另一个理由与激励有关。与激励范式和市场失灵范式不同，专有权范式侧重于激励对现有资源的投资。一个适当的制度被认为是提供足够的激励来投资于改善已经"拥有"的东西。请注意，这种类型的论证不同于前面讨论的激励范式，因为它关注的是激励机制，以改善现有的情况，而不是创造新的资源。这是因为不动产的所有权可以促使业主投资改善他们的土地，但他们不能为创造更多的土地提供激励（Sterk，2004：17-18）。

最后，财产权是一种有争议的社会制度，其可能潜在地保护了个人对抗国家强制力的自主权。市场允许人们追求自己的利益，并且会产生充分的不确定性来促进自由（Havek，1960：141，1978：109）。在知识产权背景下，这种观点的一个版本是在第 2 章讨论的内塔内尔关于著作权和民主的方案（Netanel，1996）。知识产权建立了一个市场，从而使各方，比如作者、记者和报纸，能够积累财产和获得相对于国家的独立性。

这种财产方案产生了关于对信息作品进行无形财产分析适用的严重问题。对于不动产的正当性解释在何种程度上适用于非竞争性的信息？我们将在下一节讨论这些方面。

4.4 专有权范式的批判性观点

在前面的章节中，我们对新兴的专有权范式进行了评论，并描述了这种范式的主要原则。在这一节中，我们详细阐述了批评的要点，为辩论增添了一些新的见解。

4.4.1 信息会被过度消耗吗？

如上所述，法经济学文献不仅将"公地悲剧"视为解释，而且将其视为公地私有化的主要合理性（Hardin，1968）。当太多的人有权使用一种资源，比如湖泊，他们就会过度使用它。虽然"公地悲剧"可能发生在渔业或过度放牧的土地上，但在信息的情况下却不必发生。信息资源的使用不会导致任何"悲剧"，因为信息不能被过度消费。这仅仅是因为信息的使用根本不消耗它，它永远不会被耗尽。尽管稀缺资源，如石油或水，应该得到最有价值的利用，但信息并不会带来同样的分配困境，因为信息不是竞争性的，一个人使用信息不会剥夺其他人的使用权。对于物理资源，在不存在交易成本的情况下，自由市场上的讨价还价将保证有效的分配，因为最有使用价值的用户也能够提供最高的出价。由于信息的使用是非竞争性的，不会产生类似的分配问题。因此，信息作品的产权缺失不太可能导致过度消费意义上的"公地悲剧"。

一些学者对信息产品的非竞争性提出了质疑，认为更多的使用可能会降低从任何一部作品中获取的商业价值（Posner 和 Landes，2003：485-487），甚至信息产品也可能引发用户之间的冲突，当一些使用干扰了其他人的行为时，或者在存在冲突的地方对可以使用资源的人数有一定限制（Duffy，2005）。

正如我们在上文第 4.3.3 节中所建议的，随着信息作品的使用越来越普及，信息作品对每个用户的价值实际上可能会增加，特别是当我们谈论通信产品——软件，当一些信息作品的价值随着越来越多的人使用而提升时，就会出现网络外部性。一个典型的例子是使用单一操作系统的好处。数字网络依赖于通用标准和共享编程语言。当信息作品的价值依赖于与他人的交流与协调时，额外的用户可能会给所有用户带来正外部性。同样的论据不仅涉及基础设施，而且涉及内容。当内容，如文学或娱乐创作，被更广泛地了解，它的价值被消费者通过传播和衍生活动得到提高。此外，某种程度的信息自由获取对于进一步的创新和创造是必不可少的，而有形资产和土地则不是这样。信息是递增发展的。现有信息可以刺激更多信息的创造，因此，信息的广泛使用可能会增加进一步发展的可能性，即提高价值。

尽管如此，笔者的主要观点是，在关于信息商品化的辩论中，"公地悲剧"理论被滥用。智力成果的主要"悲剧"是，如果没有知识产权的保护，它们很可能首先就不会生产，更谈不上它们的管理、消费和生产者的收益。与土地不同的是，信息必须被生产才能被消费，每个人的自由使用首先会影响生产信息的可能性。换言之，信息商品中的公共产品的潜在悲剧元素与土地中的"公共产品悲剧"有着不同的形态，因此将其运用到知识产权语境中，需要更认真地研究土地产权化和信息产权化之间的差异，这与德姆塞茨的描述大不相同。尽管土地和其他自然资源将始终稀缺，但信息却并非如此。

4.4.2 公地和反公地财产化

虽然信息作品不能被过度利用，但也可能被低估。迈克尔·海勒（Michael Heller，1998）提出的"反公地"概念或许可以澄清这一点。海勒区分了三种类型的财产制度：私有财产、公共财产和反公共财产。前两种财产制度（私有财产和共同财产）之间的二分法，是新古典经济学处理财产问题的基础（Rose，1994）。一种资源可以是私有的，因此独占权归私人所有，也可以是对其使用的控制权不能有效地在私人所有人之间分配（Gordon，1954）。在后一种情况下，将出现一种共同财产制度，在这种制度中，资源的使用对公众开放，不受任何特定当事方的排他性权利的约束。因此，私有和公共的区别集中在对资源的控制程度上：从私有财产制度中最强的独占权到公共财产中完全没有独占权。

海勒的反公共财产理论通过考虑产权的组织功能，为产权的分析增加了另一个维度。反公地制度被定义为"一种财产制度，在这种制度中，多个所有者对一种稀缺资源拥有有效的排他权"（Heller，1998：668）。当几个所有者对他们想使用的资源拥有排他权时，就会出现反公地制度。这种制度在相互竞争的权利重叠的所有人之间形成了"横向"关系。反公地制度可能导致海勒所说的"反公地悲剧":当太多的个人对稀缺资源拥有排他权时,理性的个体单独行动,可能会导致集体浪费资源,因为与社会最优状态相比,消费不足(Heller, 1998: 677)。

反公地分析对知识产权话语具有重要意义。海勒和艾森贝格(1998)论证了上游技术的专利如何阻碍下游产品的开发。他们警告说,在生物医药领域,专利权的泛滥可能会导致反公地化,因为这会使未来潜在产品的知识产权碎片化,或者让太多的上游专利拥有者对下游用户未来发现叠加许可。几十年来,有关知识产权的文献一直集中在应给予知识产权所有人的适当水平的控制。它试图界定适当的权利范围,以促进创新,同时又不会扼杀未来的创新。反公地分析扩大了目前关于知识产权的适当范围的辩论,不仅考虑保护的程度,而且考虑权利的组织,即权利的设计和持有方式。因此,这一分析侧重于权利组织对有效利用信息的影响。

反公地分析尤其与私人安排使用合同或 DRM 产生的新权利有关,这将导致与财产权相同的结果。私人安排之所以可能导致反公地,是因为它造成排他权的激增。利用自助手段,例如通过对第三方强制执行合同/许可或开发排他性技术,获得对作品使用的财产控制权,不仅影响权利的强度,而且可能改变权利的划分和分配。合同或技术产权有几个特点值得特别注意。由著作权法构成的财产制度与由合同构成的排他权利网(准财产制度)有很大不同。著作权法规定了授予著作权人的与这些作品有关的权利的有限范围。相比之下,私人安排专有不受任何此类限制。排他性权利是由合同确立的,在实际情况下,合同适用的任何特定工作的所有用户都可以强制执行。我们在第 5 章进一步阐述这一点。

4.4.3　管理信息公地

专有理论认为需要有充分的产权,以确定使用者将内化与使用公共资源有关的外部性,防止资源的过度消耗或生产不足。反公地主义的悲剧与公共资源完全私有化时的悲剧一样。处理共同资源还有第三种选择吗?诺贝尔经济学奖获得者埃莉诺·奥斯特罗姆(Elinor Ostrom)展示了一些社区是如何利用直观经验来管理公共物质资源库的,而这些直观经验还没有实现私有化。奥斯特罗姆的作品为"公地悲剧"提供了第三种反应。如果解决资源过度使用的解决方案是私有化,即社区的每个成员都成为所有者,并将使用成本内部化,或对使用范围进行监管,奥斯特罗姆指出,不同的社区制定了各种不同的战略,以避免"公地悲剧",并促进自然资源的利用可持续发展。在这一部分中,我们将展示专有权范式在处理文化公地方面的缺陷，并探索防止"悲剧"的另一种干预形式：旨在集中协调使用的社会规范和制度。

奥斯特罗姆研究了公共物质资源库的使用，确定了正式和非正式机构，这些机构取代了私有财产，使自然资源的共享和高效的可持续利用成为可能（Ostrom，1990）。这种管理自然资源的不同体制安排有助于社区避免耗尽公共资源。她认为，这些制度和规则是有关联性的，并且是针对特定环境量身定制的，尽管它们有着相似的设计。Ostrom 提供了一个制度分析和发展理论，用以解决与自然资源公地有关的各种问题。她确定了稳定的地方公共资源管理的 8 项"设计原则"，包括明确界定社区边界、允许大多数资源拨款者参与决策过程的集体选择安排、由负责的监督员进行有效监督、对违反规范和获取机制的冲突解决的分级制裁。

这种方法在管理知识方面带来了一些挑战。一个问题是，奥斯特罗姆确定的自然资源管理制度理论是否同样适用于知识和信息资源的管理。在这里，我们前面讨论的信息资源的独特特性发挥了作用：非竞争性，以及每种信息资源都有创造和创新过程的输入和输出的动态属性。麦迪逊（Madison）、弗里施曼（Frischmann）和斯特兰德贝里（Strandburg）（2010）认为，揭示公共资源治理结构的归纳研究对于公共信息资源的研究是必要的，而不是建立在管理有形资产的基础上的理论。因此，他们认为，有必要进行进一步的研究，以便在统一的"文化公域"概念框架内，对专利池、开放源代码软件开发和学术科学研究等安排的组织结构进行系统研究，以便能够开发出一种综合性的方法来管理信息资源。

另一个问题涉及非正式机构的作用。虽然社会规范在管理自然资源使用者的行为方面可以发挥重要作用，但它们是否能在信息作品的使用者和生产者的社区中起到类似的作用尚不清楚。最近的研究确定了社会规范在无形资产使用管理中的作用。例如，福沙尔（Fauchart）和冯·希佩尔（von Hippel）（2008）在法国厨师中发现了基于规范的半知识产权制度，表明社会规范为群体成员提供了权利，这在性质和保护方面与知识产权相似。同样，奥利尔（Oliar）和斯普林曼（Springman）（2008）展示了喜剧演员如何使用社会规范体系来保护他们的笑话，而洛辛（Loshin）（2008）则展示了魔术师如何保护他们的"把戏"。虽然这种非正式的制度结构可能满足不同的、相对同质的社区的需要，但尚不清楚它是否适合大规模协作，因为在这种情况下，建立信任和互惠关系比较困难。

4.4.4 专有权范式与大规模协作

专有权范式的基本原则未能解决大规模协作中社会生产带来的组织挑战。数字网络促进了社会生产的出现，在社会生产中，信息作品越来越多地通过国家和企业组织结构之外的协作和交流产生。大规模协作是信息时代最重要的现象之一，即个人在没有政府和企业正式结构的情况下共同行动的能力。新技术使个人能够在没有政党组织结构的情况下共同行动，组织政治示威，发起和实施政治运动或商业抵制。个人也可以合作生成信息作品，如维基百科和自由软件，而无须企业层级的管理结构。

专有权范式旨在将与资源使用相关的负外部性内部化。因此，它不能满足合作创造新资源的缔约方的需要。个人主义强调所有者对作品使用的主权和排除他人的法律权利，这是专有权理论的本质，可能与社会生产的基本原则相冲突。专有权对所有者主权的强调进一步削弱了社会凝聚力，强调的是利益的差异和不平等，而不是共同的价值观和目标。这种强调每个所有者在其各自贡献中的权利的做法阻碍了大规模协作，因为它赋予每个贡献者决定如何利用其贡献的权利。

财产理论界定了对陌生人的权利——所有者对非所有者的权利。它使所有者有权阻止潜在的利用者未经许可使用作品。它缺乏一个框架来处理合作者在各自贡献和利用共同努力方面对彼此的权利和义务。此外，专有权模式将对一项资产的控制权集中在一个所有者手中，对于如何管理社会生产的产出和解决与之相关的冲突和分歧，这种模式没有提供充分的答案。这一缺陷在大量用户之间进行大规模协作的情况下尤其重要，而这些用户并不是由任何正式的企业结构管理的。

在通过大规模协作生成和利用内容的持续过程中，可能会出现许多问题。例如，谁有权编辑和改变多人创作的作品？每个参与者对其个人贡献应享有哪些权利？作为一个整体，每个用户应该拥有什么样的权利？如果每个参与者都有权控制自己的个人贡献，那么如何管理协作生产的产出？用户是否可以随意使用他们的贡献来进行协作？每个用户是否有权自由更改、编辑、转让或以其他方式分发此类作品？如果编辑内容或实施一个特定的商业模式影响了整个努力，或者至少影响了其他人的微观贡献？参与者是否可以自由地利用商业成果？他们有权阻止他人使用它吗？

专有权范式侧重于所有者的主权，并没有提供在大规模协作中解决这些问题的功能性方法。例如，考虑一下利用维基百科的新方法。这部免费的、基于网络的百科全书是大规模协作的成果，现在通过印刷服务（如PediaPress）或出版商（如德国出版商贝塔斯曼）提供的按需印刷来促进纸质版的出版，贝塔斯曼出版了德国维基百科精选项目的纸质版。任何用户是否可以出于商业目的发布维基百科中选定条目的纸质版？一些用户可能认为这是对他们团队工作的滥用。一个纸质版，由一个出版商编辑并以一定的价格出售，可能与维基百科所代表的一些价值观相矛盾：一个免费的在线百科全书，它反映了成千上万的用户/编辑的意见，知识不断受到挑战；促进非权威和多元化的知识观的合作努力；以及尽可能广泛地传播知识。然而，与此同时，纸质版可能会促进人们获取知识，并可能扩大维基百科的潜在读者群，使其在网络环境之外变得有用。有人可能会说，商业利用不会损害自由进入。在线版本仍将提供免费访问，但纸质版将提供一些附加值。我们应该如何在这些相互矛盾的观点之间作出决定？不管我们在这个问题上的立场如何，很明显，无论是在规范层面还是在功能层面，它都没有提供任何有用的理论来解决有关维基百科新用途的问题。

专有权规则提供的法律工具相当有限。以著作权为例，从结构上说，著作权法创造了一个治理结构，将授权使用的权利分配给一个所有者：个人作者、雇主、开发公司，甚至是共享所有权的合伙人。法律以单一作者的概念为基础，这一规则只有两个例外：雇用作品的原则和共同作者的概念。雇用工作包括雇员在其雇用范围内准备的任何工作或法律列出的某些类别的委托工作，双方在签署的书面协议中已将其定义为雇用工作。在为雇用而工作的框架内，雇主被认为是一个单一的作者，他协调了许多雇员实施的生产过程，这些雇员基本上是雇主的"长臂"。在这种例外情况下，在线生产的协作性质并不完全适合。尤其是在数千名贡献者长期进行大规模协作的情况下。一起工作的用户不能简单地被认为是社交媒体平台的雇员，非政府组织的雇员，或者实际上是运营该平台的公司实体的雇员。他们通常没有被平台正式雇用来做任何特定的工作，而且他们没有报酬。社交媒体平台和合作用户之间很少有正式的雇用关系。用户生成内容的行为通常是自发的、独立的，并不是由社交媒体平台或任何其他单一实体组织的。事实上，即使用户从事的任务被视为平台运作的一个组成部分，他们也被法院视为志愿者。

一些学者将平台与用户之间的关系概念化为劳动关系，强调用户为平台贡献的经济价值，以及所有权和对生产资料的控制对关系的形成方式。事实上，对社交媒体平台和参与用户之间工作关系的任何解释都需要考虑用户的经济角色，而不管是否存在任何正式的雇用协议。一群有创意的志愿者通过允许企业利用业余用户而无须补偿他们或保证他们的就业环境，从而降低了生产成本。然而，很难接受用户/作者是员工的观点。社会生产的特点是用户自愿参与。

当用户生成对书籍和电影的评论并在线共享时，他们这样做是一种社会实践。因此，参与社会生产的用户不能被视为工人。像亚马逊这样的社交媒体平台可以从用户生成的评论中提取经济价值，但这并不能将提供评论的做法变成在亚马逊和用户之间建立劳动关系的工作。

单一作者概念的另一个例外是共同作者，其导致共同所有权。例如，根据1976年美国著作权法，联合作品是由两个或两个以上的作者准备的作品，目的是将他们的作品合并成一个整体中不可分割或相互依赖的部分，在某些情况下，在线协作没有任何这样的意图，因为贡献是分离和独立的。然而，在其他情况下，比如维基百科，用户想要贡献一个统一的整体是有争议的。根据著作权法，这些案件可能被视为共同创作，因此将被视为共同所有权。

然而，著作权下的共同所有权并不能为管理大规模协作的产出提供一个有用的框架。共同所有人平等地分享著作权的所有权，除非另有相反的协议。与著作权中共同所有权有关的规则源于有形财产的共同所有权。每个所有人都可以单方面独立于其他共有人行事。这并不意味着每一份稿件都应该归个人用户所有。这类创意项目的协作性质可能会削弱每个用户对其参与协作的零碎成果的排他性要求。

大规模协作证明了在无形资产生产和使用的组织框架中，专有权范式的局限性。将联合署名和雇用作品的法律结构应用于社交网络上正在发生的大规模协作，是相当肤浅的。这些法律理论没有为合作者在共同工作中的利益提供充分的保护。社会生产反映了一种共同努力，但在这里，价值是由大量参与者的累积努力创造的。将在线协作的成果视为一个单一的连贯工作，往往无法说明这种协作的特殊性质：它是一个动态和互动的过程。社会生产为集体创造了新的空间。用户在网上的贡献往往反映了他们通过评分、标注和评论对彼此作品的自发表达和参与。这种合作的成果实际上更多地反映了一个正在进行的社会进程，而不是一种可以拥有和转让的商品。

社会生产产生的自治制度：许可证、合同和使用条款（ToU）使在线社区能够选择放弃著作权所适用的标准化权利和义务，并建立符合其需要的法律制度。一个典型的例子是自由软件基金会（FSF）的通用公共许可证（GPL），它保证运行、编辑和共享软件的自由。如第5章进一步讨论的，这些私人秩序安排依赖于财产权。

从社会生产的角度来看，这种私人秩序安排有一个重要的优势，因为它们允许社区调整内容的管理，以适应协作的性质、群体身份和成员共享的价值观。然而，同时，私人秩序对专有权范式的某些缺陷仅提供了有限的补救措施。

第 4 章 知识产权的专有权范式

似乎与奥斯特罗姆对公地自然资源的分析类似，社会规范和制度在信息共享中发挥着重要作用，这一事实指向了当代产权制度的低效性，并要求探索产权模式之外的另一种监管结构。

4.4.5 传统产权的解构与知识产权的产权范式

我们在上面阐述了对知识产权专有权范式的批评要点，这种范式隐含地假定信息产品是产权的客体。在这一部分中，我们将从另一个角度来探讨这个问题，并针对知识产权扩展到智力成果的问题，提出一些初步的思考。换言之，知识产权的专有权范式要求重新审视一般财产权的含义，以及当涉及有形资产或土地时，这项权利的法律定义在应用于信息和智力成果时是否保持完整。

财产权或所有权，是一个公认的、纯粹的法律概念，但事实上，经济学家对这一权利有不同的理解（Smith，2011），甚至在法律世界中，它也是一个抽象的概念，其中包括与其对象相关的一系列特定权利。私有制的 5 个主要组成部分是使用权、退出权、管理权、排他权和转让权（Ostrom，2000）。当法律承认财产权时，它就隐含地承认所有人有权获得、使用、管理财产、将财产转让给他人、排除他人使用财产和销毁财产的各种专属权利。所有这些活动产生的经济利益都属于所有人。没有明显的理由自动将整个权利组合视为一个单一的法律概念。

事实上，美国法院对自然资源的裁决，如石油、天然气和私人土地上的水域，已经形成了一种更为复杂的权利分配。例如，法院裁定，虽然个人有权在其私人财产上钻探，并且从使用、转让和排他的意义上说，回收的石油归他们所有，但他们不允许转让石油，并将为此承担损害赔偿责任（Epsten，1985：221）。事实上，这一裁决创造了一种权利，包括独占使用权、退出权、共同管理权和不可转让权。这是一个例外，一般认为完全私有财产是一个"丰富的"和完整的概念。

交易费用可能是过去不将财产概念分解为不同组成部分的主要原因，或是首先将这些权利归为一个共同的法定所有权。在信息环境中，交易成本显著降低（Elkin-Koren 和 Salzberger，1999）。通过创新技术，可采用更为复杂和微调的执法措施（见第 6 章）。新技术可能需要新的权利来保护新的利益类型，并可能使设计的新类型的权利可以强制执行（即在有限的时间内独占访问）。这可能是一个有趣的实验，分别检验每一个组成部分的正当性和它们的最佳财产化程度。例如，每种权利的最佳期限可能不同。尽管限制使用是对思想流动和新创造来源的影响最严厉的措施，但管理、排他和转让的危害较小。另一方面，从个人创造动机的角度来看，与允许在管理或转让方面的排他性相比，允许更多的使用（例如通过对合理使用的广泛定义及其超出著作权的延伸）可能对创作造成的遏制更小。

完全产权的分割不仅是对知识产权合理程度的规范分析，而且可以从实证层面进行分析。事实上，像 CreativeCommons（在第 5 章中进一步讨论）这样的项目，使用合同工具，将完全私有的财产权分割成子部分。同样，在新的信息环境中交易成本的降低使这些发展成为可能。从法经济学的角度来看，这些发展表明了当前法律安排的低效性，但好消息是，在积极的法律规则的影响下，交易成本的降低使我们更接近科斯的效率。

传统财产的客体扩大到知识产品也对旧的财产权利产生了重大影响。例如，让我们假设政府将特定公共土地的指定改为私有财产。这片土地随后被个人购买在其上建造建筑杰作。这座新建筑是私有的，在这个意义上说，任何人都不能进入、使用、出售或消除它，除了它的私人所有者或在所有者许可下。但是，对于社区其他人来说，观看建筑的乐趣、它所创造的灵感、它对未来建筑规划的贡献（根据实证法，这些规划不属于所有者财产的一部分），应根据新范式视为所有者财产的一部分。为什么我们要区分当一个实体是经济收益的来源时所有者有权获得的经济利益，和当经济收益的来源是一个想法或非物质的成果时的同等利益？新的建筑杰作可以是建筑新思想的源泉、诗人和作家的灵感源泉，一般来说，是社区成员效用增强的源泉，甚至是邻居私人财产货币价值增加的原因。根据目前的法律原则，所有这些利益都不能由新建筑物的私人所有人主张；因此，它们是属于公共领域的东西。这个例子表明，财产（在其传统定义中）不一定是公共领域的反义词，因为如果这片土地保持共同所有权或被宣布为无主物，那么每个人都可能对其进行任何实际使用，但是，社区的总福利或效用会更低。

从法经济学的角度（广义上基于效用最大化或狭义地基于财富最大化定义）讲，产权是一种增加人口总效用/财富的机制，在这条道路上，我们可以求助于德姆塞茨及其对产权出现的外部性分析，或对激励范式的公共物品分析，并将公共领域描绘为也包括私人财产的正外部性（可以在 Wagner 2003 中找到同一观点的不同版本）。但是，如果我们将传统的财产客体扩大到包括所有可以从信息、思想和其他智力成果中提取的经济利益，其结果将是总效用或财富的减少，不仅是在传统的知识产权领域，而且是间接修改有形资产和土地产权范围的结果。正如上面的例子所示，在这个框架下，财产化或商品化实际上可以扩大公共领域。在专有权范式下，假设所有有价值的东西都是财产的对象，但事实并非如此，经济分析的基本目标可能完全落空。

4.5 "公地悲剧"与知识产权的实证分析

到目前为止，我们已经讨论了"公地悲剧"在知识产权规范分析中的应用以及专有权理论的出现。正如我们在本章开头所提到的，德姆塞茨最初的财产理论是一个实证分析，他解释了产权何时以及如何产生。德姆塞茨提出的解释财产化的理论也可以扩展到解释非财产化，在知识产权的背景下，它在解释后者方面可能更为相关。如上所述，德姆塞茨的理论侧重于对产权创造（或缺乏创造）的实证分析。因此，根据他的理论基础，如果政府（或在该案中，任何其他中央决策机构，包括法院）以无效的方式干预产权市场，正如最近知识产权变化的情况所表明的那样，市场活动会导致产权的去产权化。自由软件、知识共享和其他增强公共领域的活动的现象可以理解为中央机构对产权扩张效率低下的市场反应。值得注意的是，这些当前的非财产化运动利用现有的合同和财产法的法律框架来实现向非财产化的转变。德姆塞茨在描述产权创造时提供的相同的积极和动态分析，可以用来分析在过于健全的产权制度的影响下，公地或公共领域的扩张。德姆塞茨本人（Demsetz, 1967: 357）暗示了这一方向，他断言：

> ……[t] 土地所有权的规模不经济性越大，相互作用的邻居就越愿意用契约安排来解决这些分歧。谈判和维持治安的成本将与取决于所有权规模的成本进行比较，而地块的大小往往会使这些成本的总和最小化。

德姆塞茨的理论框架不仅考虑了去财产化的动态，而且规定了可以预测这一过程的变量，其中一些变量可以符合信息产品生产新模式的描述（例如Benkler, 2002）。德姆塞茨提到了对公司的分析，认为这是一种替代的产权结构（Demsetz, 1967: 357），指出：

> ……规模经济、谈判成本、外部性和产权修改的相互作用可以从最显著的"例外"中看出，所有权倾向于个人事务：公有制公司。我们假设，大公司运营中的显著规模经济是事实，而且，通过从许多股权购买者处获得资本，可以更便宜地满足对股本的大量需求。虽然在经营这些企业时存在规模经济，但在提供资本方面却没有规模经济。因此，对许多"所有者"来说，组建一家股份制公司就成为一种理想。

本克勒（2002）强调对等生产模式是企业内部生产的替代品。然而，如果我们把重点放在这种新的生产模式的产权方面，公司与市场驱动的公共领域扩大之间的类比可能会引起极大的兴趣。换言之，德姆塞茨1967年关于公司性质的声明实际上可以在稍作修改的情况下描述当今出现的大众生产过程的产权方面（Elkin – Koren 和 Salzberger，2004：62，130 – 136）。交易成本和合同形成成本的降低导致了企业外部生产的增加和市场的回归。然而，新技术所促成的共同努力的"原子化"创造了一种新的市场活动，这在互联网时代之前是没有的。

在我们这个时代，事实上轻资产化也可能是一个合理的企业商业模式的结果，正如我们最近所看到的那样。一些人加强了知识产权保护，这是一种理性的计算，即当实际上自愿放弃知识产权时，其他资金来源（主要是广告）可能会得到最大化。这种现象不同于在合作框架之外被广泛讨论的大众生产，并进一步扩展了德姆塞茨框架。然而，在这两种情况下，去资产化都是自发的个人行为的结果，而不是德姆塞茨原著中描述的自发集体行为。这标志着当前积极的知识产权制度效率低下，这些制度正处于由专利模式认可的显著扩张过程中。

4.6 结论

激励范式一直是分析知识产权主要的法经济学框架，但由于无法在知识产权最佳期限这一关键问题上给决策者以指导，在对信息政策决策具有巨大影响的最优例外和其他重要细节等问题上，运用激励范式的分析方法为研究者们带来了挫折感。这或许是法经济学领域向专有权范式转变的主要原因之一，采用专有权范式绕过了调整知识产权的关键问题。这种范式的转变得益于对自然财产的传统经济分析，德姆塞茨1967年的理论是其中的一个主要支柱。

遗憾的是，这种转变忽视了实物属性和信息之间的各种差异，以及"公地悲剧"的实证分析的特性，这种分析被新范式转化为规范分析。激励框架是一个纯粹的规范分析，而"公地悲剧"最初是从实证分析中产生的。从这个意义上说，知识产权"公地悲剧"理论可以被描述为在实证分析和规范分析之间建立一种内在平衡。一旦信息市场需要中央干预，这种均衡就无法得到保证。知识产权必须由立法者创造，其分配效应使其面临利益集团的操纵、社会选择问题和其他公共选择障碍。因此，经济分析无法预测期望的（最优）解决方案确实会基于法经济学框架的相同基本假设，特别是理性的、自我最大化的行为假设。

第三部分

中央干预和私人秩序

第5章
知识产权与私人秩序的兴起

近年来,我们看到,在确定获得创造性作品和发明的条件时使用合同的情况急剧增加,从而影响到知识产权的实际地位和范围。数字网络为内容提供商和创新者以低成本直接与各自作品的最终用户签约提供了新的机会。然而,与此同时,权利持有人利用私人秩序来扩大知识产权法授予他们的权利,例如限制出售作品的旧拷贝或将其借给他人的权利。另外,个人创作者、企业和非政府组织采用许可协议来促进开放获取和开放内容议程,从而缩小了知识产权授予的权利。即使在传统上仅由专利管理的领域,合同也变得越来越普遍。例如,专利权人越来越多地使用含有"无异议"条款的许可协议,这些条款禁止或以其他方式阻止被许可人对知识产权许可人提出异议。相比之下,一些从事生物医学研究的公共机构正在对许可进行调整,以保证受让人和被许可人不会声称专利妨碍进一步的科学研究。

私人秩序的激增反映了从财产到合同的转变,这是实施知识产权政策的一个主要机制。因此,越来越多的与信息作品使用有关的问题,现在与专利法、著作权法和其他知识产权立法(公共秩序)一起受到合同(私人秩序)的规制。因此,合同和许可制度应成为这一领域理论和实证分析及决策的重点。这就是本章的目的。

私人秩序的主导地位在两个层面上动摇了知识产权法:制度和规范。在制度层面,向私人秩序的转变模糊了财产和合同之间的区别。如下文进一步解释的,这是由于数字格式许可证的普遍性,以及使此类合同可对第三方强制执行的法律政策。一旦由合同确立并适用于第三方的访问条款管理了对作品的每一次访问,它们就具有与所有权保护相同的影响。这种管理信息的自助机制挑战通过集体行动(知识产权法)设计的规范,需要重新考虑政府干预的类型。在规范层面上,出现了这样一个问题:当私人创造的规范与著作权、专利和其他知识产权不一致时,国家是否应该执行这些规范,以及执行这些规范应考虑哪些因素。

在积极的分析层面上,数字网络引入了新的创作作品生产和分销模式(Benkler, 2006)。Web 2.0 允许个人用户使用不同的许可策略,积极参与创造性的过程,用户可以独立地生成和大量分发他们的作品。通过私人秩序控制对用户生成内容的访问会引发一系列问题,涉及通过平台进行许可、用户和平台之间的相互依赖以及多对多的许可。

公共秩序(立法知识产权)制度和私人秩序(合同)制度并存,对信息所有权(获取、管理、排他等)进行规范,对知识产权的经济分析提出了一系列挑战。它对知识产权的正当性提出质疑,而知识产权通常被认为通过技术和其他法律手段是不可排除的。我们将在第6章回到这个问题,重点是通过技术来调节。知识产权管辖区内私人秩序的激增,需要进一步考虑知识产权法与管理信息作品使用的合同之间的相互关系。私人秩序所确立的规范应具有何种法律地位?国家是否应该遵守这些规范?与知识产权法所提倡的政策不一致的规范,其法律效力应如何?国家应该执行这样的规范吗?在何种情况下,国家应为违反此类合同提供补救措施?财产与合同之间的界限模糊,以及多对多的新型许可计划,正在挑战合同、财产和知识产权标准经济分析的假设,可能需要调整其分析框架。

本章将更深入地研究知识产权与合同之间的关系。即研究知识生产性质的变化是否会引起与私人秩序有关的不同考虑,以管理对创造性作品的获取。首先,描述了在信息环境中,私人秩序作为管理创造性作品和发明的主要策略的兴起(第5.1节)。其次,介绍了有利于私人秩序及其广泛执行的一般法经济学方法(第5.2节),并提出了对这种方法的批评要点(第5.3节)。再次,著者讨论了这些发展对合同和财产二分法的影响(第5.4节)。最后,描述了社交媒体平台对私人秩序的使用以及内容生产性质变化的影响(第5.5节)。

5.1 管理信息产品的私人秩序的兴起

许可协议和合同在管理获得创造性作品和发明的条件方面发挥着越来越大的作用。数字网络为内容提供商和创作者提供了直接与各自作品的最终用户签约的新机会。私人秩序的激增反映了从财产(公共秩序)到合同(私人秩序)的转变,成为实施知识产权政策的主要机制。

公共秩序和私人秩序是两种根本不同的治理方式。公共秩序是指由国家及其机构设计的规则制定过程。其规则反映了公共机构自上而下制定和实施的集体行动机制的结果。相比之下，私人秩序涉及自下而上的过程，即各方自愿选择遵守规范，规范其行为。这一定义抓住了执行私人秩序制定的规范的基本理由，各方自行实施这些规范不仅在道德上是合理的，而且在经济上也是有效的。本章提出的一个问题是，这种表述适用于管理发明和创造性作品使用权的许可时，是否适用于私人秩序，这些许可旨在改变公共秩序规定的知识产权制度。

本章所讨论的私人秩序的兴起，指的是在法律体系内适用并由执法机制执行的做法。然而，术语"私人秩序"要宽泛得多。它有时指的是在没有任何正式法律规则和制裁的情况下由社区遵循的自适应规则——社会规范。一个典型的例子是罗伯特·埃里克森（Robert Ellickson）关于美国加利福尼亚州沙斯塔县牧民的有重大影响的著作（Ellickson, 1991）。近年来，我们看到越来越多的文献记录了不同创意社区的存在，其中私人秩序机制补充了规范创意产出使用的正式知识产权法。最近的两个例子是法国厨师的食谱（Fauchart 和 von Hippel, 2008）和喜剧演员的笑话（Oliar 和 Springman, 2008）。然而，在这里，我们侧重于更狭义的私人秩序，指的是制定规范的去中央化过程，其中通过法律制度实现这些规范的实施。

合同是建立知识产权新规范的主要机制之一。合同法界定了当事人在相互承诺构成法律上有效力的权利时，对违反合同义务的人提供救济。同样，技术措施（通常管理数字作品的使用）界定了供应商授权的允许使用范围。美国（1998 年的千禧年数字版权法）和欧洲（2001 年 5 月 22 日欧洲议会和理事会关于协调信息社会中著作权和相关权利某些方面的第 2001/29/EC 号指令第 6 条）的反规避制度规定了对某些信息的规避豁免权，著作权人采取的技术保护措施。第 6 章将进一步讨论后一种私人秩序。

在过去的 20 年里，许可和合同在管理作品和发明的使用方面变得越来越普遍。最终用户许可协议（EULA）定义了作品或发明的允许使用范围和授权使用的条款。权利持有人经常使用 EULA 来扩大著作权法规定的保护范围，限制用户在"合理使用"和"首次销售"等法律理论下的权利。许可可以要求被许可人承担与许可人没有著作权的作品或专利权的发明未受保护方面有关的责任。近年来，开放获取倡议还采用了私人秩序的方式，以促进获得创造性作品，并促进创造性资源的互动、交流和共享。

合同和知识产权一直并存。知识产权制度构成基本权利，赋予所有人一系列对抗世界的专有权利，并要求所有潜在用户获得使用受保护信息的许可。因此，合同是行使财产权的法律文书，使权利人能够通过许可和转让特定权利来利用其财产。此外，发明人和使用者之间的合同安排为知识产权保护提供了另一种选择。如果一个人试图避免注册专利所涉及的高额交易费用或披露，发明人可以保守其发明的秘密，并依靠"商业秘密"法律来确保其利益。为了对发明保密，同时使其能够由用户实现，发明人必须使任何用户遵守保密协议（NDA）。发明人利用非保密协议拒绝向公众公开其科学技术知识的威胁经常被提出，作为扩大专利保护范围和加强鼓励发明人为其发明申请专利的正当性。

数字技术产生了新的机制来管理创造性作品的使用。内容提供商可以直接与通过数字网络连接的广大最终用户签约。创造性作品曾经是一种非排他性的公共产品，其排他性仅由知识产权确立，现在越来越受制于内容提供商起草的访问条款，有时是通过技术手段强制执行的。在数字时代之前，合同安排对于管理信息材料来说是非常昂贵的。20世纪，内容产业生产的大部分内容都是以实物形式发行的（图书、报纸、唱片以及后来的CD和DVD）。图书出版商和唱片业生产的数百万册图书和唱片通过中介和零售店分发给匿名买家。出版商根本不可能确定每一个购买它们图书的人的身份，并且与每个人讨价还价。由于与潜在的作品消费者没有直接的合同关系，出版商不得不依靠著作权法来保护它们对受著作权保护的客体的权利。

数字网络使签订合同更容易。所有者和用户之间的直接沟通允许创作者和著作权所有人识别潜在用户并达成协议。权利持有人可以进一步与用户建立长期关系，提供可更新的许可，并监督合同义务的履行。合同的订立也比较容易。权利持有人可以在接受许可条款的前提下使用信息产品。在线内容的下载者必须在获得访问权限之前同意使用条款。数字产品副本也可以随附许可分发，该许可在安装数字产品副本时提示，需要单击"我同意"（点击生效）获得同意，或者在播放音乐或运行视频剪辑之前简单地弹出屏幕（浏览生效）。

软件供应商很早就使用 EULA 来定义软件的保护范围，而此时尚不清楚软件是否有权获得任何知识产权保护。当世界范围内的著作权法扩展到包括计算机软件时，在一些法律中，软件甚至被授予专利保护，许可被用来获得额外的法律保护。对软件使用的限制包括限制消费者转售或赠送购买的计算机软件副本（通常根据"首次销售"原则进行限制）或对程序进行反向工程（通常根据"合理使用"进行限制）的权利的规定。在某些情况下，EULA 被用来限制信息产品的使用，而信息产品在其他方面不受著作权法的保护，例如电话号码数据库（*ProCD Inc.*，86 F. 3d 1447）。

数字网络进一步促进了在模拟环境中无法有效管理信息的自助措施。技术保护措施使信息供应商能够根据由代码本身编码的条款分发创造性的作品。内容提供商可以在包装内容的数字包中设置访问条款，因此这些条款实际上成为产品的一部分，即消费者购买的作品的副本。技术保护措施可以被设计不仅强制执行立法规定的著作权，还可以通过禁用著作权法明确豁免的使用来扩大保护范围。

EULA 和技术保护措施的使用不仅改变了所有者和用户之间的交易，而且可能改变作为交易主体的商品的性质。计算机软件是典型的例子。软件是一种功能产品，由一系列指令组成，这些指令旨在操作计算机中的特定任务。然而，软件供应商声称，软件是授权的，而不是出售的。作为许可交易的法律框架可能限制软件用户出售其使用的副本的权利。另一个例子是电子书。纸质图书通常作为商业产品广泛发行，消费者在使用之前不需要经过任何批准程序或作出任何额外的承诺。相比之下，电子书不是出售的，而是授权的。电子书受许可协议的约束，对以某种方式使用电子书的自由设定了限制，例如禁止借出电子书或将电子书卖给他人。出版商可能会进一步限制阅读次数，或者在图书馆的情况下，在要求图书馆再次支付电子书费用之前，限制图书馆可以执行的电子书借出次数。直到最近，一家大型出版公司哈珀·柯林斯（HarperCollins）才宣布，它正在修订电子书的借阅条款，以便图书馆在授权到期前仅获得 26 次电子书发行许可。这种限制可能会损害图书馆履行其保存和借阅内容的基本职责的能力。这不仅可能导致公共图书馆的消失，还可能取消用户访问未购买内容的权利。

近年来，开放获取计划也采用了私人秩序的方式，以方便获取创造性资源。对开放获取或开放内容没有严格的定义，这个术语通常用来描述具有不同策略、目标和思想承诺的广泛活动。一些倡议侧重于提供、促进自由和不受限制地获取各种内容，如开放获取期刊（如 BioMed、PLoS）和课件（如麻省理工学院开放课件项目）。其他倡议强调使用受著作权保护的作品的自由，特别是修改、合成和修补现有作品。许多开放内容倡议都有一个共同的信念，即在线环境有助于在创作作品的制作过程中分享和合作的新方式，而现行著作权法为利用这些新机会制造了障碍（Lessig，2001；Litman，2004；Benkler，2006）。

20 世纪 80 年代末，自由软件基金会（FSF）设计了创新的通用公共许可证（GPL），试图通过许可证矩阵来确保软件的自由。FSF 许可证认可了与计算机软件相关的 4 种自由：运行程序、研究程序、修改程序以及共享或重新分发原始程序及其任何修改版本。由理查德·斯托曼创立的 FSF 负责管理 GPL，旨在确保这些自由软件原则的安全。GPL 是一个"著佐权"许可证，具有病毒效应：它自动应用于软件的任何新副本和基于原始版本的任何派生程序。因此，后续的创作者和用户受许可证定义的访问条款的约束，并且必须严格地将其应用于使用原始自由软件创建的任何后续工作。1998 年发起的开放源代码计划采用了一种更为自由的策略，定义了一个许可证必须满足的最小关键元素，才能成为一个开放源代码许可证。因此，今天估计有 100 多个不同的开源许可证可用。

在自由软件运动取得巨大成功之后，其他创造性作品（如知识共享）的许可计划也取得了成功，以及 BiOS 等构建模块的许可。知识共享提供了一个用户友好的许可计划，适用于各种受著作权保护的作品。许可平台允许作者生成自己选择的许可证。该许可方案是模块化的，因此许可证持有者可以混合和匹配要求署名（Attribution）、禁止商业用途（Noncommercial）、禁止准备任何衍生作品（NoDerivs）的预定义条款，或规定任何后续衍生作品将受与原件（ShareAlike）相同的条款约束。尽管知识共享的署名许可证对访问的限制最小，允许任何使用，与已授予信用一样，Attribution—Noncommercial—NoDerivs 许可证可能是最具限制性的知识共享许可证。许可证允许"按原样"复制作品，禁止在作品基础上进行任何修改或改造，并排除任何商业用途。知识共享的自动授权平台简化了授权过程，也旨在帮助终端用户轻松识别授权使用的作品。该许可证以机器代码的形式，针对潜在用户以容易理解的语言提供合法有效的格式以便其获取。因此作品在更多许可条款下可以通过搜索工具自动定位。

私人秩序的不同目标以及使用这些策略的不同方式，不应掩盖这样一个事实：私人秩序已成为支配获得创造性作品的规范的主要来源。因此，管理信息作品使用的两种相互竞争的模式正在出现。一种是领土国家的中央化机构建立的传统知识产权规则，另一种是通过私人秩序产生规则的标准合同制度。在过去，信息产品的使用几乎完全由知识产权法管辖，而现在也由合同管辖。

我们应该欢迎这些发展吗？私人秩序能否更好地适应不同行业和社区的不同需求和偏好？它是否能产生获得创造性作品和发明的最佳条件？许可证和技术保护措施是否应优先于通过公共秩序确定的规范，或者私人秩序是否应遵守知识产权法并仅在其范围内生效？下面将讨论其中一些问题。

5.2 私人秩序的法经济学标准定位

5.2.1 从社会规范到私人秩序

知识产权背景下的私人秩序一直是一些法经济学研究的重点，这些研究考察的是这些并非由国家产生的规范体系如何规范其成员的行为（例如，Ellickson，2005；Bernstein，1992；Cooter，1991）。私人秩序的概念有几个含义。它指的是在法律制度之外制定和执行规范的方式，即在没有任何法律义务的情况下遵循规则的法外制度。私人秩序也可指规范的起源，即制定规范并随后由法律制度执行的去中央化过程。本章着重于后者,即研究了通过自愿遵守一系列规范来管理人们在信息使用方面关系的尝试。

对许多法经济学的学者来说,私人秩序制度很有吸引力。经济方法一般认为,私人秩序制度将更有效率,因此使它们优于政府的管制,这反映了人们对中央政府的普遍怀疑,中央政府可能缺乏关于最有效安排的充分信息,也缺乏根据不断变化的环境调整安排的足够的灵活性。政府也可能受到公共选择扭曲的影响。

这一观点在与信息作品中私人秩序的兴起有关的法经济学研究中引起了共鸣。我们可能不再需要依赖集中的监管机构,并可能根据使用信息的条款和条件单独作出选择,这种想法似乎是自由的。私人秩序被视为自治和自由等基本价值观的体现。如果知识产权法被一些人视为数字化前时代的"必要之恶",那么用一个自由多样的"规范市场"取代这种产权规则的前景将受到最积极的欢迎。有人指出法经济学学者支持私人秩序的两个主要论点:政府公共秩序的限制和合同的效率。以下各节将进一步讨论这些论点。

5.2.2 私人秩序和中央干预的限度

私人秩序的倡导者认为,利用私人秩序来管理创造性作品的获取,要优于公共秩序。实质上,他们认为,私人秩序比知识产权法更有效率,因为谈判双方往往更知情。因此,私人秩序,而不是中央政府设计的规则,将更好地服务于各方利益,更好地促进整体社会福利。从本质上讲,他们提出了以下主张:第一,政府无法确定获得创造性作品的最佳条件;第二,信息市场能够产生最有效的条款(Bell,1998;Dam,1999;Easterbrook,1996;Hardy,1996;Merges,1997;O'Rourke,1997)。

这种做法的根本原因是人们对政府制定规则的过程深感不信任。私人秩序的倡导者认为,政府无法确定创造性作品不同所有者和使用者的要求,也缺乏可靠的手段来确定每项作品获得适当保护水平(Easterbrook,1996;Merges,1997)。因此,监管者可能会对获取信息的限制定义得过于狭隘,从而削弱对作者和发明人的激励;或者定义得过于宽泛,从而限制对创造性作品和发明的有效获取。当快速变化的技术需要灵活性和不断调整以适应不断变化的需求时,出错的风险就会增加。有人认为,立法者只是缺乏必要的灵活性,无法对技术发展造成的不断变化的环境作出迅速和有效的反应。此外,立法程序本身效率低下。定义信息作品中的权利,或修改和完善这些权利的过程涉及高昂的交易成本(Hardy,1996)。这些过程包括举行听证会、编写报告、处理意见和修订、起草和游说的费用。这些高昂的成本阻止了有关方——立法机关、产业界和利益集团——经常试图修改和修正现有条款。然而，与此同时，快速的技术变革需要调整法律规则以适应在线环境不断变化的需求（Hardy，1994：995 - 996）。因此，立法程序被视为对信息作品使用权进行规范的效率低下。

5.2.3　合同即产品的视角

私人秩序的倡导者进一步假设，市场过程更适合于管理获得创造性作品的条件。有人认为，信息作品的所有者和消费者在这方面比政府有一些优势。在没有市场失灵（如存在垄断）的情况下，市场将产生有效的安排，以便使用最终用户许可协议中反映的信息作品。

从经济角度来看，最终用户许可协议被视为商品，是产品的重要组成部分。管理信息使用的条款和条件的确定方式与确定商品质量和价格的方式相同，即通过竞争。个人直接通过市场交易表达他们对各种许可条款的偏好。正如计算机软件可以根据其功能进行定价一样，它也可以根据许可证提供的允许使用范围进行定价。被许可人同意以较低价格购买限制性许可与同意以较低价格购买受 1 年（而非 3 年）保修限制的计算机没有区别。美国联邦第七巡回上诉法院在 *ProCD，Inc. v. Zeidenberg* 案（86 F. 3d 1447）中表达了这一观点。法院认为，合同条款应通过竞争来确定：使用条款不亚于数据库的大小和软件汇编清单的速度，不仅是产品的一部分。在市场经济中，如何保护消费者是供应商之间的竞争，而不是对软件包内容的司法修订（*ProCD，Inc.*，86 F. 3d 1447，1449）。当使用技术保护措施时，合同作为产品正在努力变得更加强大，并且使用条款和创造性作品都以相同的数字格式表示（Radin，2006：1230）。

本质上，私人秩序倡导者认为，决定创造性作品使用条款的因素是由市场力量塑造的，就像商品的质量和价格是通过自由竞争决定的一样。个人用户通过他们的购买选择来表达他们对特定使用条款的偏好，内容提供商通过调整许可限制和价格来满足需求。市场更准确地反映了相关方的偏好。这降低了为信息工作设置最佳使用级别时出错的可能性，并降低了效率低下的情况（Easterbrook，1996：211）。使用信息产品的交易效率将降低获取信息的价格，从而使公众更容易获得信息。

在这方面，私人秩序提供的一个重要优势是通过促进价格歧视来提高效率（Fisher，2004；Meurer，1997）。内容提供商可以为特定的消费者定制不同的软件包，以较低的价格出售有限的著作权，而不是仅受著作权限制，以固定的价格分发信息。用户将为他们希望获得的使用类型支付精确的费用。想要特别使用受著作权保护的材料的用户将为扩展授权支付更高的价格。重视及时接收信息的用户可以支付额外费用（如新闻服务、精装书），同样，寻求具体利用的用户将愿意为扩展的权利支付更高的价格。基础用户（例如制作一份副本，或展示作品供个人使用）将支付较低的有限许可费。如果被许可方愿意为限制性较小的许可证支付更高的价格，市场将为其提供（Easterbrook，1996：211）。伊斯特布鲁克法官在 ProCD 案（86F.3d 1447）中也采用了这种理论方法。在 ProCD 案中，法院审查了在拆封许可中使用数据库（根据美国法律是不受著作权保护的）的限制。伊斯特布鲁克法官将 ProCD 许可证中的限制解释为试图进行价格歧视，即以低价将其数据库出售给公众个人使用，同时以更高的价格出售给商业企业。如果 ProCD 不能向商业用户收取更高的价格，它将被迫向私人终端用户提高价格。这将损害最终用户和有限的公众获取作品。法院的结论是，在这种情况下，有必要使合同生效，以便能够进行控制套利，使价格歧视发挥作用（ProCD, Inc., 86 F.3d 1447：1449）。

5.2.4　法经济学定位的启示

私人秩序优于知识产权法规定的规则的主张具有一些重要的政策含义。正如我们在下文进一步讨论的，如果合同优于知识产权规则，则有更有力的理由用私人秩序取代知识产权，此外，在合同自由原则下，没有理由对此类合同进行政府干预。也正因如此，可以援引"私人秩序"话语来限制政府对此类交易的合法干预范围。私人秩序的倡导者依赖于传统的，虽然有争议，公共和私人之间的区别。公共和私人的区别是自由政治理论的核心，自由政治理论认为私人领域不受任何政府干预。将私人合同领域视为个人自治的一种表现形式，使其免于国家干预。此外，合同被认为是私人的，因为它们只影响缔约方。市场上的这种私人安排不会提升公共利益，因此，政府对这种安排的任何干预都将被视为不合理的。

经济方法假定市场供求力量可以保证信息的最佳使用水平。使用限制将反映用户的偏好，即为有限的使用权限支付较少的费用，或为扩展的权限支付更多的费用。因此，如果合同条款与知识产权法之间存在冲突，则应以合同为准，除非存在某些市场缺陷（O'Rourke，1995：527–528）。罗伯特·莫杰斯（Robert Merges）的结论是，"除非涉及严重的第三方损害或宪法权利，否则知识产权持有人应该可以根据自己的意愿自由拟定合同"（Merges，1997：126）。

在实践层面上，如果私人秩序制度比著作权更有效，那么合同（私人秩序）应优先于著作权法（公共秩序），而与著作权政策相冲突的合同条款仍应有效。因此，从这个角度来看，法律的作用仅限于提供市场的两个法律基础：让产权归所有者享有和通过合同法促进有效的交易制度（Easterbrook，1996：210–212）。

5.3 私人秩序：批判性观点

从一开始，通过私人秩序对数字环境中的创造性作品进行管理就备受争议，并且已经持续了十多年（Elkin-Koren，1997，1998；Cohen，1998；Lemley，1999；Guibault，2002；Easterbrook，2005；Epstein，2010）。私人秩序优于著作权制度，因为这将带来更高的效率，这一命题基于几个关键假设。一组假设与合同订立有关。由于合同的订立过程可能是自愿的，反映了知情的双方的同意，同时合同产生在一个竞争激烈的市场中，因此合同有望产生最佳结果。另一组假设涉及市场机制产生有效结果的能力。反对私人秩序的人不同意这种对许可市场的描述（Elkin-Koren，1998；Cohen，1998；Lemley，2006；Radin，2006）。他们质疑私人秩序将提高管理创造性作品的效率这一观点。下面是对其中一些论点的简要总结。

5.3.1 合同作为产品重新审查

为了使合同有效，它们必须反映所有有关方的自愿同意。然而，信息交易的关键方面使得这一假设不可靠（Elkin-Koren，1998）。反对私人秩序的人提出的主要批评是，单方面授权和技术保护措施并不是真正的合同，因此不应被视为反映创造性作品最终用户同意的意思表示（Cohen，1998）。

事实上，最终用户许可协议是由权利人起草的单方面文件，即使在最终用户不同意的情况下，也常常被强制执行。法院认为，网上合同的有效性基于极少量的同意证据。例如，被许可方在购买计算机软件后才意识到拆封许可条款生效（*ProCD, Inc.*，86 F.3d 1447）。同样，只要许可条款在网上发布，浏览许可协议就生效，说明仅仅使用产品或网站就构成了对许可条款的接受（*Register.com, Inc.*，356 F.3d 393；但见 *Specht*，306 F.3d 17）。

这一结果反映了法院对电子合同的一般做法，减少了对同意的要求。法院希望在将单方起草的许可协议视为具有约束力的合同时，对许可协议的批准能有相当小的限制（Lemley，2006）。正如玛格丽特·简·拉丁（Margaret Jane Radin，2006：1231）雄辩地描述的那样：

> 自愿的想法首先退化为同意，然后退化为赞同，然后退化为赞同的可能性或机会，然后只是虚构的赞同，然后退化为在没有任何同意或赞同的情况下有效地重新安排权利。

此外，对于受著作权保护的作品，许可协议的效力可能会更强。经常有人认为，这些在线合同实际上是一个财产许可证，而不是一个合同（例如，见 *Jacobsen v. Katzer*，535 F. 3d 1373，Fed, Cir.，2008）。这是一种单方面的法律行为，通过这种行为，产权人可以行使自己的权利，并确定授权使用的范围。财产许可证的约束力并非源于行使自主意志，因此不需要使用者的同意。许可证的约束力源于财产规则，在该案中是著作权法。著作权法赋予著作权人排除他人对作品进行某些使用的权利，而要允许法律禁止的内容，就必须有许可协议。这种使用作品的许可可能是有条件的，并可能受到各种限制。在这种将最终用户许可协议视为财产许可证的观点下，举证责任在于用户，用户必须证明使用是由权利持有人适当授权的。

选择将交易解释为财产许可而不是合同具有重大的法律意义。如果这是一个附条件的许可（如要求将受益给予原作者）且条件不能满足时，使用该作品将违反知识产权法。如果所要求的权利归属仅仅是一个契约，那么不给予收益就等于违约。虽然违约的补救措施是损害赔偿，但知识产权侵权的补救措施通常是禁令。例如，美国上诉法院在 *Jacobsen v. Katzer* 案中认为，开放源代码软件受到有条件的财产许可的约束。因此，在不符合条件（适当署名、引用许可和跟踪程序更改）的情况下，将开放源代码软件并入商业软件是未经许可的对受著作权保护的作品的修改和分发，因此构成侵权。上诉法院在该案中认识到许可在促成大量合作者之间的合作以及向下游用户提供免责保证方面的重要性。

标准格式合同的普遍性及其在降低交易成本方面的优势，可能会在许多情况下维持它的效力，即使在没有意思表示同意的情况下也是如此。然而，这并不意味着仅仅因为标准格式合同是有效的，就可以假定当事人事实上已经同意了它们的条款（Cohen, 1998）。然而，为了使合同有效，它们必须反映出有关方的自愿同意。但在与信息作品相关的大量许可交易中，这一点通常是不存在的。如果用户没有充分了解合同条款并且没有正确理解合同条款，则不能认为他们同意使用条款。

当使用条款常常不透明，而且几乎没有人阅读时，就不能把许可当作产品来严肃地谈论。缔约方对合同条款缺乏了解是所有标准格式合同都面临的问题。众所周知，绝大多数消费者不阅读标准格式合同。因此，如果买方不知道合同条款，并且不将合同条款纳入其购买选择，则条款很可能仍然偏向于起草条款的卖方，就不能达成有效的交易。这一论点最近得到了一些实证支持。一项对软件行业最终用户许可协议条款的研究发现，尽管不同的卖方提供的条款仍有很大差异，条款会偏向卖方（Marotta – Wurgler, 2007）。

法经济学文献中对这一问题的一种反馈是，这种市场缺陷可以由少数对阅读许可协议条款最感兴趣的购买者来解决，并可能导致卖方修改条款。因此，有人认为，对标准条款有较大兴趣并愿意阅读条款的少数知情买家足以解决这一问题。一个不能区分阅读和非阅读买家的卖家，会向所有买家提供更好的合同条款（Schwartz 和 Wilde，1983）。然而，正如许多学者所争论的那样，"知情的少数人"不足以保证最优的条款，当消费者不阅读或不理解条款时，销售商就没有主动修改标准条款的动机（Goldberg，1974；Katz，1990；Cruz 和 Hinck，1995；Gazal - Ayal，2007）。

信息作品的使用条款带来了更大的困难，因为信息失灵是信息作品市场固有的（Elkin - Koren 和 Salzberger，2004）。购买法律条款当然不同于购买一种产品的价格或质量，因为合同条款和使用条件并不那么清晰明确。这对于技术保护措施尤其如此，在技术保护措施中，对内容使用的限制体现在计算机软件中，因此在交易时通常是不透明的。这一点将在第6章中进一步阐述。

一般来说，创造性作品和发明的使用条款不如价格或其他产品的显著属性（如速度或动力）那么透明。界定无形资产使用范围的许可限制往往非常抽象，很难理解。即使是有能力和愿意阅读使用条款的人也很难准确地确定这些条款对其效用的影响。除了无法理解的法律文本之外，这也是著作权限制的抽象性质和无形使用的法律定义的结果。由于信息缺乏物理边界，我们可能常常不知道所使用作品的使用类型。许可所涵盖的行为的法律描述通常是不直观和有争议的。例如，简单地浏览通常不会被认为是复制，而在共享文档库中保存文件通常不会被理解为公开分发或"提供"，这可能会引发著作权责任。因此，认为许可就是创造性作品的产品和使用条款的一部分的想法是不合理的。

此外，信息作品可能会以许多不可预知的方式使用。通常很难事先确定一个人希望采用哪种用法。更难的是，事先确定某人希望的使用类型。创造性的使用很可能是自发的，通过阅读、聆听或其他方式体验作品而产生。因此，消费者的购买决定不太可能受到特定使用条款的激励。消费者更可能将许可视为对授权使用作品的通用名称。

另一个信息失灵是由于创造性作品的市场可能会受到信息不对称的影响。内容的大规模生产者是重复的参与者，他们比最终用户拥有系统性的信息优势。前者可以更好地评估与任何条款相关的风险和利益，并且可以更好地理解任何给定条款对作品潜在利用的影响。由于他们在一段时间内执行了大量类似的交易，因此他们有足够的动力收集有关每项规定的法律含义以及许可中不同条款的有效性的信息。这样的信息不对称应该让我们对自由谈判的结果更加怀疑，因为自由谈判制定了获得创造性作品的条件。

有效的谈判不仅需要知情同意，而且需要自由选择。同意和选择是相关的概念。我们不太可能认为一方同意合同条款，除非他有选择可以不自愿这样做。但是"同意"不仅需要自由行使自己意志的能力，而且需要必要的知识，以便有意识地而不是任意地采取行动。从经济学的角度来看，一个有效的交易需要各方自愿参与。这将保证交易确实反映了他们的偏好。在没有各方自愿同意的情况下，私人秩序制度仅仅反映了信息提供者行使权利的情况，并不比其他类型的治理享至至高无上的地位。

合同和许可补充了知识产权的保护，因此很可能在垄断环境中体现。知识产权为所有者提供了对其特定作品或创新的开发的垄断权，鉴于缺乏替代品，这使得所有者能够垄断市场。正如笔者在第 3 章中进一步讨论的那样，发明和创造性作品在多大程度上有替代品是一个有争议的问题，答案可能因作品类型和涉及的用户类型而异（Landes 和 Posner，1989：328）。尽管一些信息性的作品可能有完美的替代品（如电话列表），但许多作品，从关键药物到独特的艺术品，可能没有。在信息作品必不可少的情况下，信息提供商将有权规定使用条款（Cohen，1998：526）。因此，条款的一致性可能反映出议价能力的差异。在许多情况下，个人用户只是缺乏必要的讨价还价能力来改变行业标准的合同条款。尽管最近对软件行业最终用户的许可协议的实证研究发现，偏向卖方条款与竞争条件水平之间的相关性很小（Marotta – Wurgler，2008），但这只是在研究不足的领域内的一个发现。至少可以说，在任何情况下，对使用条款的低水平竞争使得关于选择和流动的假设存在问题。

5.3.2 不能相信市场可以确保获得最佳的创造性作品

对私人秩序持怀疑态度的人认为，由于市场失灵，市场机制不太可能有效确保获得创造性作品。管理创造性作品访问权的私人秩序的一个主要问题是外部性。从经济角度看，合同正在产生有效的结果，因为所有受合同影响的人都是交易的一部分。然而，就与信息工程有关的合同而言，并非所有受许可所规定的权利和义务影响的人都能在与其利益有关的交易中得到体现。假设使用条款是由许可方和被许可方商定的，那么它们所能反映的最多的就是用户愿意为有限的权利支付更少的费用，或者为扩展的特权支付更多的费用。这些条款可能反映了用户对任何特定交易的直接价值，但不能反映公共事业和整个社会的利益。例如，最终用户许可协议对反向工程的限制可能不仅会影响计算机软件的购买者，也会影响到广大公众，这将使可能促进创新和降低价格的兼容程序被排除。学校教师可能不愿意通过购买许可来表演某部纪录片，尽管这可能对社会有益，即使她在交易中未考虑将作品提供给小学生带来的福利。

获取条件通常对其他人具有正外部性或负外部性。获得创造性作品是促进进一步创新、创造和进步的必要条件。这是因为创造性作品是用来产生后续作品的一部分。文化产品的获得培养了进一步创造的劳动力：它教育、刺激我们的思维，扩大了我们对周围世界的了解，它提供了灵感并促进了创造和创新。因此，广泛和不加区别地获得创造性作品是必要的，以便使后来的作者和发明人能够进一步创作（Elkin-Koren，2007）。不加区别地获得创造性作品对于广泛参与文化创造也是必不可少的。这种参与并不一定涉及积极创作新作品。也可以采取与创造性作品接触的形式，并通过阅读小说、听音乐和在日常生活中实际使用技术产品来构建从其表现方式中产生的意义（du Gay 等，1997）。

创造性作品使用中所包含的社会效用可能无法通过个人在市场交易中的购买选择准确反映出来，这也是因为信息的积极网络效应，在上一章中笔者对其进行了评估（随着越来越多的人使用相同的技术，每个用户可能从中受益的效用就越大）。这些考虑使我们普遍对市场机制和私人秩序有效地规范信息使用的能力持怀疑态度。

5.3.3 法经济学方法的不一致性

除上述两点外，我们还可以指出，关于知识产权的正当性，特别是专利模式及其对通过公共秩序扩大知识产权的认可，亲私人秩序的论点与规范的法经济学方法不一致（见第4章）。第一，在法经济学假设下，私人秩序反映了真正的意思表示，从而反映了有效的结果，事实是我们目睹了与立法安排的重大背离，即同一批学者所认可的立法安排的无效性。第二，对私人秩序的支持，部分地依赖于对各国政府制定的知识产权立法的缺陷和低效性的分析，与法经济学者对知识产权法律修正案和一般知识产权法律的支持并不一致。第三，私人秩序的分析产生了令人满意的结果，这与知识产权规范分析的主要前提形成了对比，即建立在公共物品和外部性基础上的自由市场的市场失灵。换言之，如果在自由市场上签订合同足以有效生产信息产品，为什么我们首先需要知识产权？正如笔者在下面阐述的，私人秩序的认可包括合同和财产隐含的新含义以及它们之间的区别，以及私人和公共以及它们之间的边界的新含义。

5.4 病毒式合同和新财产

病毒式许可是玛格丽特·简·拉丁（2000）首次提出的一个术语，用来描述此类合同的广泛影响，这些合同限制了财产的后续所有者或用户的权利。病毒条款首先被纳入1989年的通用公共许可证，该通用公共许可证授权任何人复制、修改和分发其代码，只要基于原始代码的任何副本或衍生产品在同一

第 5 章　知识产权与私人秩序的兴起

许可证下分发。通过维护代码的著作权,通用公共许可证使自由软件的开发人员能够确保遵守许可条款,并防止其他人捕获代码并使其成为专有代码。许可方案通常被称为著佐权,旨在确保原始许可条件适用于软件的所有下游版本。

许可的病毒效应是通过要求程序的每一个副本和每一个派生程序都要服从同一个许可来实现的。通用公共许可证的病毒条款(GPL v2 第 2(b)条)规定如下:

> 您必须使您分发或发布的全部或部分包含或派生自程序或其任何部分的任何作品,按照本许可条款的规定,作为一个整体获得许可,而不向所有第三方收取任何费用。

该许可证进一步规定,每次通用公共许可证持有人重新分发"程序(或基于该程序的任何作品)"时,接收者自动从原始许可证持有人处收到复制、分发或修改程序的许可证(GPL v2 第 6 条)。同样,知识共享的 ShareAlike 条款规定:"如果您基于本作品更改、转让或构建,您只能在与本作品相同或类似的许可证下分发生成的作品或对作品的后续用户设置限制的权利对于开放内容计划尤为重要,比如自由软件和知识共享,它们试图为当前的知识产权制度提供一个替代方案。但是病毒许可也被专有许可所使用。"

使用病毒式合同的法律策略可能会增加协调成本,甚至完全阻止协调,从而导致一些低效率。其中一个问题是病毒许可的不兼容,这可能会阻止现有资源的混合和匹配。新的信息作品通常包含已有的资料。当一个新的作品是从那些来源相互不兼容的病毒许可而来的,它可能根本不会产生。

这将减少互操作性和后续用户重新整合现有资料的自由。如果我们想促进作品的使用和再利用,并允许创作者将以前的作品融入他们的艺术中,我们必须确保与其他许可的兼容性。但许可的多样性不可避免地导致冲突。一些知识共享许可本身是不兼容的。例如,如果一个电脑游戏开发者想要使用一些受 Greative Commons 的非商业共享许可约束的图片和另一个受 ShareAlike 署名共享许可约束的图片,他将无法整合这两张图片。ShareAlike 要求随后的作品将在没有任何进一步限制的情况下分发,而非商业共享将要求随后的作品仅被许可用于非商业用途。

5.4.1　它是合同吗?

如前几节所述,合同的标准法经济学分析证明合同的执行是正当的,因为它们可能反映了两个或多个同意方之间的自愿交易。这种同意意味着缔约各方从中受益,从而有助于社会的总体福利。这不是数字环境下新兴的私人秩序中

"合同"的含义。为了切实保障权利人的利益，合同应当适用于第三人。许可对其直接签约方是有效的这一事实根本不够充分。创造性作品往往会被反复使用，当在被塑造成新的表达形式的同时也会改变格式。如果原作品的后续用户不受原许可条款的约束，许可方案很快就会变得毫无意义；未与权利持有人直接签订合同而获得作品使用权的第三方将能够违背原所有者的意愿使用该作品（Elkin–Koren，2005）。

　　权利人对不遵守许可条款的第三方有哪些法律要求？最简单的情况是，第三方以受著作权保护的方式占有作品。在这种情况下，著作权所有人将对侵权的第三方提出著作权（财产）索赔。例如，如果计算机软件的许可禁止未经授权的复制，接受许可协议并受合同约束的用户不得出于许可所列目的以外的目的复制软件。如果第三方不同意该合同，复制该软件，这种未经授权的复制将构成侵犯著作权。

　　然而，当许可人寻求确立著作权法未列举的新权利时，情况就不同了。例如，一项软件许可协议，禁止任何与第一次销售原则下购买者权利相冲突的副本的后续销售。如果第三方获得副本并重新分发，著作权所有人对他的权利就不那么清楚了。

　　看待这些合同的一种方法是将其视为一种财产许可。如果著作权所有人将他人排除在某些用途之外，那么使用该作品的许可允许法律禁止的内容。使用该作品的许可可能受到各种限制。根据这一观点，举证责任由使用者承担，使用者必须证明使用是由权利人适当授权的。财产许可不是合同，它是一种单方面的法律行为，权利人通过它可以行使其权利，并界定了合法使用的界限。它的约束力不是来自行使自主意志。许可规定的限制由于产权而可以实施，不需要自愿同意。著作权人有权无限期地限制其作品的使用，这是有争议的。然而，对第三方强制执行不属于财产权范围的法律义务可能随后导致新的财产形式。著作权人可以根据与作品使用或者著作权使用无关的行为设定许可的先决条件。所有人可能希望在购买另一种产品时附加许可条件，或者仅许可该作品用于非竞争性用途，或者在用户不批评该作品或不探索其创新秘密的情况下许可该作品。这种限制是否应该对第三方有效？当然，我们可能会根据不同类型的许可条款的合宪性或它们引发的反垄断问题来区分这些条款。然而，如果这种限制被视为一种财产许可，法律干预财产所有人权利的理由可能是有限的。

　　通常，合同所产生的权利和义务是人身权利，即它们只约束任何给定合同的当事人。合同对通过同意协议条款而承担义务的合同当事人产生权利。在法律上有义务履行承诺的一方不仅被认为在道德上是正当的（Fried，2006），而且是有效的。双方被认为是最有能力确定与合同规定的权利和义务有关的成本和收益。因此，从经济学的观点来看，只有当合同反映了同意方自由意志的时候，才被认为是有效的。这就是为什么合同通常不会要求不接受合同条款的第三方履行义务。

在极少数证据的基础上达成同意或接受是一种"滑坡谬误"，例如伊斯特布鲁克法官在拆封许可的 *ProCD* 案中的判决，或 *Register. com Inc.* 案关于浏览许可的判决，以及将此结论延伸至第三方义务的案件。什么使某人成为有约束力协议的一方？仅仅使用受著作权保护的作品是否构成接受？当对作品的访问构成具有法律约束力的同意时，对作品的所有访问实际上受合同管辖。因此，使用条款对所有人都有效。即使被许可方未明确表示同意，也尽量减少在线合同订立和执行许可的法律要求，可能会产生与资产一起运行的合同。

财产许可分析和合同分析都需要进一步考虑。财产许可分析假设对著作权和专利所有人的法律权利有一个相当广泛的解释。如果所有人能够在知识产权规则所界定的权利范围之外，对其作品的使用设定无限期的限制，他们就可以单方面构成新的财产形式。这种分析要求将知识产权理解为绝对产权，从而破坏了法律规定的微妙平衡的限制制度。这种对著作权和专利的广义解释是否合理？降低确定签约方同意所需的要求进一步允许内容提供商对第三方实施合同限制。这样的标准许可"随附"每件作品将定义其使用条款，改变事实上的立法安排。

5.4.2 模糊区分：私人/公共、合同/财产

即使在没有任何有意义的同意的情况下，将最终用户许可协议视为合同，或将最终用户许可协议视为允许对每个可能的用户强制执行的财产许可，都可能对获得著作权材料的访问造成严重后果。第一，当仅仅使用受著作权保护的资源被视为对具有法律约束力的合同的同意时，对作品的访问自动地由单方面定义的访问条款来管理。这些条款由私人当事方起草，具有普遍适用性，并对所有人生效，而不仅仅是自愿承担这些条款的当事方。私人秩序和公共秩序之间的区别消失了。

第二，对不承担使用条款的当事人强制执行标准许可，模糊了财产和合同之间的区别。知识产权与合同义务的不同之处在于，知识产权赋予第三方"利用资产一起经营"的权利和相应的义务（Hansmann 和 Kraakman，2002）。著作权法和专利法分配最初的权利，而合同法管辖这些权利的转让；知识产权法创造对抗世界的权利（对物），而合同只适用于当事人（对人）。将合同限制视为对第三方可执行的法律政策会产生利用资产一起运行的合同。对不同意合同的当事人强制执行标准许可，模糊了财产和合同之间的区别。它允许分销

商、权利持有人和其他可能的人通过合同确立对物权利（Elkin – Koren，1997：102 – 104）。

第三，当权利人可以对第三方实施使用限制时，除了财产规则规定的权利范围之外，他们可以单方面构成新的财产类型。财产规则反映了管理资源使用的排他策略：它们限制访问，而不是指定允许或禁止使用任何特定资源。除非得到所有人的授权，否则它们会自动对社会上的所有人施加标准的责任，以避免使用。当许可规定的法定职责对所有后续用户都是有效的，所有用户都必须承担学习每个许可条款内容的责任，以避免违反这些约定。这就是为什么法律通常不强制执行与资产相关的合同，而针对第三方的索赔通常被拒绝。梅瑞尔（Merrill）和史密斯（Smith）（2001）解释说，反对新形式的物权旨在降低信息成本。他们认为，财产权传达了与资产相关的标准权利范围，从而降低了确定与该资产相关的权利和义务类型所涉及的交易成本。当我们允许内容提供商创建类似于财产的权利（排他权，这是自动强加给每个使用资源的人）时，我们会大大增加潜在用户的信息成本。这些是第三方（即非所有人）为避免侵犯知识产权而产生的费用（Long，2004）。创造性作品的最终用户，如果只是为了避免无意中对著作权或专利的干扰，将被要求调查哪些限制适用于他们各自的使用。这些规避成本可能会成为那种不受欢迎地增加获得创造性作品和发明的障碍（Elkin – Koren，2005）。

5.5　私人秩序和社交网络

数字环境不仅使人们更加依赖私人秩序来管理对创造性资源的访问，而且改变了内容市场的结构。协调创造性工作和向大量受众分发资源的较低成本使个人能够在生成和分发新内容方面发挥更大的作用。个人用户可以大量自行交流原创内容（Castells，2009），并与他人合作制作和分发创造性作品。博客作者可以发布新闻和分析，专业和业余摄影师可以将他们的照片上传到 Flickr 或 Picasa，独立音乐家可以在 YouTube 上分享他们的音乐片段，程序员可以合作开发新的软件。20 世纪的大众内容产业由传媒集团和大型出版社主导，但至少部分被社交网络所取代。同样，与过去大公司是其主要来源的情况相比，创新和新技术（个人或小公司的产品）所占的份额显著增加。

用户生成内容、社会网络和企业层级之外的合作创新的优势是否会导致与管理获取和使用的私人秩序相关的不同考虑？换言之，目前私人秩序的使用和法院的认可是否对新的信息生产模式和社交网络的发展构成了障碍？一些反对私人秩序下管理创造性作品访问权的论点认为，在这样的环境下，标准许可是由内容产业设计来管理统一的、通常是限制性的方式大量生产的内容。同样的关注是否同样适用于用户生成内容新兴的创造性领域？

社交网络给私人秩序的标准经济分析带来了新的挑战：第一个问题是用户既是服务的消费者，又是内容的生产者。第二个问题与新的生产方式的社会层面有关，这种生产方式并没有完全被市场交易所关注。第三个问题涉及通过私人秩序管理社会生产所涉及的高交易成本。

5.5.1 用户和平台的双重性质

在社交网络中，访问内容的术语通常由平台定义。新的社交网络环境中的关键参与者是用户/作者和社交媒体平台，这些平台允许用户彼此共享内容，并在创作新作品时进行协作。这些玩家有着不同于内容量产的利害关系和利益。因此，对这些合同安排的经济分析不同于对市场交易的标准分析。

用户/作者，或"产消者"，一个由艾尔文·托夫勒（Alvin Toffler）在1980年创造的术语，用来描述生产者－消费者的双重角色，正在生成内容，同时使用其他人生成的内容。用户生成内容环境中的用户积极参与创建文化流。与旧媒体的消费受众形成鲜明对比的是，用户有着更大的能力来处理有创造性的材料，因此他们对占用和分享创造性作品有着特殊的兴趣。然而，与此同时，当这些用户成为独立的生产单位，新的生产模式增加了个人用户的商业压力。共享和控制内容的冲突欲望可能会起作用。社交媒体平台的用户扮演着双重角色：他们生成原创内容，由平台提供，同时使用由平台和其他用户原创的内容。

社交媒体平台是一种商业和非营利的在线平台，它使用户体验成为可能。平台具有广泛的功能，从技术支持到社会促进。平台通过搜索引擎（例如谷歌和雅虎）、托管设施（如 YouTube 和 Flickr）、社交网络（包括 MySpace、Friendster、Facebook、Orkut 和 Bebo）和虚拟世界（如魔兽世界）与用户生成内容建立联系。社交媒体平台有助于交流和协作，使用户能够与朋友和同事沟通，也可以与新人建立联系并建立在线社区。

由于规模经济和网络效应，社交媒体平台的市场高度集中，由相对较少的参与者主导。由于搭建平台（设计、技术创新）的大部分成本投入与其服务的用户数量无关，因此随着用户数量的增加，向每个额外用户提供服务的平均成本可能会下降。但是规模经济降低了竞争水平。随着互联网的不断发展和竞争的日趋复杂，进入市场的成本正在迅速上升。强大的网络效应为谷歌搜索引擎等大型中介以及 Facebook 和 Twitter 等全球社交网络带来了优势，这些社交网络在全球范围内吸引了最多的用户流量。

随着平台之间的融合和交叉，竞争进一步减弱，用户可以利用在一个社交媒体中的输出成为合作社交媒体的输入，从而获得附加值。这种趋同为进入市场创造了新的障碍，使新申请者更难进入市场。影响平台间竞争水平的另一个问题是黏性，这是用户切换成本的一个功能。如果用户能够将有价值的资产（如个人联系人、社交图、个人历史记录和原始内容）转移到另一个设施，则他们可以更轻松地切换其社交媒体平台。如果这些资产不能转移到另一个平台，用户可能会发现自己被锁定在一个特定的平台上。

正如我们在前几章中进一步讨论的那样，社交媒体平台与内容产业不同，它不从事内容的大规模生产和分发。平台利用广泛的业务模型，影响信息流，塑造用户与平台之间的关系。广告是许多社交媒体平台最常见的收入来源。广告收入取决于社交媒体平台吸引用户的能力。这听起来应该很熟悉。广告赞助的广播和电视节目主持人也通过吸引观众和向广告商出售他们俘获来的观众来赚取收入。新的平台，像旧的中介，可以吸引用户的注意力。然而，旧媒体和社交媒体的一个重要区别是后者的内容是由用户自己生成的。用户生成原始内容或只是执行编辑功能；他们为广告商提供眼球，并为营销人员生成数据。平台的经济价值来自连接用户的网络，它通过维持一个有创造性的参与者参与的社区而产生收入。事实上，社交媒体吸引用户的方式不仅是提供对同龄人创作的内容的访问，还包括创造社交环境。除了积极参与的用户，这个平台没有其他价值。从平台的角度来看，用户群体构成了其主要的生成资产，这个群体越强大，对企业的价值就越高。

因此，社交媒体平台通常不依赖于对创造性作品的独家控制。恰恰相反，社交媒体平台往往寻求促进信息的开放获取和自由交换，以吸引更多用户进入其社交网络。内容由用户生成和提供。用户生成的内容构成了这些虚拟社区的组成部分。因此，社交媒体平台的商业模式与内容行业的典型商业模式有很大的不同，它们基于社会动机和保持社区意识、忠诚度和社会承诺。它们不需要排他性，因为吸引用户到平台的是它们的伙伴用户和不一定是某些特定的内容；让用户依附于一个平台的是强大的信息流，以及将其在线状态与跨平台的内容和对等点连接起来的能力。社交媒体平台需要维持一个充满活力的社区。它们必须保持用户/作者的参与度，并鼓励他们与其他用户共享内容。这可能需要内容的广泛分发和更好的共享机制。

5.5.2 治理

平台用户/社交网络这一多层次的关系对社交网络中的私人秩序分析有着重要的影响。用户生成内容在社交网络上的治理是多层次的；任何特定作品的

第5章 知识产权与私人秩序的兴起

使用可能会受到各种许可策略的限制。一些访问条款是由平台起草的。此类使用条款（ToU）通常反映了社交媒体平台作为其所有人商品和用户社区的双重性质。其他规则由用户/作者选择，并附加到在线提供的内容中，通常使用许可方案，如知识共享许可或自由软件标准合同。

用户/作者双重角色可能会影响形成内容访问条件的经济压力。大规模生产内容的准入条款是由跨国公司单方面起草的，并针对不知情的消费者群体实施。因此，最终用户许可协议中的访问条款具有相对的限制性，限制了消费者充分利用其购买副本的自由。在前几节中讨论的合同产品的理解中，期望内容生产者通过降低价格和引入更严厉的条款或提高价格以获得更好的许可条款来回应消费者的偏好。然而，这些往往没有反映在最终用户许可协议条款中，由于若干市场失灵，市场很少对特定的准入条件提出任何特殊要求。

社交网络的情况不同。作为内容的生产者和经济价值的创造者，用户更可能关心他们的知识产权是如何被利用的。在社交媒体平台上，用户更有可能被告知并被激励去协商获得创造性作品的条件。他们通常会寻求更多的发言权，以确定获得自己作品和他人作品的条件。同时，用户可能更容易受到攻击，并且相对于平台会遭受各种不利影响。许多在线服务是免费的。用户不需要支付费用，而是投入其他类型的资源：他们的自由劳动、社会关系、参与在线讨论以及他们的个人数据和隐私。

近年来，我们看到许可条款的多样性有所增加。上文第5.1节所述的开放式许可，为商业供应商的最终用户许可协议提供了广泛的替代方案。知识共享许可就是一个例子，其中创造性内容是在更自由的条件下提供的。开源程序（如Open Office）提供了一种替代MS-Office的方法，授权免费复制、修改和分发软件。有时同一个计算机软件会根据不同的许可策略开放和关闭，从而服务于潜在用户的不同偏好。

当用户/作者设计访问条款时，我们是否应该期望他们选择更少的限制使用他们的作品？大概是的。由于最终用户同时作为创造性作品的生产者和消费者，他们更可能考虑到总体上所涉及的所有重大利益。可以说，这种双重角色可能使所有者能够达到通过公共秩序反映的访问条款。这可能构成一种社会契约，旨在反映我们对获得创造性作品的最佳途径的共同理解，而不管我们在任何特定时刻的直接既得利益如何。可以说，社会通过集体行动机制适用的一般规则与特定当事方的临时利益相距甚远。公共规则制定过程允许在罗尔斯式（Rawlsian）的"无知的面纱"后面做出选择。当然，如果我们暂时抛开集体决策过程中的缺陷，特别是公共选择理论所指出的缺陷，这是正确的。

在用户生成内容的环境下，使用者是否更有可能以更方便接触创造性作品的方式行使其权利？在选择适用于他们作品的访问条款时，他们是否更有可能以社会知情的方式行事？一些轶事表明，情况并非总是如此。丹尼卡·拉多万诺维奇（Danica Radovanovic）博客的故事凸显了商业媒体和知识共享许可方对许可目的的困惑。拉多万诺维奇通过 WordPress.com 网站经营一个名为 Belgrade 和 Beyond 的博客，她的博客有一个 CC – BY – ND 许可证。她把它改成了 CC – BY – ND – NC 许可证。当她发现自己的博客被一个用户镜像时，她很难过，这个用户使用谷歌 AdSense 从广告中获取利润。拉多万诺维奇通知了博客托管服务，并向谷歌 AdSense 服务发送了一份关于涉嫌侵权的通知。几天之内，她成功屏蔽了该镜像网站。

丹尼卡·拉多万诺维奇的故事反映了用户生成内容环境中不断变化的利益和商业压力。她不想失去谷歌 AdSense 带来的收入，同时希望停止她认为不公平的行为，于是她采取行动，阻止镜像网站从她自己的成果中获益。在许可计划中没有对获取价值作出任何承诺的情况下，丹尼卡强制执行她的许可以阻止访问。这个故事进一步表明，用户的商业利益可以优先考虑，并可能推动进一步的限制。

另一个例子是名人亚当·库里（Adam Curry）对一家荷兰杂志提起的诉讼。它演示了如何使用知识共享许可来控制图片的使用，并限制图片的传播和使用。《周末》（Weekend）杂志未经库里允许，刊登了他女儿的照片。这些照片是库里自己在 Flickr 上发布的，并标明：供公众使用。标题为"附加信息"的侧边栏链接到知识共享的徽标。再次点击将照片链接到共享署名 – 非商业 – 相似共享许可。只要获得许可证，这些照片就可以免费用于非商业用途。库里辩称，使用他的照片侵犯了他的隐私，法院驳回了这一指控。他进一步辩称，该杂志的出版违反了许可证，侵犯了他的著作权。法院认为，该杂志对照片的重复使用是商业行为，因此违反了知识共享许可证的条款。法院认为，许可证是有效的，并自动适用于使用，即使用户没有明确同意其条款，甚至不知道（*Curry v. Audax*，*Rechtbank Amsterdam*，Docket No. 334492/KG 06 – 176 SR，3/9/06）。

法院认为，被告在网上发布照片前，应当认真调查适用条款，并进行彻底、准确的审查。法院裁定，如有疑问，被告应请求著作权人授权。库里利用自己的著作权保护女儿的隐私（尽管他自己也在网上发布了女儿的照片）。其他人可能希望将著作权用于其他目的，不一定与自由和开放获取一致。加拿大摄影师大卫·怀斯（David Wise）就是这样一个愿望，他威胁要起诉加拿大政治家贝蒂·辛顿（Betty Hinton）在竞选活动中使用自己的照片。这张图片是从 Flickr 上下载的，并且要遵守知识共享许可——Attribution ShareAlike 许可。

第5章 知识产权与私人秩序的兴起

这位摄影师说,他不允许在竞选中使用这张照片,因为他不同意竞选人的政治观点。

这些轶事反映了著作权带来的力量,即对创造性作品的控制和使用方式。这些故事进一步反映了这种管理作品使用的可能产生的广泛收益。商业利益,如拉多万诺维奇的情况,可能是最紧迫的。随着用户生成内容环境的成熟和新商业模式的发展,商业压力实际上可能会增加,用户可以从他们的劳动中受益。但即使对拉多万诺维奇来说,这可能也不仅仅是钱的问题。这也是关于正义,即希望阻止他人从她创造的成果中获利。保护隐私、政治信仰、道德信仰和声誉也会迫使权利人限制其创作作品的使用。他们可以这样做,即使他们自己希望获得和自由使用他人的作品,并普遍支持一个规则,提供更自由的获取和使用创造性资源。

最近的例子表明,最终用户实际上关心使用条款,并且在某些情况下成功地向供应商施加压力,要求供应商修改他们认为不合理的条款。例如,Fark 网在公众愤怒之后修改了它的著作权条款。原始条款规定,用户的每一次提交都"附带对提交的全部著作权权益的默示转让"。其他托管服务如雅虎(早在 1999 年)和 MySpace 的服务条款,进行修订以回应最终用户的投诉。这些例子与 eBay 的卖家抵制 eBay 宣布新的收费结构的做法是一致的。另一个故事与 Digg 有关,Digg 是一个使用用户执行的编辑功能的社交聚合器。Digg 在收到知识产权所有人的禁止和停止通知后,决定删除一个 HD-DVD 解密站,这引起了社区的抗议。用户社区抗议 Digg 的编辑干预,其头版充斥着 HD-DVD 解密帖子。最后,Digg 的创始人凯文·罗斯(Kevin Rose)发布了一份公开道歉信,承诺今后将避免采取诸如下架资源等干预措施。

这些事例表明,尽管准入条件可能由平台起草,但并不像最终用户许可协议那样单方面确定。它们反映了使用/社交媒体依赖的复杂性。平台用户更多地参与了条款的制定,平台所有者必须更加关注用户的偏好,因为他们更依赖于社区的活力。

有几个理由相信,社交媒体平台可能是一个很好的平台,可以在社交网站上的参与者之间就获得创造性作品的条件进行谈判。让我们用下面的例子来检验这个假设。Facebook 过去在使用条款(ToU)中有一条规定,授权 Facebook 及其用户使用社交媒体网络其他用户上传的任何内容。许可证的设置是这样的,当用户成功退出 Facebook 时,许可证就会过期。规定如下:

> 您可以随时从网站中删除用户内容。如果您选择删除您的用户内容,上面授予的许可证将自动过期,但是您承认公司可能保留您的用

户内容的存档副本。❶

因此,向 Facebook 上传任何内容(包括剪辑或图片)的贡献者都保留该贡献的著作权,并授予该平台及其用户使用该平台的许可,只要他们留在 Facebook 上。然而,一旦用户/作者离开 Facebook,许可证就会过期。2009 年春天,Facebook 试图通过从其使用条款中删除该条款来改变这种法律状况,以便 Facebook 及其用户可以继续使用任何内容,即使在用户决定终止会员资格之后。2009 年 2 月 15 日,消费者权益维权博客 Consumerist 报道称,Facebook 已经修改了使用条款。这条消息传播迅速,在网上激起了一股火焰,很快就失控了。用户们对此感到愤怒,称 Facebook 的行为是"敲诈",并指责 Facebook 偷偷获得了用户生成内容的永久所有权。许多人加入了"反对新服务条款的人民"组织,抗议使用条款内容的变化。经过为期 3 天的造势公开活动,Facebook 决定放弃修改其使用条款的倡议。相反,它在数亿用户中发起了一项新的权利和责任法案的投票。

这一事件显示了社交媒体平台的特殊性及其与用户的关系。理解这个故事的一种方式当然是认为 Facebook 试图利用用户的自由劳动,剥夺他们的权利。从这个角度来看,Facebook 提出的使用条款应该被视为一种不合理的合同,或者在欧洲的框架内,被视为一种标准格式合同,受到法院的严格审查。另一种理解 Facebook 所采取行动的方式是代表其用户的整体利益。社交网络的用户经常利用他人提供的内容,并将其整合到自己的内容中:图片、歌曲或剪辑。在 Facebook 上发布的照片可能会成为其他人拼贴的一部分。Facebook 上的一些朋友也可能一起创建——起草文本、编辑剪辑或创建共享的图片集。将上传到 Facebook 的照片并入在线相册的用户,或将一些音乐片段并入自己作品的用户,都依赖于最初由贡献用户授予的许可。如果每次有人退出 Facebook 时,这个许可都将过期,那么在社交网络上使用任何内容的能力将受到严重损害。

从使用条款中删除上述条款实际上是为了所有用户的共同利益。Facebook 保护了那些依赖同行提供内容的用户。从这个角度来看,Facebook 改革后的使用条款可能被视为一个因扭曲的集体行动而受挫的社会契约。

5.5.3 社交网络——介于市场和社区之间

社交媒体平台促进了社区的发展,而不仅仅是用户的市场。对于最终用户来说,平台不仅是分发信息和促进商品销售的手段,它也是一个社会团体。最

---

❶ www.facebook.com/terms.

终用户可能对社交媒体平台有既得利益。他们投入了自己的个人资料、创造性的努力、社会关系、社会地位和他们赢得的声誉。退出社交媒体平台可能代价高昂。当在平台上创建的数据和内容既不容易传输，用户社区也不容易复制时，用户可能没有退出选项，因此他们可能无法要求特定条款。

从平台的角度来看，用户被视为公司的资产之一。用户群体是一种能够提高企业市场价值的商品。社交媒体平台通过维持一个有创造性的参与者参与社区来产生利润。平台的经济价值来源于用户网络，用户创造价值。用户生成原始内容或编辑功能；他们为广告商提供眼球，并为营销人员生成数据。事实上，平台并没有价值，有价值的是那些积极参与的用户。在很大程度上，平台可能会发现自己受到用户的支配，特别是如果用户决定集体遵守不同的规则。

Facebook 等社交媒体平台能够促成社交合同的原因在于，它们的可持续性取决于所有用户的持续参与。它们对用户积极参与的依赖，要求社交媒体平台非常关注无组织人群通过该平台进行互动和协作的需求和兴趣。

然而，由社交媒体平台的使用条款定义的用户社区的社会契约可能会受到几个限制。第一类问题来自用户在社交媒体平台上的脆弱性以及他们参与的活动类型。用户和社交媒体平台之间交易的本质是，平台提供免费访问，用户用一种特殊类型的"货币"进行"支付"———种社交货币：社交图形、个人互动、社交活动和创造性作品。这类"货币"与人类状况的一些敏感方面有关，如劳动、身份、个人交往、亲密关系和社交活动。因此，用户和平台之间的这种交易产生了新的利益，需要特别的法律保护。

第二类问题关注平台促成的使用条款的原因与社交媒体平台的双重性质有关。一方面，社交媒体平台形成了用户群体，培育了社交产品。但同时，对于这个平台来说，社区只是一种企业资产，目的是实现利润最大化。在这两个角色之间，平台越来越被撕裂。用户和社区的这些新的脆弱性可能会忽略人群或社交媒体平台可能无法充分解决的问题。

第三类问题涉及公众的暴动。近年来，许多作家一直称赞"大众智慧"，尤其是在网络环境下。然而，Facebook 章程的故事表明，民众有时可能会采取非有效的行动，事实上未必代表所有选民，也未必会为所有参与者的利益做出理性的选择。这表明，用户群体对平台造成的压力可能起到缓解平台力量的作用，但不能完全保障用户群体自身的利益。

这些担忧表明，在这些私人秩序安排和使用条款中，可能需要监管机构的一些干预。监管部门应限制平台的私人秩序，以保障参与者的自由不受社交媒体平台的滥用，也不受可能对平台施加压力、无视个人用户利益、服务整个社会需求的人群的侵害。

如何在保障个人用户权益的同时，保护用户群体的利益？这种制衡应以公法原则为基础。一种确保个人参与者的权利的机制是发言权。社交媒体平台采用的规则应明确允许参与者选择适用于其作品的规范，并随着环境的变化对其进行塑造。发言权将要求应用于内容的使用条款的透明度，以便每个用户都能清楚地理解应用于其生成和共享的内容的规则类型。它还要求，在平台打算对使用条款进行任何法律变更之前，应向参与者发出通知。发言权还需要一个由用户社区对条款进行持续审议和协商的机会，用户有机会对提议的更改发表意见。

另一种机制是退出——离开平台和转移内容和数据的能力。参与者应该能够选择退出，以确保他们选择留在和参与一个特定的社交媒体是充分自愿的。为了确保退出权，有必要确定使退出成为可行选择的必要条件。启用此选项可能需要外部管理。

5.5.4 私人秩序和社会生产

大规模的合作倡议正在利用许可和合同来选择规避知识产权法（著作权和专利）所适用的标准化权利和义务，并建立一个符合其需要的法律制度。一个典型的例子是 FSF 的通用公共许可证（GPL），它保证了运行、编辑和共享软件的自由。另一个例子是维基百科使用的知识共享 Attribution ShareAlike 许可。

从社会生产的角度来看，这种私人秩序安排有一个重要的优势，因为它们允许社区根据协作的性质、群体身份和成员共享的价值观来调整内容的管理。然而，同时，私人秩序也有一些缺点。私人秩序的一个主要缺点是，获得数千名合作者对合同及其任何修订的同意，可能是一项非常困难（而且代价高昂）的任务。这种集体行动的过程比简单地协调合作者在创建新内容方面的工作要困难得多。集体行动需要一种程序，使小组能够就利用作品问题作出对整个合作者小组具有约束力的决定。如果双方不受任何正式法律结构的约束，在大规模合作中很难达成这种协议。

此外，一旦达成共识，就很难摆脱它。由于社会生产的私人秩序依赖于每个贡献者的专有权利（著作权或专利），重新登录需要获得所有贡献者的许可。对于大规模的合作，任何识别权利持有人并获得其在不同条款下重新授权其内容的过程都将付出高昂的代价很可能是不可行的。这成为一个关键问题，因为不断需要修改此类许可证的条款。这是因为在线环境是动态的，并且随着新的技术发展、新的商业模式以及环境和权利关系的变化而迅速改变。

社会生产中的许可证迁移过程不仅烦琐、耗时，而且难以实现。在法律上，每个所有人都必须同意根据新的许可条款对其内容进行许可。但每一个新的许可也必须获得整个权利持有人群体的合法性。实际上，如果贡献者不选择新的许可证，那么它将变得毫无用处。在这方面，社会生产与企业生产的内容有着本质的区别。社会生产依赖于用户的持久贡献。如果他们停止合作，努力就会枯竭，内容就会消失。

这些困难中的一个例子是迁移到由 FSF 管理的 GPL v3。GNU GPL v3 草案于 2006 年 1 月发布，经过在自由软件和开源社区内的公开协商和长期而密集的共识建立过程，最终于 2009 年 6 月发布。

另一个例子是维基百科许可迁移。支持维基百科的非营利组织维基媒体基金会（Wikimedia Foundation）最近面临修改其许可证的需要。Wikipedia 条目过去受 GFDL 许可证的约束，GFDL 许可证是一个 GNU 免费文档许可证，允许在任何媒体上进行商业或非商业目的的复制和分发。许可证对纸质发行（例如附加许可证的纸质版本）施加了重大负担，并且与其他免费内容许可证（例如知识共享许可协议）不兼容。

从法律上讲，在社区内迁移到 CC – BY – SA 知识共享是一件复杂而有争议的事情。从法律上讲，维基百科的每个贡献者都保留他们所提交内容的著作权，因此维基媒体无法在不同的许可下单方面重新授权这些内容。促成向 CC – BY – SA 迁移的是 GFDL 修订版的发布，该版本由 FSF 和维基媒体基金会联合发布，并明确授权在有限时间内重新授权发布在海量多作者协作（MMC）网站上的内容。尽管 GFDL 的修订版授权维基媒体在 CC – BY – SA 下重新注册，但它还是将此问题提交了一个普通投票，随后为维基百科内容创建了一个双重许可，以便在 GFDL 和 CC – BY – SA 许可下都可以使用。

综上所述，社交网站内部的私人秩序方式与传统的最终用户许可协议不同。人们不能从社会网络的发展中得出结论来证明和执行一般的基于市场、自由意志的契约关系的私人秩序。即使是更为平衡的（相对于利益冲突和一般的社会福利考虑）社会网络中的私人秩序也不缺乏缺陷，这就可能需要一种不同于典型的法经济学方法。

5.6 结论

在界定和塑造信息权利方面，私人秩序正变得越来越重要。其实质性安排偏离了立法规定的知识产权范围和期限。法经济学方法支持这一发展，因为它假定私人秩序反映了受益方之间的合同关系，旨在提高整体效率。

法经济学关于私人秩序的立场，与主张建立强有力的知识产权制度，并确实赞成扩大知识产权的立场是不一致的。事实上如果认可的知识产权制度与立法上的制度如此不同，那么知识产权的公共秩序就是低效的。另一个批评点是私人秩序的特征化，它反映了真实的同意的意思表示，这是假设其效率的基础。当我们分析这些许可证的直接当事方的行为时，这种真正的同意是值得怀疑的，而当我们谈论受许可条款约束的第三方时，这种真正的同意是缺乏的，尽管它不是合同的一方。

批评人士认为，私人秩序是管理获得创造性作品的主要机制，他们也对市场机制能够充分确保获得创造性作品的想法持怀疑态度。这种怀疑源于对不同准入条件市场存在的根本怀疑，以及权利持有人所称的"合同"只是单方面规定，可对第三方有效的观点。对于管理获得创造性作品的市场机制的怀疑也假设获得信息产品涉及外部性，因此可能需要中央干预。总的来说，对私人秩序来管理获取的怀疑者拒绝了"合同即产品"的观点。他们认为，消费者选择获取内容不应被视为接受定义许可使用范围的条款和条件。

社会网络对私人秩序的法律经济学分析提出了进一步的挑战。"合同即产品"的方法假定，创作作品的大量副本与任何其他商品一样，是由内容产业生产和分发的。相比之下，用户生成内容环境中的内容是由通过社交媒体平台进行交互和协作的个人用户生成的。量产内容与用户生成内容之间的这些差异，可能会导致在管理获得创造性作品方面的不同考虑。

首先，如分析所示，对用户生成内容的访问通常由平台控制。用户控制内容的制作和分发方式，但平台有助于协调。制作内容的用户无权确定访问条款。在某些情况下，用户甚至可能不拥有他们制作的内容。个人创造者可能与平台的利益和利害关系不同。这并不是说平台监管必然会产生更多的限制性条款。例如，使用用户生成内容来吸引用户注意并增加其设施流量的平台可能会有一个动机，以尽量减少每个用户/制作人对其制作的内容的控制。但在其他情况下，个人用户可能比平台用户有更大的动机在非商业基础上自由分享内容。

其次，用户生成内容环境中的用户具有多个角色。相对于平台，用户消费了一些服务，反过来又产生了一些内容。同时，他们也在消费其他人制作的内容。用户作为消费者和生产者的双重角色挑战了这样一种观点，即消费用户生成内容只是平台和用户/消费者之间购买产品或服务的讨价还价。我们不能严肃地争辩说，用户生成内容的消费者通过他们的购买选择来表达他们对特定使用条款的偏好。用户"付费"使用免费劳动力、社会关系和个人数据，这一事实使得用户生成内容环境中的用户比商品消费者更容易受到攻击。法经济学观点的核心概念"讨价还价"可能无法完全捕捉在用户生成内容的在线社区中发生的过程的复杂性。

再次，用户生成内容环境模糊了商业和非商业之间更传统的区别。平台方便了用户的社区，但同时这个虚拟社区也是平台所有人的商品。平台通常是商业实体，将最终用户产生的内容和社交互动转化为市场商品。参与用户具有类似的二元性。共享和控制内容的冲突欲望可能会起作用。平台和用户之间的相互依赖性使得单个用户和平台都以新的方式变得脆弱，这需要进一步的研究。

最后，社交媒体平台促进了新形式的集体行动。例如，用户生成内容环境中的个人通过在 YouTube 上发布自制视频集体行动，并对其他人发布的视频进行评级。用户在用户生成内容环境中的行为不是经典意义上的"集体"。它不是一种产生普遍适用的准则的集体管理行为。个人的行为是协调的，而不是受一系列表明他们在任何特定时刻选择的正式规则的约束。它也不完全是一个集体行动，因为它不需要长期的社区归属承诺。人们可以进出社交网络，也可以与他人进行临时协作。然而，他们所产生的内容却经久不衰。因此，管理与获取此类内容有关的权利和义务是长期的。在这种情况下，集体行动也不是市场交易。参与用户的行为不会得到报酬，也不会做出购买选择。这种协调和自我管理的性质尚待探索。

在概念层面上，新兴环境可能要求我们在应用传统的消费者概念时更加谨慎，并验证我们对附意合同等法律理论的推定。能力差异的讨论可能必须为更为平等的伙伴关系观点让路，平台所有人和用户可能必须合作，以获得将所有人利益最大化的最佳使用条款。

我们需要建立一个框架，帮助我们概念化一种社会活动，它是一种商业资产、一种市场商品，同时也是一个社区。社交媒体平台也构成了用户群体，这在一定程度上缓和了对这一现象的严格经济观。对于平台来说，获取条款必须服务于商业利益，最大化在线活动的经济价值。然而，对于用户来说，获取条款可能不仅要保证经济上的可行性，他们的既得利益更为重要。社交媒体平台上产生的内容可能反映用户的个性和身份。它可能反映了一种共同的努力，一种共同的资产，超出了每个出资人不同所有权的总和。每个用户与这些内容的关系可能反映出一种归属感和对社区同行的长期承诺。与主权、自治和自由有关的问题可能会发挥作用。

第6章
数字时代的知识产权
——经济分析和技术治理

  20世纪下半叶数字技术的运用极大地改变了信息市场的经济环境。以数字格式复制受著作权保护的资源以及将它们通过数字网络提供给他人都变得极为容易。然而，与此同时，数字技术帮助人们利用强大的自助机制来控制信息作品的使用，从以往仅限授权用户使用的控制能力，扩展到能够在授权用户购买受著作权保护或专利保护的资源很久之后，仍然可以对用户使用行为保持长期持续的控制。这些发展要求重新审查知识产权法的经济分析，特别是（但不限于）著作权法领域。本章探讨了数字锁的兴起对信息产品市场中央干预的正当性的影响。它侧重于技术保护措施（TPM）或通常称为数字著作权管理（DRM）系统的经济分析，以及迄今为止在这方面采用的主要中央干预工具——反规避立法。

  从经济角度来看，DRM尤其有趣。它们将信息（曾经是一种非排他性资源）转化为一种具备排他性特质的资产，并在信息产品被消费者购买很久之后，延长了排他性和控制的时间跨度。这一根本性的变化不仅改变了信息作品的性质，而且改变了受知识产权保护的材料权利人与受保护人之间的关系。DRM促进了信息作品的提供者和接受者之间的长期关系，也影响了未直接与原权利人接触的后续用户。DRM可以被设计为强制执行立法所定义的知识产权权利，这些权利的最初理由往往随着最初证明其引入正当的市场失灵的消失而过时。然而，DRM也可以通过延长权利期限、废除法律例外或对不受知识产权法保护的作品或发明提供保护来改变相关的立法安排。这些发展要求对法律理论和法律的经济分析进行更全面的审查，笔者将在本章对此进行讨论。

  第6.1节将阐述技术控制的兴起及其对法律定义和理论的影响。第6.2节将提供一些与法律监管时代信息经济分析相关的见解，并将质疑知识产权传统经济合理性的前提。第 6.3 节将阐述对数字著作权管理现象的主要立法反应——美国和欧盟引入的禁止通过技术绕过监管的反规避立法。第 6.4 节将着重讨论 DRM 的一个重要的独特特征——在购买后很长时间内控制使用的能力，以及这一选择对信息和消费者权利的经济分析的影响。第 6.5 节更具体地论述了根据技术控制进行的竞争。第 6.6 节将对反规避立法的经济分析及其对信息市场一般经济模式的影响提供一些见解。第 6.7 节将进行总结，并提供在技术监管下进行中央干预的临时的替代方案。

6.1 数字锁的兴起

6.1.1 什么是 DRM 系统？

DRM 系统，通常也称为技术保护措施，能够控制数字内容的访问和使用。这些措施使权利人能够监督和管理其作品的使用，并对特定用途进行许可，同时限制其他用途。例如，可以联想到电子书 Adobe 数字发布解决方案。该系统允许作者以数字形式分发文本，但同时也限制了与文件相关的某些功能，如编辑、复制、打印或注释。加密版本使出版商能够管理电子书文件的权限，授权类型将因书而异，或因读者而异。与我们在前一章中阐述的私人秩序相反，条款和执行机制并不完全使用合同、许可证或法律，而是依靠技术来实现类似的目标。然而，受 DRM 保护的作品通常也会根据许可证进行分发。

DRM 系统有多种形式和类型。它可以通过创建一个"守门人"来控制访问。正如音乐厅被允许出售门票，但观众被禁止录制音乐作品的公开表演一样，一些平台通过迫使人们付费访问歌曲和视频来排除其他获取数字内容的可能（Bomsel 和 Geffroy，2005a）。保护内容安全的一种常见方法是对其进行加密，即通过算法对数字信息进行加密（打乱顺序）。只要内容被加密，就无法访问。例如，如果您试图将 DVD 视频复制到您的计算机上，您会收到一条警告，宣布视频受复制保护，这表示 DRM 系统发挥了作用。

DRM 系统通常分为硬件系统和软件系统两类。硬件系统通过向著作权所有人提供一些工具来实际防止未授权使用行为的发生，将访问、复制和分发的控制权交给了著作权所有人。有时内容伴随着物理支持（Bomsel 和 Geffroy，2005b：13）。禁止复制的 CD 和 DVD 就是这种支持的一个例子。第二类 DRM 系统被称为软件系统。这样的系统不会阻止未经授权的操作，而只是监视用户与内容的交互。然后系统将信息提交给内容所有人（M.E.L.O.N，2007）。一个常见的例子是数字水印，它将额外的信息嵌入内容中，并能够验证内容的真实性或发出所有者身份的信号。信号可以是文本、图像、视频或音频,为任何未经授权的复制添加明显的标记。数字水印可以对用户可见(即视频剪辑上显示的内容的徽标),也可以对用户不可见,并且只能通过跟踪系统、媒体播放器或复制设备进行检测。

DRM 系统可以安装在分发给用户的作品副本上(如 MP3 文件或 DVD),也可以通过提供访问的平台来实现。例如,微软 Windows Media DRM 系统提供了一个平台,允许所有人以电子方式定义访问条款,并禁止在媒体播放器上播放内容。微软系统以加密格式打包数字媒体文件。要播放文件,用户必须获得许可证和允许访问的"密钥"。一旦系统检索到许可证,用户就可以根据文件所有人定义的规则播放该文件。这些规则可以定义许可证的持续时间、授予许可证的区域、可以播放文件的次数、可以播放文件的设备或可以复制文件的次数。例如,只有在美国才允许观看的电影将不能在为任何其他地区编码的媒体播放器上播放。因此,许可条款不仅在许可协议中起草,而且在技术上被嵌入作品所附的代码中。

6.1.2 代码管理和法学理论

数字技术——代码——越来越多地取代法律——传统上由国家掌握的主要治理工具。例如,希望保护未成年人不接触互联网上的色情材料。这一目标促使美国国会制定了儿童在线保护法(美国法典第 47 编第 231 条),将出于商业目的故意在网上发布"伤害未成年人"材料的行为定为犯罪。美国联邦最高法院驳回了这项法律,认为其范围不够狭窄,与言论自由相冲突,违反了第一修正案 [*Ashcroft v. ACLU*, 542 U.S. 656 (2004)]。然而,要达到同样的效果,只需使用阻止和过滤软件,防止未成年人看到有害内容,这一技术自助机制事实上改变了法律,超出了法院的范围。

数字技术对治理和控制的力量在信息法文献中很早就得到了认可,如乔尔·雷登伯格(Joel Reidenberg, 1998)描述了信息法,劳伦斯·莱斯格(1999)创造了流行术语"代码是法律",而不是法律禁止某种行为,设计本身可以简单地阻止它。

DRM 系统是最深刻的代码监管的例子之一。加密和数字管理系统经常被用来从技术上阻止法律禁止的规则。著作权法禁止未经著作权人授权而制作复制品。著作权人可以向法院申请禁令,并对侵权复制者进行损害赔偿,从而停止未经授权使用其作品。使用加密平台,所有人可以通过技术手段阻止创建数字副本,同时允许打印副本,或选择限制任何复制。从理论上讲,所有人也可能对复制者造成一些损害,例如,禁止在任何设备上未经授权的复制尝试。当

第6章 数字时代的知识产权——经济分析和技术治理

著作权法无法阻止全世界数百万音乐文件共享程序的用户侵犯著作权时，DRM 有可能取代法律，完全阻止复制。并不是每个 P2P 网络的用户都知道著作权法的细节，但是如果实际禁止复制，那么用户将被禁止复制和分发音乐文件。

技术自律提出了一些有关监管本质和法律理论的有趣的理论问题。例如，什么是法律？什么算是规则的调节，如何区分物理约束、社会规范和法律规范？

盛行的实证主义法学理论将法律的产生归因于人为的制度：立法机关、法院和授权机构，如执行机关或行政机关。自法律实证主义兴起以来（尤其是 Austin，[1832] 1995；Kelsen，1949；Hart，1961），我们认为法律是等级的、领土性的，并通过处罚来执行法律的实际能力作为支持。法律规范是建立在强大的裁判能力（Austin）、更高的法律规范（Kelsen）或社会习俗（Hart）的权威基础上的。因此，法规之所以有效，是因为立法授权对其进行解释；法规在不与宪法规范冲突的情况下才有效。此外，法律规范要求对权力的垄断并优于其他类型的社会规范，事实上，国家执行法律规范的权力实际上肯定了这种优越性（Bentham，[1789] 1948；Austin，[1832] 1995）。因此，人们将法律视为领土性的，并与使用实际或常规执法权力的政治制度相对应。

法律和经济理论可以把技术简单地看作一种限制行为的设计。科技总是塑造人们的行为，决定什么是可能的，什么是不可能的，什么是允许的，什么是禁止的。例如，围栏会阻止一个人进入另一个人的财产，而电子围栏会使侵入变得更加困难。可以说，在没有正确密码的情况下阻止访问网站在技术上相当于围栏。然而，当代的法规与过去的物理和技术限制有很大的不同。有两个主要区别需要提一下。第一，过去所有社区成员在常识领域内的技术前沿非常相似，而今天的技术诀窍在个人之间差异很大，在大多数情况下超出了普通用户的知识范围。第二，过去人为的法律仍然支配着技术，而今天可能恰恰相反。一个非法搭建的围栏阻止人们进入他们依法有权进入的空间，很可能会被执法当局拆除，而相比之下，今天的技术工具可以超越法律权力。换言之，过去的技术存在于人类制度化的法律的阴影下，仅仅作为执行这些法律的一种机制，而今天的技术压倒了民主的人为法律，不再仅仅作为执行工具，而是作为规范和权利的创造者。

从法经济学的角度来看，在这种新的环境下，一个关键的问题是，是否有理由将代码作为法律来讨论执行问题。法律以直截了当的方式限制人们，它鼓励人们做正确的事情，如果人们违反规则，将被制裁。即使没有正式法律，社会规范通常也会填补空白（Grimmelmann，2005）。法律经济分析中的规制概念是以选择为前提的。潜在的假设是，理性主体能够控制他们的行为，并将其导向他们认为理想的、效用最大化的结果，从而选择是否遵守或违反法律。规则有时是必要的，以纠正一系列扭曲的激励措施，并为个人提供适当的激励措施，使他们能够选择符合公共福利的行为，但他们可能会选择其他方式并承担法律后果。然而，与法律规范不同的是，代码的强制执行（实际上是规则制定）既没有对不良行为作出定义，也没有提供激励矩阵。通过代码的监管，可以根除某些行为，同时允许其他行为。如果一个设计仅仅阻止了一个特定的行为，我们就不能再谈论规则和激励，因为可能不再能够选择。

更重要的是，DRM 并不是简单地为知识产权法定义的权利提供一种有效的执行机制。这些系统使内容提供者能够以法律本身不方便的方式限制内容的使用。例如，根据著作权"首次销售"原则，图书所有者目前享有借出甚至转售图书给他人的权利。然而，一些电子书供应商，如巴诺书店（Barnes & Noble），对借阅选项设置了限制，使得电子书只能借阅给类似电子书阅读器（即 Nook）的所有者，并且只能借阅一次，期限不可延长两周［Barnes 和 Noble，Nook：User Guide Version 1.5 at 131 （2009~2010）］。

从这个意义上说，DRM 提供了实质性的规则，为民主选择的人为法律选择不授予财产或其他实质性权利的领域提供著作权保护。新的规范模式源于技术自助行为，不符合民主理论和法治原则的基本条件。它们不是由民主选举产生的代表通过的，也不是由代表在公开审议后明确授权通过的；它们不是事先公开的，也不一定平等地适用于所有受其影响的人。

6.2 数字环境下信息的经济分析

6.2.1 信息还是公共物品吗？

干预信息市场的主要经济正当性是与信息产品和服务相关的公共物品市场失灵。据推测，一旦信息被创造出来，就不能被有效地排除在外。因此，市场参与者缺乏足够的动力投资于探索新发明、开发新的创造性作品和改进现有素材。因此，信息产品可能不是一开始就被创造出来的，也可能是生产不足。这种市场失灵被认为是通过创造知识产权来纠正的。其观点是，一系列排他的法定权利将弥补无法实际排他使用的情况，从而提供创造的激励。然而，与此同时，与实际排他相反，法定权利为灵活性留下了空间，从而通过限制权利和允许例外的情况，确保尽可能广泛地提供信息产品的最佳理由。

数字技术的引入对信息产品的公共物品失效分析有影响吗？一方面，数字

第6章 数字时代的知识产权——经济分析和技术治理

网络通过大幅降低复制和分发信息资源的成本，加剧了公共物品的市场失灵。当用手工复制时，它涉及大量的成本；照片复制和记录设备的发明大大降低了这些成本。在数字格式中，创建大量相同的副本几乎是无成本的。我们用来创作原创文本、音乐和图片的设备，如个人电脑、平板电脑和智能手机，也可以免费批量生产相同的副本。这些连接到互联网上的设备也可以让个人用户进行批量分发，而且不需要额外的设备来分发副本。这种去中心化的分发结构也使得标准知识产权执法的效力大大降低。知识产权是法定权利，必须由适用国家法律的执法机构执行。通过国家机构实施执法必须应对数字网络的全球性质，这使得任何犯罪者都能跨越国界而不暴露其实体身份。因此，公共物品市场失灵加剧。

另一方面，数字环境增强了内容提供商对作品的使用实施前所未有的控制能力，正如我们在上一节中所展示的，从而使它们更具有排他性。

其中一个原因与加密措施的可用性有关，加密措施使信息资料的所有者更容易以最低的成本排除技术上的非付款人。如果音乐发行商能够有效地加密它们的音乐文件，就有可能只允许付费消费者访问，而拒绝免费搭车者。

另一个原因与处理设备有关，它们是访问数字内容的把关者。数字内容的使用记录在文件中。保存为文件的字节必须由计算机处理才能成为旋律或文本。因此，读书、听音乐或发送和下载文件都涉及数据处理。每一个过程都被传输过程中涉及的服务器上的各种文件记录下来，因此留下了"数字足迹"。这些数字足迹使得追踪和阻止"未经授权"使用作品变得更容易。例如，电子书。纸质书可以直接阅读，但阅读电子书总是由一个将二进制代码转换成可读文本的设备来完成。电子书阅读器，如 Kindle、Nook 或 iPad 等多用途设备，可能会将电子书的使用限制在特定设备上。电子书阅读器可以对内容进行一系列的限制，例如将内容从一种格式转换为另一种格式、剪切和粘贴文本、打印电子书或将电子书转移到另一个位置。在过去，对信息作品使用的控制权在消费者购买作品后很长一段时间内也是可用的。

DRM 挑战了信息产品和服务作为非排他性公共物品的特性，因此也挑战了知识产权保护这些产品和服务的正当性。DRM 能够在一定程度上促进高效执行，这在打印环境中是不存在的。与标准的事后著作权执法不同，DRM 创建了事前排他性。换言之，它们可以首先防止侵犯著作权的行为发生。DRM 涉及相对较低的成本，因为它们消除了识别、扣押和起诉著作权侵权者的成本，以及维护法律执行机构（如警察和法院）的成本。执行的水平及其成功与否并不取决于公众对规则的理解和内化程度，而是取决于技术的有效性。

管理信息作品使用的具有成本效益的自助技术措施削弱了这些资源的公益

性质。经典假设认为信息商品是不可排他的，假定排除非付款人不能以成本效益高的方式实现。然而，如果信息作品不再存在公益性缺陷，那么政府干预就既不必要也不可取。同样，如果DRM提供了一种有效的排除非付费者的方法，那么通过著作权管理排除非付费者可能不再是必要或合理的；也就是说，至少对于知识产权的公共物品保护途径是这样。

然而，这种分析忽略了一个关键因素——技术稳定性。对于每一项保护措施，总有一项反技术来破解保护措施。DRM的有效性需要抵抗黑客攻击。一旦DRM遭到黑客攻击，这些信息就容易被无限量复制。各国政府对这一新发展的主要反应是反规避立法，笔者在本章中专门讨论了这一问题。

看来，相对于激励性公共物品分析的经济学原理，排除技术的能力胜过复制成本的降低，因此如果认真考虑对知识产权法的经济学分析，那么，如果不是彻底废除知识产权的话，过去几十年的数字革命至少应该改变现有知识产权在范围和授予时间上的平衡。这样的变化还没有发生；相反，我们看到新的监管部门加入了这个领域，主要是反规避法。虽然这些法律可能被视为额外的执法工具，但也可能被视为事实上扩大了大量知识产权的范围。笔者将在第6.3节讨论反规避立法，但在此之前，笔者将详细阐述与新数字世界对信息经济的影响有关的其他变量。

6.2.2 数字网络与信息经济分析

排他性是一个成本问题。独占创造性作品一直是可能的，但通常情况是，独占成本大于供应的边际成本，因此，将非付款人排除在扩展资源外是没有效率的。当防止印刷厂复制或排除未经授权在广播中录制音乐的成本很高时，著作权法就专门制定了法律排他性，阻止了潜在的复制者。尽管有著作权保护，但追踪私人复制受保护作品的行为，例如从书中影印一首诗，涉及相对较高的交易成本，这种追踪并不现实。因此，著作权法和执法政策的重点是公众对作品的利用，禁止未经授权的公开演出和公开发行（尽管从技术上讲，每一次未经授权的复制都构成了对著作权的侵犯）。著作权执法工作通常针对中介机构，例如竞争出版商和未经授权的印刷商。这类中介机构负责大量复制和发行侵权复制品，相对容易被发现，对它们采取成功的法律行动很可能为原创作品争取市场。排他的成本结构对创作者的分发策略也有影响。例如，电影最初是在影院放映，而不是作为拷贝发行来购买，以确保观众购买观看电影的票，而不将拷贝转发给朋友。

排他的成本正在急剧下降。控制PDF格式文本的使用要比防止纸质版的复印容易得多。例如，Adobe Acrobat应用程序使文档生成器可以通过单击鼠

第 6 章 数字时代的知识产权——经济分析和技术治理

标来限制副本的制备或文件的注释。数字网络有助于大量分发副本,还可以通过位于通信基础设施不同连接点的自动爬虫、文件跟踪器和中央监控系统进行电子监控。数字格式的信息作品通常可以以高效的方式进行监测。自动化的自我监督选项为执法挑战提供了经济高效的解决方案。例如,YouTube 正在为著作权持有者提供一项名为"内容 ID"的服务,该服务可以自动检测未经授权使用 YouTube 服务器上受著作权保护的内容。著作权持有者提供专有内容——电视节目、视频剪辑、音乐曲目,系统为其生成指纹——内容 ID。接下来,系统自动将上传到 YouTube 的内容(或已经发布到 YouTube 的内容)与著作权所有人提供的内容 ID 相匹配。这项服务使权利持有人可以选择是否自动检测和删除这些文件——在这种情况下,YouTube 会通知用户收到了侵权通知,或者让权利持有人从这些内容中获益,接收有关其使用情况的统计数据,并收取广告的版税。

在新的数字环境中,有效和低成本的执法可以降低信息作品的价格,从而增加获取信息的机会。信息作品的价格不仅反映了信息作品在创作和营销上的巨大投入,也反映了信息作品的执法成本,以及知识产权权利人的预期损失。如果音乐出版商的预期市场由于盗版而严重受阻,那么音乐出版商很可能会提高每一本的价格,以支付他们的投入和风险。相反,如果 DRM 降低了盗版水平,著作权作品的价格应该会降低。

然而,通过代码执行并不是没有成本的——它涉及开发一项技术和保持其技术优势的成本,这样它就不会被反技术绕过。人们应该记住,DRM 并不能免于黑客攻击和破解(Hanbidge,2001;Rosenblatt,2007)。DRM 的脆弱性提出了政府干预的问题,以及法律应在多大程度上鼓励和加强 DRM 的使用作为一项政策。这一问题将在以下各节进一步讨论。

出现的另一个问题是 DRM 作为私人秩序机制的效率。DRM 是私人物品,与公法(甚至合同)不同,它不依赖任何执法机构,如法院或其他司法机构。DRM 执行是自我执行和自我实施的。传统知识产权执法的管理成本的很大一部分通常分配给所有纳税人,而 DRM 自我执行的成本通常由内容所有者承担,并随后反映在副本的价格中(Samuelson,1999,2001;Cohen,2000)。帕克(Park)和斯科奇姆(Scotchmer)(2005)认为取决于内容提供商使用的是独立的保护标准还是共享的保护标准,如果是共享的,还取决于对系统的监控。

有人建议,利用 DRM 可以促进价格歧视,或者更确切地说,将产品分割成不同的数据包,从而提高效率。DRM 使权利持有人能够为同一产品的不同用途和格式提供多种定价方案(Petrick,2004;Picker,2005)。实施 DRM 可以允许制作者根据用户希望听一首歌或整张专辑的次数、制作者希望制作的个人副本的数量、制作者希望将音乐从一个设备导出到另一个设备的频率以及是否希望简单地对音乐进行采样来收取不同的价格。例如，亚马逊即时视频（Amazon Instant Video）使用 DRM 提供视频出租或购买。从亚马逊即时视频租用视频时，DRM 仅用于一次观看。在租赁期到期后，下载供以后观看的电影将被自动删除。亚马逊还提供视频销售，可以随时在线和离线观看。同样，图书出版商可能会为图书馆量身定制新产品。图书馆采购的图书可无限期地借给读者。电子书出版商为图书馆提供了一系列更为有限的权限，在固定的签出次数后，将禁用电子书副本。

皮克尔（Picker）（2005）认为，采用 DRM 进行产品差异化，使内容生产者能够根据不同的消费者偏好定制产品和价格，并可能扩大权利持有人收回其固定成本的方式范围，以及实现更广泛的分发。然而，DRM 的一些经济效益可能会以竞争、消费者利益和创新为代价。在某种意义上，DRM 使信息生产者成为完全歧视性的垄断企业，这种垄断企业以剥夺消费者从市场交易中获得的所有附加值为代价，产生有效的均衡，从而增加了生产者的利润。我们将在第 6.4 节中进一步探讨其中的一些因素。然而，可以得出结论，DRM 改变了对信息的成本效益分析，这本应对知识产权的规范性分析产生重大影响。政策制定者似乎对解决知识产权的实质问题不感兴趣，而是出台了防止技术绕过监管的立法，下一节将对此进行阐述。

6.3 反规避法律制度

技术保护的有效性取决于它们对黑客攻击的抵御能力以及缺乏具有成本效益的规避手段。排除措施的发展经常鼓励用户使用代码破解和黑客工具的反技术。例如，Adobe Acrobat 电子书在 2001 年发布后，一个解密程序 AEBPR 就被开发了。莫斯科技术大学助理教授德米特里·斯克里亚罗夫（Dmitry Sklyarov）最初编写这个解密程序是作为他论文的实际应用。后来，他的雇主爱尔康软件公司（Elcomsoft Co. Ltd.）在其网站上发布了该程序。使用 AEBPR 程序解密的文件不再受加密保护，因此可以像任何其他数字文件一样进行复制和注释。

DRM 系统的有效性需要对黑客攻击的完全抵抗力。一旦一个 DRM 系统被黑客入侵，它所保护的信息就很容易受到无限制的复制（EFF 报告，2005）。各国政府的主要对策是反规避立法。反规避立法禁止规避保护措施。

6.3.1 法律背景

反规避立法的正式目的是为受到数字时代盗版剧增威胁的著作权所有人提

供额外保护。著作权所有人的游说者向他们的国家政府施加压力，要求加强他们的权利，导致1996年通过了WIPO版权条约（WCT）。该条约于2002年生效，此前有超过33个国家同意批准该条约（截至2010年，已有89个国家批准了该条约）。WIPO版权条约第11条和《世界知识产权组织表演和录音制品条约》第18条要求缔约国提供充分的法律保护和有效的法律补救措施，以防止作者使用的有效技术措施被规避，录音制品的表演者或制作者行使其权利，并限制未经所有者授权或法律允许的行为。条约的相关条款缺乏关键术语的定义，因此，在执行过程中，由于不同利益集团试图改变平衡，导致了许多冲突（Gasser，2006：11）。

1998年，美国颁布了DMCA，是第一个实施WIPO条约的国家。继该法之后，欧盟又颁布了关于协调信息社会版权和相关权利某些方面的指令（2001）。欧洲和美国的反规避立法历史有一些相似之处。在欧洲和美国，一个初步委员会主张必须为技术措施提供法律保护，使其免受规避。在美国，这些努力是通过1995年克林顿政府设立的知识产权工作组编写的知识产权和国家信息基础设施白皮书（NII白皮书）发起的。由于美国国内强烈反对，NII白皮书中有关规避的建议直到被纳入WIPO条约之后才在立法中实施。

同样，在欧洲，1995年出版了一份关于信息社会版权和相关权利的绿皮书［COM（95）382，1995年7月27日定稿］，但2001年才纳入欧盟版权指令（第6条和第8条）。2004年，只有8个成员国处于版权指令的待执行状态，目前所有成员国已将该指令纳入其国内法（2007年信息社会版权和相关权利某些方面的协调第2001/29/EC号指令在成员国法律中的实施和效果研究）。

6.3.1.1 保护范围

反规避条例限制了两类可依法认定的行为：非法入侵和非法交易（Nimmer，2000）。美国颁布的对第一种行为的禁令禁止规避任何DRM，以获得未经授权的著作权素材访问权，并涵盖任何类型的篡改受法律保护的控制机制［DMCA第1201（a）（1）（A）条］。无论是否侵犯著作权，都禁止规避。欧洲的做法略有不同，因为根据欧盟版权指令第6（1）条，用户必须知道或有合理的理由知道，他们的行为正在导致未经授权规避保护措施。这项规定的范围非常广泛：它适用于任何规避技术措施以获得作品机会的行为。此类行为可能包括规避技术措施，阻止对著作权作品的初始访问，甚至在最初授权给用户的时间期限或数量到期后的后续访问。禁止规避访问控制措施的禁令适用，无论作品是否真的被复制。还必须指出的是，由于信息作品由受保护的表达方式和不受保护的思想组成，两者相互交织、密不可分，数字锁必然会阻止对受著作权保护的作品的未受保护方面的访问，反规避规则也将适用于此。

反规避制度禁止的第二种行为是非法交易，即通过制造、进口、向公众提供或以其他方式提供使规避成为可能的装置来促进规避的任何行为［DMCA 第1201（a）（2）条、第1201（b）条；欧盟版权指令第6（2）条］。根据欧盟版权指令，不仅禁止制造和非法交易，而且禁止为商业目的拥有上述设备。禁止非法交易包括任何作为规避工具销售的设备或服务；主要是为规避技术措施而设计或生产的；或仅具有有限商业意义的目的或用途，而非规避保护措施的设备或服务［DMCA 第1201（a）（2）条；欧盟版权指令第6（2）(b）条］。禁止非法交易比前一种制度要宽泛得多，前一种制度规定，根据分担责任原则，侵犯著作权的促进者负有责任。在美国，这些原则载于索尼诉环球城电影公司案（*Sony v. Universal City Studios*，464 U.S. 417，1984）。在该案中，美国联邦最高法院解决了一个设备制造商的潜在责任，即索尼 Betamax 录像机，它允许未经许可复制受著作权保护的电影。根据索尼的规定，制造商将不承担任何责任，即共同侵权具有实质性的非侵权用途的分销复制设备。但是，正如美国法院所认为的，索尼的辩护不适用于 DMCA 规定的非法交易责任。因此，当被告设计产品主要是为了规避访问控制措施，有效地控制对著作权作品的访问时，被告违反了 DMCA（*RealNetworks V. DVD – CCA*，2009）。❶

同样，在欧洲，旨在规避技术保护措施的设备的流通在新制度之前受到1991年计算机程序指令的管制。它只涵盖技术措施，"唯一目的"是促进规避［1991年5月14日关于计算机程序保护的第91/250/EEC 号指令第7（1）（C）条］。根据欧盟版权指令，规避设备的定义更为宽泛。

反规避制度所提供的保护范围仍有争议。一些人认为，这项禁令应该得到广泛的解释。例如，有人建议，由于允许破解非著作权材料的规避装置也可能使破解著作权材料成为可能，因此有必要取缔所有两用设备（Koelman，2004：625–626）。然而，从经济学的角度来看，取缔两用设备涉及高昂的社会成本，即合法使用同一设备所产生的利益损失。假设足够的社会效益以额外的激励形式来自额外的反规避立法保护，则有必要确定这一社会效益是否超过与取缔合法用途有关的损失。

无论如何，正如我们将在下面阐述的那样，被取缔的反规避措施的苛刻范

---

❶ 另见 Universal City Studios, Inc. V. Corley 案，273. F. 3d429（2d Cir. 2001），其中，允许电影、电视节目和家庭视频的制作人和发行人对解密算法的发行人提起诉讼。当电影业推出 DVD 数字发行时，它使用一种基于加密的安全系统影片加密系统（CSS）对复制件进行加密，该系统旨在防止 DVD 被复制。CSS 基于安装在标准 DVD 播放器或个人电脑操作系统上的算法（需要许可证）。解密程序 DeCSS 模拟 CSS 的"密钥"，因此，即使没有授权密钥，用户也可以播放 DVD。美国法院认为，CSS 是一项技术措施，限制用户制作未经授权的 DVD 副本，因此，DeCSS 的经销商对分发规避设备负有责任。

围使 DRM 能够扩大知识产权保护的范围，并依靠反规避法律来保护其行为。因此，这些法律实际上扩大了知识产权。

6.3.1.2　例外和限制

反规避制度在广泛禁止规避的同时，还制定了一份相当狭隘的豁免清单。例如，DMCA 认为，在必要时，为了保护隐私，出于家长控制、执法和美国政府机关的国家安全目的以及在公共图书馆，为了确定是否要获取某一特定作品，DMCA 认为豁免是允许的。反规避制度的若干限制旨在允许合法的加密研究［DMCA 第 1201（g）条］、计算机安全测试［DMCA 第 1201（j）条］和逆向工程［DMCA 第 1201（f）条］。此外，DMCA 建立了一个正在进行的行政规则制定程序，由美国国会图书馆监督，授权者豁免某些类别的作品，如果反规避立法可能对用户进行非侵权使用的能力产生不利影响［美国法典第 17 编第 1201（a）（1）（B）~（E）条］。这项授权共行使了 3 次：2000 年、2003 年和 2006 年［分别是联邦公报第 64 卷第 226 号（2000）、联邦公报第 68 卷第 211 号（2003）和联邦公报第 71 卷第 227 号（2006）］。

根据 DMCA 规定的规则制定程序只对访问控制增加了一些狭隘的豁免（国会图书馆，2003 年 10 月）。这些豁免包括访问过滤软件（防病毒软件和反垃圾邮件软件除外）；规避由过时的硬件锁保护的计算机程序，这些程序仅因故障而无法访问；规避以过时格式分发并需要原始格式的计算机程序和视频游戏允许访问的硬件；以及在不允许此功能的电子书格式的文学作品中启用朗读功能所需的规避措施。2006 年 11 月，美国国会图书馆根据版权登记员的建议，宣布了 6 类作品，这些作品在 3 年内不受禁止规避访问控制［美国法典第 17 编第 1201（a）（1）条；联邦公报第 71 卷第 227 号，2006］。宣布的豁免包括，除其他事项外，学院或大学电影或媒体研究系的教育图书馆使用的视听作品，以过时的格式分发的计算机程序和电子游戏，以及规避控制无线网络连接的电话程序。

到目前为止，在解释 DMCA 的反规避规则时，美国法院认为该法案不受合理使用豁免的约束。这一规定实际上加强了对受技术措施保护的信息材料的法律保障，使内容提供商能够利用这些措施来防止在合理使用下传统上允许的使用。

在起草 2001 年欧盟版权指令（Bechtold，2004：374 - 381）期间，欧洲对反规避禁令与传统著作权限制之间关系问题的处理方式是一个激烈辩论的问题。欧盟版权指令最终采用了一种狭隘的观点：它允许成员国采取"适当措施"，以确保欧盟版权限制的受益人能够利用各自国家欧盟版权立法规定的例外或限制。然而，与 DMCA 不同，DMCA 规定了一系列（狭义的）豁免，著作权指令没有明确允许著作权限制的受益人规避（Bechtold，2006：391）。相反，欧盟版权指令要求权利持有人采取自愿措施，允许用户受益于某些版权限制（欧盟版权指令第6（4）条和第51条）。欧盟版权指令第6（4）条规定，"权利持有人采取的自愿措施，包括权利持有人与其他有关各方之间的协议"优先于任何立法行为。只有在权利人不能提供这种"自愿措施"的情况下，限制的受益人才可以采取其他手段。在优先考虑合同安排方面，欧盟版权指令使保护用户特权变得毫无意义（Bechtold，2004：374-376）。权利持有人不太可能有采取此类措施的任何动机。因此，技术保护和合同协议可以推翻欧盟版权限制（Guibault，2002；Bechtold，2004：378）。

此外，成员国只被授权在非常有限的情况下为限制提供便利。欧盟版权指令第5条列出了22项对版权的限制，成员国可将其纳入其国家版权法。然而，第6（4）条严重限制了成员国在这些例外情况下保障受益人权利的权力。它要求国家只对一些著作权限制进行干预，例如图书馆、研究人员、博物馆、医院和残障人士的复制特权。根据第6（4）条，各成员国没有义务，但有权采取措施，确保有权为私人目的复制。因此，第6（4）条削弱了对允许出于私人目的复制的著作权的限制。最后，该指令不要求成员国就其他类别提供反规避禁令的豁免，例如根据第5（1）条的规定，出于批评或审查目的引用、模仿或临时复制（Bechtold，2006：391-392）。

6.3.2 反规避立法的经济依据

支持反规避制度的经济理由有两个：一个是需要对规避提供抑制措施，另一个是需要尽量减少一些人认为的浪费性技术竞赛。

第一个理由相当简单：排除非付款人的能力对于维持创造动机至关重要；排除是通过技术手段实现的，而规避行为则会降低这种手段的效力。如果没有对禁用DRM的人进行有效的制裁，DRM基本上是无用的。在市场失灵的情况下，法律的作用是改变市场参与者的支付功能（Basu，2000）。取缔规避措施会阻碍这些技术的发展；即使法律不能完全阻止这些技术的出现，禁止规避措施也会使它们的发展面临更高的黑客风险，并且会更昂贵。结果是，反规避立法可能会对规避技术的投资产生遇冷的效果。此外，如果规避措施不能被广泛使用，最终用户规避著作权保护措施将变得更加困难和昂贵。有人认为，政府干预是减少规避行为的必要手段。因此，法律应禁止制造任何主要用于规避保护著作权的技术措施的技术。

这一基本原理反映在欧盟版权指令第47条中：

第6章 数字时代的知识产权——经济分析和技术治理

技术发展将允许权利持有人利用旨在防止或限制任何版权、与版权有关的权利或数据库中的一般权利的权利持有人未授权的行为的技术措施。然而，存在这样的危险，即可能进行非法活动，以便能够或使这些措施提供的规避技术保护更便利。为了避免可能妨碍内部市场运作的支离破碎的法律方法，有必要提供协调一致的法律保护，防止规避有效的技术措施，防止为此目的提供装置、产品或服务。

禁止制造和分销规避措施的第二个理由是希望制止排除工具与其反技术之间的技术竞赛。一些经济学家认为，制定规避措施是一种经济浪费。他们认为，这样的竞争可能会转移原本可以投资于更具生产力方向的资金（Dam，1998）。

这两种理论都反映了当前经济框架对动态信息环境复杂性的限制。第一，这种方法假定，仅仅有技术措施就必然使其使用在社会上是可取的。例如，丹（Dam）认为，允许人们用自己的方式保护他们创造的东西通常是社会最优的，因为法律没有提供更便宜、更有效的补救办法（Dam，1999：397）。因此，他认为，自助方法的使用不应受到限制。如果一个人辛苦地准备了一个电话簿，其应该有权用自己的方法来保护它。如果有人入侵或规避这些方法，丹认为，她进行了"盗窃"，国家应取缔这种行为。然而，这一论点未能区分私人秩序、对自助手段的依赖和公共秩序，即国家的保护。DRM 的情况类似于私人秩序，但实际上依存于公共秩序。DRM 本身并不一定是有效的排除手段，因为它们的有效性涉及在防止黑客攻击方面的持续投资。要确定这些手段是否具有成本效益，就必须考虑开发一项技术和保持其技术优势的成本，这样它就不会被反技术绕过。将自助手段转化为有效的排除措施是政府通过反规避立法进行干预。

第二，当前的经济框架未能承认这种技术竞赛的动态性。开发技术和反技术的动力可能会助长技术竞赛，并可能最终有助于排除工具以及其他技术的进一步创新和完善。换言之，技术排除工具之间的竞争对规避工具的贡献可能会导致其他领域的技术进步，从而有利于全面创新、进步和集体福利。笔者将在下文第6.5节对此作进一步阐述。

第三，鉴于开发技术措施和反技术的这种动态性质，管理规避措施可被视为成本分配。由于涉及法律风险，禁止制定规避措施会增加生产成本。此外，对规避技术的禁令将使保持新技术的成本从著作权所有人转移到其他方。鉴于保护性技术和颠覆性技术的辩证性质，这一代价可能是巨大的。因此，反规避制度降低了著作权所有人的成本，不再需要不断更新和改进其保护措施，以保持其对黑客攻击的有效性。相反，著作权所有人可以依靠法律制度来执行他们的技术标准，并确保他们免受任何规避。从这个意义上说，反规避立法为著作权所有人提供了一种救济，使他们能够通过使用 DRM 来保持著作权材料的排他性。如果没有这种救济，使用所谓的"自助"手段是不够的，但是这是有争议的。尽管救济可以用来激励企业采取行动，从而产生社会效益（Truett 和 Truett，1982），但在某些情况下，正如下一节将说明的那样，这种安排可能导致市场扭曲。一般来说，传统的法律经济分析认为技术是外生于市场的。一旦技术被视为市场的一个组成部分，就应该考虑到任何干预对技术发展的影响以及可能获得的技术类型（Elkin-Koren 和 Salzberger，2004：998-1101）。

第四，所提供的支持反规避法律的经济分析假设当前的大量知识产权是有效的，而正如上面所解释的，新的技术能力应该对知识产权平衡产生影响（除非采用专利模式，该模式预先假定知识创造是一种自然的财产客体）。换言之，目前的知识产权平衡不能被视为在分析预期的反规避立法中是一个外生变量。

最后，如果 DRM 允许对不受知识产权保护的材料进行限制，根据广义的解释，反规避立法将禁止其使用这类设备，或者间接地因为技术手段无法区分合法和非合法的使用，反规避立法改变了知识产权的实质，即知识产权被认为是有效的。

这些批评观点可以简化为：强大的知识产权制度（如果技术能够实现有效的排除，那么这种制度就没有正当性）与反规避立法（旨在实现这种效力）的结合，两者都得到了法经济学分析的认可，不能同时具有正当性。

6.3.3 技术控制的性质

反规避立法是否有助于 DRM 形成一种新型的知识产权？它们是在取代传统的知识产权，还是只是补充公共秩序规定的权利，加强权利人的自助执法能力？研究这一问题的一个方法是考虑为获取访问作品的目的规避的禁令法律效力。在这种观点下，反规避法律可能会禁止访问非著作权材料，从而扩大权利，在已经授予著作权所有人的一系列权利中增加一项新的财产权，即访问权（Ginsburg，1999：140-144）。如果是这样，技术措施可以为权利持有人提供无限的保护和控制。对于著作权所有人来说，只要采取技术保护措施来取缔任何规避行为就足够了，从而获得对受著作权保护的材料以及任何混合的非著作权信息材料的使用的无限控制。

或者，有人争辩说，反规避规则不应解释为界定一项新的财产权，而应仅仅是为执行现有权利提供额外手段。根据这种观点，这些规则旨在加强著作权的执行，而不是改变财产制度（Hollaar，2002）。美国多家法院在 Corley and Chamberlain Group，Inc. V. Skylink Techs.，Inc. ［381F. 3d 1178（Fed. Cir. 2004）］等案件中表达了这种方法。从它们的角度来看，权利是由著作权法（公共法律）界定的，而规避禁令（公共法律执行私人管理）的范围仅限于执行著作权所需的范围。

从经济学的角度来看，反规避立法标志着政府在处理公共利益失灵问题上的不同态度。通常，政府干预的形式要么是直接提供商品（即国家安全、空间和人类基因组研究），要么是通过转让由国家强制执行的知识产权来获得投资于公共物品生产的激励措施。禁止制造规避技术使政府干预更进一步。在这方面，政府既不需要提供公共物品，也不需要建立法律手段，以便于利润最大化的公司能够进行生产。中央干预为信息提供者单方面定义的信息访问限制授予特权地位。事实上，限制信息作品使用的不是法律规则，而是加密和其他保护技术的可用性。如果开发和分发规避技术是合法的，市场效应可能会削弱内容所有者的能力。相反，一项防止规避措施开发的规则赋予自创监管措施特权地位。一方面，它加强了权利持有人行使自助的能力，基本上使这些措施免于规避。另一方面，它限制了最终用户实施各自自助措施的能力，这一行为可能对保障他们的权益至关重要。为了规范自助措施的实施，反规避立法直接涉及新技术的开发和使用。这种类型的中央干预调节技术发展，即直接干扰竞争和创新。反规避立法的这些后果是以下各节的重点。

6.4 售后控制和消费者保护

DRM 对涉及信息作品交易的本质有着广泛的影响。这些最初旨在防止侵权复制的技术措施，不仅增强了排他性，而且将内容的功能限制在提供者预先定义的一组允许的用途内（Bomsel 和 Geffroy，2005b：16）。DRM 的使用使得内容提供者能够在作品被分发给公众之后很长时间内控制作品的使用。例如，一个计算机程序可以简单地禁止创建未经授权的副本，或者在每次生成新副本时都需要一个代码。每次用户登录互联网，程序都会发送一个特殊的文件，通知软件供应商这些材料是在哪个硬件上使用的，以及如何使用的。

售后控制可以通过几种方式进行。实现控制的一种方法是通过副本本身。例如，Adobe Pdf 允许文件分发者阻止文件的某些使用，例如保存和打印。Adobe eBooks 平台有助于控制访问限制，允许在有限的时间内访问存储的信息，之后文件将"过期"。区码限制防止使用在区域外购买的 CD。另一种实现控制的方法是通过能够访问内容的平台或设备。

DRM 从几个方面重新定义了信息作品的权利人和使用者之间的关系。第一，它们在著作权所有人和消费者之间建立了一种持续的关系，允许内容提供者随着时间的推移控制访问权，并间歇性地更改内容授权要求。权利持有人也可能偶尔更改访问平台所包含内容的条款。例如，苹果公司保留随时改变消费者如何使用在 iTunes 音乐商店购买的音乐的权利。目前，在 iTunes 上购买的歌曲可以下载到电脑上，也可以传送到 iPod 上，或者刻录到 CD 上。然而，例如在 2004 年 4 月，苹果决定修改 DRM，这样消费者就不能再复制播放列表 10 次，而只能复制 7 次。那些在 2004 年 4 月之前就已经投资创建了一个音乐收藏的消费者对这一具有追溯力的变化几乎无能为力。

DRM 使在线零售商能够远程控制已购买内容的使用。奥威尔《1984》(*Nineteen Eighty - Four*) 的传奇故事就是消费者对电子书缺乏控制的一个显著例子，亚马逊网站由于著作权问题，从 Kindle 上远程删除了乔治·奥威尔的书《1984》。在公众的强烈抗议之后，亚马逊网站道歉，后来与集体诉讼达成和解，即远程删除购买的图书副本，违反了其服务条款。

第二，DRM 促进了内容分发者和单个用户之间的直接关系。虽然购买图书或 CD 通常是匿名的，不需要消费者表明自己的身份，但在线购买往往涉及身份。当音乐或应用程序被下载到智能手机或电子书被下载到 Kindle 时，情况就是这样。内容提供者可以进一步收集和保留有关消费者及其习惯的详细信息。例如，关于购买习惯的信息被亚马逊网站使用来加强其创新的推荐系统，该系统根据特定消费者的偏好定制促销策略。电子书可以很容易地跟踪数据，从而监控读者的习惯和喜好的细节：他喜欢读什么，多久读一次，读多长时间，什么时候读。电子书供应商还可以跟踪读者添加的高亮显示段落和注释相关的信息。这在过去都是个人的隐私，现在这种阅读体验变成了公共知识。这种转变不仅是对隐私的威胁，也是对言论自由的威胁，因为意识到这种监督可能会让人产生寒蝉效应。

许多 DRM 允许权利持有人监控和跟踪其数字内容的使用，从而产生关于智力偏好和消费习惯的新信息（Cohen，2003）。为了保护内容的安全，著作权持有者采用技术手段限制授权消费者对其作品的访问权，使用不同的方法识别用户并验证其身份。这个过程经常暴露消费者的个人信息，或者至少提供了一些工具，当与其他数据库匹配时，这些工具可能导致个人信息的泄露。此外，为了享受"首次销售"原则赋予著作权持有人的特权，用户必须向买方提供用户名和密码。

法律没有提供多少工具来限制 DRM 对言论自由和隐私等基本权利的侵犯。美国法律对消费者数据隐私的保护非常有限。DMCA 允许消费者规避收集或传

第 6 章 数字时代的知识产权——经济分析和技术治理

播个人身份信息的技术措施（DMCA 第 1201（i）条）。在没有可用设备的情况下，同样的例外也不适用于这种规避设备的制造商，这种豁免只会让技术熟练的消费者受益，因此不能被视为对隐私侵权的有意义的补救措施。

在欧洲，个人信息的保护受欧盟个人数据保护指令（1995）的管辖。欧盟版权指令第 57 条规定，技术措施应根据个人数据指令纳入隐私保护措施，该指令将个人数据的收集和处理限制在特定合法目的所需的范围内，并基于合法理由（欧盟个人数据保护指令第 6（1）（b）条），并且前提是数据主体明确同意（欧盟个人数据保护指令第 7（a）条）。因此，在欧洲制度下，权利持有人只有在对 DRM 的操作有必要时，并且在向消费者解释了处理此类数据的目的并获得他们的同意后，才可以收集和处理个人数据。然而，即使原则上存在保护，如果没有技术上的反规避工具，消费者甚至无法发现自己的权利受到侵犯。

第三个方面涉及消费者权利，特别是权利持有人通过 DRM 进行的持续控制可以对远远超出传统知识产权法所赋予的权利和保护的领域进行管理。如上所述，DRM 通常会对电子书在特定设备上的使用设置限制，或者禁用将内容转换为不同格式的选项，这些活动仅因售后控制而可用。

有人提出，售后控制妨碍了消费者的权利，因此需要政府以隐私法和消费者保护法的形式进行干预。这类法律将保障购买副本的消费者有权在其拥有的每台播放器上使用该副本，也有权将其副本供个人使用，以便他可以在电脑上观看电影，或在便携式播放器上收听音乐曲目（Helberger，2004）。例如，这一观点反映在美国联邦巡回上诉法院的 *Chamberlain* 判决中，该法院驳回了一家车库门开启器（GDO）制造商关于通用遥控开启器侵犯其在 DMCA 下权利的主张（*Chamberlain Group Inc.*，381 F. 3d 1178）。美国法院指出，消费者在购买了原告的 GDO 系统后，有权使用嵌入其中的受著作权保护的软件。同样，法国上诉法院将私人复制 DVD 的问题视为消费者保护法的一个方面，认为消费者有合理的期望复制他们购买的供其私人使用的 DVD（Helberger，2005）。从严格的法律角度来看，问题是应该在多大程度上允许 DRM（以及其他类型的私人监管，如最终用户许可协议）干扰购买副本的消费者的法定权利。

虽然消费者保护原则在解决这类问题时往往是有用的，但它也有一些缺点。一开始，根据消费者保护法援引的索赔的性质是限制性的，因为法律本身提供了一个有限的框架，用于概念化 DRM 对信息消费者造成的损害，以及定义后者相对于著作权所有人的权利范围。目前，消费者保护法为信息商品的消费者提供的补救措施相对有限，主要是试图通过知情同意来弥补缺陷，从而往往将消费者的利益置于通知问题之下（Elkin‑Koren，2007）。

消费者保护法的经济分析涵盖了各种理论，这些理论假设信息失效、不对称和垄断使用导致的能力差异（van den Bergh, 2003; Haupt, 2003）。一方面，在目前的框架下，政府干预仅限于确保充分的信息，而对缺乏信息的补救措施往往是施加披露义务。另一方面，如果市场产生了必要的信息，就没有必要以强制披露的形式进行干预。此外，如果消费者得到适当的通知，就不需要政府在保护消费者的基础上进行干预。

然而，信息环境中的消费者会受到信息溢出的影响。信息的扩散使得提取和关注特定决策过程所需的信息成本高昂。大卫·申克（David Shenk）（1997）提出的术语"数据烟雾"（Data Smog）描述了信息过载下的人类体验。对于许多用户来说，庞大的信息量是压倒性的。而不是优化他们的表现，它削弱了他们作出决定和采取行动的能力（Simon, 1971: 40 - 41）。在这种情况下，没有理由期望充分披露 DRM 系统中侵犯隐私的行为就足以建立一个正常运作的市场。如果消费者没有意识到 DRM 系统中的隐私侵犯，他们就不会对隐私友好的系统产生需求。

竞争减弱的一些后果是消费者选择范围的缩小和消费能力的削弱。因此，人们越来越关注信息商品市场中消费者的权利和保护消费者的必要性（Schaub, 2005）。从经济学的角度来看，消费者的议价能力及其累积消费行为的信号传递能力，必须通过需求的变化来保证。然而，消费者的选择取决于竞争的程度。下一节将进一步讨论 DRM 对竞争的影响。

6.5　DRM 和竞争

反规避立法的初衷是为著作权所有人提供额外保护，以应对日益增长的数字盗版威胁。如果不能完全防止盗版，为了减少盗版，新制度试图阻止无休止的免费副本的产生，这种副本将取代市场上的授权副本。在首次通过反规避立法时，它引起了人们的严重关切，即法律制度可能扩大著作权所有人的市场力量，并可能利用 DRM 制度来减少竞争和提高集中度（Samuelson, 1999; Koelman, 2004: 626）。事实上，DRM 越来越多地被用于战略优势。DRM 使权利持有人能够通过技术上不可能转售使用过的副本来控制下游分销。例如，一个系统可以被设计成在程序被卸载后禁止重新安装，或者要求硬件和软件序列号匹配。

DRM 还用于防止开发需要互操作性的补充产品，因此，由于无法将内容从一个设备传输到另一个设备，消费者发现自己与特定的硬件设备绑定在一起。反规避制度的后果已经超出了所宣布的立法意图。此外，越来越多的商品采用软件来控制它们的功能和与其他系统（从照相机和媒体播放器到手表、汽车和微波炉）的接口。因此，反规避制度越来越被行业视为麻烦，并日益受到决策者的关注。

6.5.1 互操作性的优点

反规避制度的一个主要关注点是其基于反竞争的目的。事实上，DRM 已经被用来创建与其他平台、内容和产品不兼容的平台、内容和产品。系统之间的互操作性是指它们能够协同工作并直接交换信息。它能够将内容从一个平台转移到另一个平台，并与在另一个平台上获取的信息进行交互，或者将来自不同来源的几种类型的内容合并在一起。互操作性可以直接影响创造力和创新。它可以通过使用不同的资源来试验和交互不同的系统，并创建新的内容。

为了保证竞争，需要能够将在一个平台上获取或生成的数据和内容传输到另一个平台上。在缺乏这种可转移性的情况下，内容用户很可能被锁定在一个平台上，从而削弱平台提供商之间的竞争。因此，互操作性可能会影响竞争水平，从而影响访问受著作权保护的材料的价格。竞争平台之间的互操作性可能允许最终用户在不同品牌技术之间进行切换，并鼓励供应商为质量和价格展开竞争。例如，索尼可以通过阻止竞争对手开发与其游戏机兼容的游戏，在为其索尼 PlayStation 视频游戏机开发的游戏市场上取得排他性。因此，索尼可以消除在这个特定市场的竞争，并获得能力决定价格的 PlayStation 游戏。这将使索尼能够以低价出售游戏机，同时进一步提高其在视频游戏市场的市场份额。

在缺乏竞争的情况下，内容最终可能会过于昂贵，因为只能向有限的一部分消费者提供。但是，内容市场的竞争可能会产生其他重要的影响，而不仅仅是信息作品的价格。向数字内容的转变影响到获得知识的机会，并可能对隐私、言论自由、政治自由、研究和发展产生深远影响。竞争不仅是通过增加内容数量和以合理价格提供内容来促进这方面进步的最佳途径，也是在数字环境中保障人权和言论自由的最佳途径。

限制互操作性的能力可能进一步使权利持有人能够利用其在受著作权保护内容市场上的垄断地位，将其转变为平台、产品和服务市场上的垄断地位。如果 DRM 仅与单个供应商生产的系统兼容，且与其他系统不兼容，则权利持有人可以将其控制权从作品市场扩展到衍生品和其他产品市场，从而提高其总体市场占有率。例如，苹果的音乐商店 iTunes 和苹果的音乐播放器 iPod。通过使用（FairPlay），苹果阻止用户在其他公司的音乐播放器上播放从 iTunes 商店购买的音乐，也阻止 iPod 的购买者播放从其他音乐商店购买的音乐。因此，苹果被指控利用其市场力量从一个市场进入另一个市场。

此外，通过 DRM 控制互操作性甚至可能允许供应商干扰独立的衍生品和替代品市场。这种干预可能成为一种普遍现象，不仅在信息材料市场上，而且在其他消费品市场上也是如此。毕竟，从汽车到手表，许多消费品中嵌入的计算机程序都是受著作权保护的材料。兼容性可以由一个计算机程序集来控制，该程序集允许与授权产品的连接，并防止与其他产品的连接。例如，打印机制造商 Lexmark 在打印机和碳粉盒之间安装了一种"身份验证"机制。Static Control 公司对认证过程进行了逆向工程，并开发了一种模拟打印机和碳粉盒之间"握手"的芯片，从而使公司能够重新填充和制造与 Lexmark 打印机兼容的碳粉盒。美国法院驳回了 Lexmark 针对 StaticControl 提起的诉讼，认为没有侵犯著作权或违反反规避禁令。通过对法律的狭义解释，美国法院认为 Lexmark 采用的认证顺序并没有"有效控制"对受著作权保护的材料的访问（*Lexmark Int'l Inc. v. Static Control Components*, 387 F.3d 522, 6th Cir. 2004）。美国法院决定驳回类似诉讼的另一个案例是车库门开启器案，即 *Chamberlain* 案，笔者在第 6.4 节中对此进行了详细阐述。事实上，在 *Chamberlain* 案中美国联邦巡回上诉法院警告不要对 DRM/DMCA 禁令进行宽泛的解释，即：

……将允许任何产品的制造商在其产品中添加一个受著作权保护的句子或软件片段，将著作权材料包装在一个微不足道的"加密"方案中，从而获得限制消费者将其产品与竞争产品结合使用的权利。换言之，Chamberlain 对 DMCA 的建设将允许几乎任何公司试图利用其销售进入售后市场垄断的这种做法，无论是反垄断法……还是著作权滥用理论……通常禁止。

(*Chamberlain*, 381 F.3d, 1178 – 1201)

当技术措施控制了普通消费设备的兼容性时，法院愿意狭隘地适用 DMCA，但在涉及网络游戏、DVD 和音乐播放器的其他类似情况下，法院实际上对禁止反规避适用了更广泛的解释，下文将进一步讨论。

6.5.2 互操作性的法律障碍：新的知识产权制度

当 DRM 被用来防止互操作性时，它们有两个目的：一是确保受著作权保护的资源仅在著作权所有人授权的情况下使用；二是验证受保护的内容可仅在选定的平台上使用。正是后一个目的可能威胁到竞争。当 DRM 被用于将平台、内容和产品联系在一起时，它们作为技术标准发挥作用，在反规避机制下享有特殊的防范规避机制。DRM 可能会阻碍采用共享的互操作性标准，而这些标准可能会在其他方面促进竞争。确保与竞争产品和服务的互操作性有助于限制

第6章 数字时代的知识产权——经济分析和技术治理

在内容市场享有排他性的知识产权所有者的市场力量。内容、平台和产品的互操作性可能会给市场带来新的竞争者,从而防止将内容市场的垄断变成平台和产品市场的垄断。在过去,竞争对手可以通过从事逆向工程来绕过兼容性障碍。然而,反规避立法使这种企图成为非法。

一般来说,逆向工程是指通过将计算机程序或任何其他设备拆开来分析其工作原理的过程。这个过程可以揭示产品的组成部分,以及它们的功能。计算机程序是逆向工程的主要主题,因为它们以"目标代码"的形式发布,而"源代码"则作为商业秘密受到保护。软件逆向工程将程序的目标代码,即由发送到逻辑处理器的数字0和1组成的字符串组成的机器代码,逆向转换为源代码,源代码是人类可读的语言,软件是用这种语言编写的,内部代码是用这种语言编写的,根据它可以推导出程序的设计。计算机程序的逆向工程对于促进兼容性是必不可少的,但它通常需要复制原始工作的重要部分。除非获得法律的豁免,否则未经授权的复本的生产可能构成侵犯著作权。

从政策上讲,免除逆向工程的责任具有重要的优势。正如萨缪尔森和斯科奇姆(2002)所建议的那样,允许在传统制造的产品中进行逆向工程在经济上是合理的政策,因为逆向工程只获取了产品中体现的一些专有技术。举例来说,逆向工程可以揭示零件的外观,或其组成物质是什么;然而,它不会揭示如何制造产品,这使得这一事实成为商业秘密。此外,由于逆向工程成本高、耗时长,它会造成延迟,从而使第一个进入者能够获得提前优势,并使他能够收回最初的研发投资。相比之下,在基于信息的产品中,缺少隐藏的信息意味着,如果一个人知道一个产品是如何运作的,那么他就知道如何制造它。然而,逆向工程仍然非常耗时,成本高昂,使得它成为开发竞争产品的低效手段,特别是在计算机程序方面。

逆向工程可以进一步鼓励创新活动,允许开发人员从他们的竞争对手已经取得的成果中学习并在此基础上发展。它还通过开发补充产品促进新的市场准入。了解计算机程序的功能对于建立与市场上其他产品和服务的兼容性至关重要。此外,逆向工程鼓励开发人员引入具有竞争力的产品和服务。

法律反映了这些根本原因。在美国,用于实现互操作性的反向工程被认为是不需要著作权所有人许可的合理使用 [*Sega Enters. Ltd. v. Accolade, Inc.*, 977 F. 2d 1510 (9th Cir. 1992); *Sony Computer Entertainment v. Connectix Corp.*, 203 F. 3d 596 (9th Cir. 2000)]。欧洲也有类似的法律。然而,反规避制度禁止逆向工程制度允许的利用类型。例如,一旦一个计算机程序被加密,任何试图解密它的行为都构成了规避。反规避制度中的一些限制旨在允许逆向工程,包括合法加密研究 [DMCA第1201(g)条]、计算机安全测试 [DMCA第1201

(j)条]和其他有限的逆向工程［DMCA 第 1201（f）条]。但这些豁免条款的起草范围很窄，不包括潜在有效利用的范围。例如，只有在实现互操作性的必要条件下才允许逆向工程，并且仅用于此目的［DMCA 第 1201（f）（1）条]。

根据 DMCA，通过逆向工程获得的信息只能透露给其他人，用于与获得信息相同的目的，即，实现计算机程序之间的互操作性［DMCA 第 1201（f）（3）条]。美国法院也对 DMCA 下的逆向工程例外作了狭义解释。例如，在 Universal City Studios, Inc. v. Reimerdes 案中，被告声称，为了实现 DVD 和 Linux 操作系统之间的互操作性，DeCSS 规避 CSS DVD 加密是必要的，因此构成了在另一个平台上合法使用合法购买的 DVD［111 F. Supp. 2d 294（S. D. N. Y. 2000）]。法院驳回了反向工程抗辩，认为通过反向工程规避和获取信息的权利仅适用于为实现互操作性目的的传播，不适用于规避手段的公开传播。

2005 年，美国联邦第八巡回上诉法院进一步缩小了 Davidson & Associates v. Jung 案［422 F. 3d 630（8th Cir.，2005）] 中逆向工程例外的范围。在该案中，原告开发了一款电脑游戏"暴雪"，带有一个可选的在线多人游戏平台"Battle. net"模式，需要密码（打印在标签上并附在产品包装上的 CD 密钥）。被告因提供一个非商业性的在线游戏网站，允许用户在没有密码的情况下玩游戏而承担责任。美国法院认为，反向工程原创有著作权的"暴雪"游戏，以模仿"Battle. net"，违反了明确禁止逆向工程的最终用户许可协议。此外，美国法院认为被告的替代服务器（bnetd. org）规避暴雪的技术措施控制访问原来的多玩家的在线网站（"Battle. net"）。根据 DMCA 第 1201（a）（2）条，对"规避"一词的这种解释被批评为过于宽泛（Zimmerman，2006），特别是考虑到第 1201（f）条下的反向工程辩护并不能免除在该案中的使用。

如前所述，2006 年，美国国会图书馆制定了 6 项新的豁免条例，禁止规避 DRM 系统。其中一项豁免适用于规避用于使无线电话手持设备连接到无线电话通信网络的计算机程序。在这项裁决之前，手机所有人为了切换到另一个无线运营商而规避这类程序被认为是非法的。新的豁免允许"解锁"手机，以实现与任何无线网络的兼容性。

欧洲法律规定的情况稍微复杂一些。欧盟版权指令第 6 条不适用于计算机程序，因为软件已经包含在欧盟软件指令（欧盟版权指令序言 50）第 7（1）（c）条中。根据软件指令，逆向工程的权利是安全的。例如，软件指令第 5（3）条允许逆向工程来研究程序背后的基本思想和原则。程序副本的合法所有者可以"观察、研究或测试程序的功能，以确定构成程序任何要素的思想和原则"（软件指令第 5（3）条）。根据第 6 条规定，反编译是允许用于实现互操作性，但禁止将逆向工程过程中获得的信息用于实现独立创建的计算机程序互操作性以外的目的（软件指令第6（2）条）。第6（2）（c）条允许对新程序的开发进行反向工程，但条件是新程序的表达方式与原程序没有实质性的相似，并且不涉及侵犯著作权。

6.5.3 信息市场的互操作性和竞争

要理解 DRM 在信息产品市场形成竞争中的作用，就需要注意受知识产权支配的市场的鲜明特征以及知识产权政策与竞争之间的相互作用。显然，当 DRM 被用来保护受著作权保护的内容的市场时，干扰竞争就有了更有力的经济理由。当电影业试图保护 DVD 免受未经授权的复制时，反规避禁令的合法化可能是可取的，这与获得投资于未来创作的激励的理由直接相关。垄断和由此导致的竞争下降被认为是知识产权法设计的一揽子计划的一部分，因此在其前提下是合理的。相比之下，当 Lexmark 试图使用 DRM 来控制碳粉盒市场时，没有理由通过法律干预来促进 Lexmark 取得主导地位的尝试。竞争政策将使这种结果变得不可取。

但同时，由于内容市场不是自由市场，而是建立在知识产权垄断的基础上，因此知识产权市场的竞争风险更大。尽管消费类设备的许多市场可能是竞争性的，但著作权所有人享有排他性，在某些情况下，如果作品没有完美的替代品，著作权所有人可能会垄断。因此，与合法豁免数字著作权管理相关的竞争风险更大。

例如，考虑一下新兴的电子书市场。从技术上讲，电子书的访问是由 DRM 或阅读设备控制的，这样就可以控制与数字副本相关的各种问题：谁可以使用它、用户可以用它做什么以及用户收集了什么数据。因此，电子书和电子书阅读器不仅要在价格上展开竞争，还要在连接性、功能、隐私和使用限制等方面展开竞争。在缺乏竞争的情况下，电子书可能变得过于昂贵，限制了对特定设备或格式的使用，并可能限制了消费者可用的使用类型。电子书市场的竞争应该促进电子书和应用程序的多样性，使开发者和自行出版的作者能够以公平的条件分发他们的内容。竞争应进一步使在线中介机构（如在线零售商、搜索引擎和社交网络）能够为图书提供附加值并开发补充服务（Elkin－Koren，2011）。

电子书市场由4个层次组成：硬件、软件、发行和内容。与纸质书相反，电子书需要阅读设备，因此需要一层硬件和软件。这些硬件——无论是平板电脑和智能手机等多用途设备，还是 Kindle 等电子书阅读器——都必须与电子书格式兼容。硬件和软件的结合将影响电子书的功能以及用户能用它做什么：他们能否传送电子书,他们能否在不受监控的情况下私下阅读,他们能否复制、打印或收听电子书。由于需要使用兼容的硬件和软件,电子书很容易被技术标准所束缚。

电子书市场的竞争水平将取决于供应商将内容、应用程序和硬件结合使用的能力。在发行层面,各种在线中介机构为电子书的获取提供了便利。例如,亚马逊网站和苹果,谷歌等搜索引擎,互联网服务提供商和社交网络。这些新的电子书网关结合了对内容的控制和收集用户个人数据的强大功能。强大的网络效应为在全球范围内吸引最多用户流量的大型中介提供了优势。规模经济、大规模风险敞口成本上升以及跨国经营的需要进一步减少了竞争,并导致少数大型平台占据主导地位(OECD 报告,2007)。因此,在线中介机构可能会对未来信息市场的竞争性和开放性提出严重的担忧。

在内容层面,具有新的搜索和超链接功能的数字图书在与其他图书链接时变得更有价值。一些基于提供附加值的商业模式,例如搜索功能或共享评论的功能,也可能利用对大量图书的访问。电子书供应商可以通过提供全面的数字图书收藏获得强大的竞争优势。对阅读设备的日益依赖,新的中介机构的崛起,以及综合性图书收藏价值的增加,可能会影响电子书市场的竞争。综上所述,电子书的这些特点可能将经济和文化控制权集中在少数主导者手中。

图书著作权可以使出版商在各个层面上塑造电子书市场。例如,亚马逊网站的 Kindle 于 2007 年首次发布。为了创造对电子阅读器的需求,亚马逊网站必须提供数字格式的图书。为了进一步刺激需求,亚马逊网站试图打折出售电子书。因此,该公司以 12~13 美元的价格从出版商手中购买了 Kindle 上的电子书,并以 9.99 美元的价格向消费者出售,为了获得 Kindle 的市场份额而蒙受损失。当苹果在 2010 年 1 月推出 iPad 时,人们预计,随着竞争的加剧,iPad 的价格也会有所下降。事实上,iPad 的发布以及来自 Barnes & Noble、Borders 和索尼的竞争压低了电子书阅读器的价格。但 iPad 的推出只是提高了电子书的价格。

苹果的电子书售价为 14.99 美元。原因是著作权。这些拥有绝大多数图书著作权的出版商拒绝授权电子书给亚马逊网站,除非苹果公司遵守更高的零售价。出版商们认为,电子书的低价可能会减少纸质书的销量,也可能会降低图书的声誉。作为回应,亚马逊网站发布公告呼吁消费者抵制电子书和出版商,固定价格。

在这场电子书价格战中,著作权被用来捆绑内容和硬件,损害了消费者的福利。正是这种锁定使得 iTunes 在音乐发行市场占据了主导地位。只要著作权人能够阻止他们的书以电子书的形式出版,市场上的竞争就会受到限制。著作权持有人可能会进一步影响电子书阅读器的设计及其功能。例如，美国作者协会反对亚马逊网站在 kindle2 中允许用户在朗读文本时听文本。它认为这一特征构成了对著作权的侵犯。最终，亚马逊网站被迫让作者和出版商选择是否启用该功能。

另一个例子是在视频游戏市场上使用 DRM，表明知识产权和 DRM 的结合可能会扼杀竞争，导致低效的结果。索尼 PlayStation 的案例尤其具有说明性。索尼和任天堂、微软等其他 DVD 和视频游戏供应商一样，使用区域码表示全球授权发行和播放的地区。DVD 视频播放器的设计通常都符合这样的区域码，一个地区的消费者只能播放包含其区域码的光盘。对于个人计算机（PC），定义被合并到操作系统中。这种分销模式允许电影业和游戏制造商分别按地区控制其电影和游戏的分销。电影和游戏可能在不同的地区和不同的时间发行。更重要的是，这种分销模式能够在区域市场之间实现差别定价。然而，对于消费者来说，这种模式可能会带来负担。有人认为，区域码系统干扰了消费者的期望。一个游客在百视达（Blockbuster）以全价租下一部电影，他希望能在自己的便携式电脑上播放，即使电脑是为不同的地区编码的。同样，在国外购买游戏和 DVD 的游客也希望能够在国内玩游戏和 DVD。因此，区域码中断了货物和服务的自由流动，阻止了平行进口。

这种商业模式的稳定性取决于是否有能力防止软件和设备的制造和分销，这些软件和设备允许用户绕过区域码，在其地区之外播放 DVD 或视频游戏。只要消费者不能播放在其地区以外购买的进口 DVD 或游戏，分销商就可以阻止国际市场的真正竞争，并为每个地区确定价格。然而，许多 DVD 播放机都配备了多个系统——它们可以自动识别区域码并启用用户播放所有地区的 DVD。还有一些代码和计算机程序允许用户覆盖个人电脑和视频游戏机中的区域码。

因此，著作权对于确保这一业务战略至关重要。索尼曾多次成功起诉允许用户绕过区域码的设备分销商。例如，在 *Sony v. GameMasters* 案 [87 F. Supp. 2d 976（N. D. Cal. 1999）]，法院裁定，允许用户玩进口游戏的游戏增强程序违反了 DMCA，这些游戏是为日本或欧洲的 PlayStation 游戏机设计的。法院认为，该设备"绕过了 PlayStation 控制台上的机制，该机制确保只有从授权 CD–ROM 读取加密数据时，控制台才能运行"（同上：987）。

最近，索尼在澳大利亚对"改进芯片"制造商提起诉讼，后者允许索尼 PlayStation 的用户玩家在不同地区购买的游戏。澳大利亚高等法院对盗版游戏和使用改进芯片玩正版游戏进行了区分：虽然制作盗版游戏被认定为非法，但使用改进芯片玩游戏却不合法。澳大利亚高等法院认为，区域码有意降低全球市场竞争，限制消费者的权利［Stevens v. Kabushiki Kaisha Sony Computer Entertainment, 79 ALJR 1850 (2005)］。然而，改进芯片设备在其他国家被认为是非法的。例如，英国高等法院裁定，改进芯片设备被用来制作侵犯著作权材料的复制品，因此是非法的（Ball, E. C. D. R. 33）。

6.5.4 市场能否自行解决问题？

前面的章节描述了 DRM 如何以反竞争的方式使用。决策者面临的问题是，这些用途是否会对市场无法解决的竞争构成威胁？换言之，经济学家可能会预测，消费者将调整他们对平台和内容可用性的预期，目前的状况将最终影响对平台和内容的需求，并将导致更有效地购买媒体内容（Grimmelmann, 2005）。

在回答这个问题时，可以考虑几个因素。一个因素是锁定。使用 iPod 的 iTunes 音乐用户将依赖于苹果支持的 DRM。对于一个投资于设备和音乐选择的消费者来说，转换音乐的成本可能会高得让人望而却步。这些成本反过来又为歌曲和媒体播放器重新进入市场制造了障碍，并可能减少这些市场的竞争。然而，这些成本也可能对苹果造成损害。如果 iPod 只支持 FairPlay DRM，iPod 对新消费者的吸引力可能会下降，因为对购买便携式数字播放器感兴趣的消费者越来越多地将这些额外成本考虑在内。锁定因素可能会导致公司之间就 DRM 的主导标准展开竞争。问题是这场斗争是否对消费者有利。

另一个必须考虑的因素是市场内技术间和技术内竞争的紧张关系。当公司仅限于一个共同的 DRM 标准时，可能会导致技术内竞争。同样，市场上的竞争不再围绕 DRM 的模式，而是围绕价格、质量和服务（Bomsel 和 Geffroy, 2005b: 35）。技术内竞争既可以促进互操作性，从而为消费者增加商品的功能，也可以改善价格和质量方面的竞争，从而使消费者受益。

只要技术是互操作的，技术之间的竞争就会提高效率。互操作性在社会上是可取的，因为它允许使用内容而不受一种标准的限制。从经济的角度来看，问题是为了实现和保持互操作性，政府干预是否必要，如果必要，干预的形式是什么。当然，内容提供商的动机是出于自身利益——如果它们能够在作品分发给公众后控制作品的使用，人们可以合理地预期，这些控制措施将针对内容提供商的利润最大化进行调整。

然而，考虑到消费者的利益也是内容提供商的私利。如果 DRM 仅仅被看作是一种禁止复制的技术（Dam, 1998），那么人们就可以预期市场会对不合理的使用限制作出反应。换言之，如果 Lexmark 禁止用户购买竞争对手生产的碳粉盒，或重新填充原来的碳粉盒，并要求用户以相对较高的价格购买仅由 Lexmark 生产的新碳粉盒，消费者最终会倾向于选择可以重新填充和更换碳粉

第6章 数字时代的知识产权——经济分析和技术治理

盒的竞争对手的产品。此外，维持这些限制的价格将被消费者吸收，并在消费者选择购买时反映在所列价格中。从逻辑上讲，这种安排将使 Lexmark 处于不利地位，并将迫使该公司改变其政策。出于类似的原因，防止用户产生额外的计算机程序副本的拷贝保护技术在市场上也失败了。因此，有人可能会声称，使用 DRM 的提供商将对消费者的偏好作出反应，并将受到这些类型需求变化的市场监管。

然而，这一论点有几个弱点。首先，索赔未能充分确定利益相关者及其利益。内容市场受到内容提供商、DRM 和消费者的影响。内容提供商由于其对基于知识产权的内容的排他性而享有支配地位。他们中的许多人是以协会的形式组织起来的，如美国电影协会（MPAA）或美国唱片工业协会（RIAA），它们协调通过特定 DRM 确定的标准访问条款。因此，希望获取此类协会成员分发的内容的用户将受到通过集体行动确定的访问条款的约束。市场对内容的竞争程度取决于替代品的可用性。在网上发行的情况下，内容提供商为了降低发行和著作权执法的成本，越来越多地使用标准化平台。

影响平台可用性的另一个动态因素是硬件和软件提供商与内容行业之间的关系（Besek，2004：487）。这种关系涉及一个复杂的相互关系网。内容提供商不再生产 DRM，而是从专门的 DRM 供应商那里购买现成的系统。同时，DRM 供应商拒绝互操作性，寻求市场支配地位。安全考虑也在这种动态中发挥作用：如果标准兼容，内容可能很容易从安全格式迁移到不安全格式（Farchy 和 Ranaivoson，2005）。

在硬件和软件行业寻求生产满足消费者偏好的市场平台和应用程序的同时，内容推动了软件的销售。毕竟，没有人对没有音乐可听的 MP3 播放器感兴趣。内容行业希望通过尽可能以安全的格式分发内容，从而最大限度地提高内容产生的利润。DRM 系统的购买者不是个人消费者，而是内容行业的成员。因此，出现的 DRM 标准很可能会响应内容行业的需求，而内容行业对鼓励严格限制访问很感兴趣。依赖于内容的硬件和软件行业通常遵循这些标准。正如苹果的例子所表明的，在分销模式中加入 DRM（这里是音乐商店和便携式音乐播放器）也可能有助于硬件制造商的战略利益。因此，一个单一的标准将占据主导地位的可能性相当大。

数字技术造成内容提供商对技术设计师的依赖，旨在保护 DRM 的法律规则加强了这种依赖的力量（Farchy 和 Ranaivoson，2005：65）。这一现实也可能对网络世界的进入壁垒和竞争水平产生影响。虽然制作内容的成本在下降，制作手段的成本（计算机、家庭工作室）却在扩大，但由于越来越依赖新的在线中介机构来分发内容，例如搜索引擎和 DRM 提供商，因此更难打入市场。

应该在有利于控制的广泛经济和技术背景下分析 DRM 的使用（Cohen，2003），在这种背景下，市场由少数内容和访问提供商管理。正如科恩所辩称的那样，从私人监管的角度来描述 DRM 并没有抓住它所依赖的控制系统。

其次，认为受 DRM 保护的内容市场将通过市场供求力量达到均衡的观点忽视了与 DRM 相关的信息的缺乏。与任何其他类型的私人监管一样，DRM 的效率取决于其反映同意方意愿的能力。由 DRM 定义的权限通常不为使用者所知。这个问题产生于 DRM 不透明的事实。外行人是不能直接访问规则和代码的，在许多情况下，用户没有充分了解任何特定系统所体现的权利和义务，因此他们很难知道预期会发生什么。购买 DVD 的消费者可能希望能够在其电脑上安装的 DVD 播放机上播放 DVD，或在连接到家庭影院系统的 DVD 播放机上播放 DVD。然而，区域码系统可能会阻止消费者这样做。如果用户不准确地感知到交易对其效用的影响，我们就不能再相信交易会让双方处于更好的地位（Cohen，1998）。

事实上，初步研究表明，许多在线音乐服务并不尊重消费者对个人使用的合法期望（Mulligan、Han 和 Burstein，2003）。最近的一项调查显示，消费者对 DRM 系统在在线音乐行业的地位并不满意。这项直接针对购买音乐的公众的研究显示，68% 的受访者认为，唯一值得付费的音乐是无著作权音乐（娱乐媒体研究，2007）。

上述分析以及实证结果可能表明，为了保护消费者的预期，需要中央干预。由于缺乏与交易条款相关的信息（因为这些条款是电子编码的），以及不断改变对受著作权保护的材料的访问的能力，消费者通过创造对替代条件的强烈需求，削弱了形成访问条款的能力。因此，虽然通常可以预见市场对价格的竞争会蓬勃发展，但对 DRM 设计的准入条件的竞争不太可能发展。从这个意义上讲，DRM 可能被视为基础设施，如道路，需要中央条款（Frischmann，2012）。

6.6　反规避立法与创新经济学

从经济学角度看，知识产权制度作为一个整体的首要目标是最大限度地创新，这是财富最大化和增长的基础。反规避立法有助于创新还是阻碍创新？

反规避立法规范创新活动。它明确禁止开发某些技术。因此，反规避立法可能直接影响加密研究，加密研究的重点是识别系统的脆弱性，因此对信息系统和网络基础设施的安全至关重要。由于反规避立法，程序员和计算机科学家可能害怕发表分析安全系统脆弱性的研究。普林斯顿大学教授爱德华·W. 费尔顿（Edward W. Felten）的案例最好地证明了反规避立法对研究和开发的寒蝉效应。当费尔顿发现唱片业公布的 DRM 系统存在缺陷时，他受到 RIAA 提起诉讼的威胁，如果他在研讨会上展示他的研究成果。他要求作出宣告性判决，称威胁侵犯了他的宪法言论自由权，但被法院驳回。同样，据报道，荷兰计算机科学家尼尔斯·弗格森（Niels Ferguson）也撤回了一篇解释 Intefs 视频加密系统存在安全缺陷的论文，原因是担心造成法律后果（Ferguson，2001）。

在美国政权下，计算机科学和加密的寒蝉效应比欧洲更为严重。造成这种差异的原因是，在欧洲，保护计算机程序的技术措施（与其他受著作权保护的材料相比）受欧盟软件指令的约束，欧盟软件指令并不禁止规避行为。在美国，DMCA［DMCA 第 1201（g）条］规定了加密研究的豁免。然而，这两种制度都禁止公布分析技术措施和探索其运作的结果［DMCA 第 1201（g）(3)（a）条；欧盟版权指令第 6（2）条］。

评论员表示担心，强有力的反规避规则将威胁高科技研究，特别是在安全领域（Brown，2003；Samuelson，2001）。当保护性技术在公开市场上受到考验，并受到反技术的挑战时，人们就不那么担心了。竞争将推动技术进步，最好的技术将得以生存。

如上文第 6.3 节所述，DRM 可能会削弱消费者在获取信息作品时依赖著作权例外和限制的能力（Petrick，2004）。目前，DRM 开发者没有足够的动机来区分未经授权的复制和著作权法下的特权使用。DRM 施加的限制常常剥夺了用户根据标准著作权法授予他们的一些特权。改变著作权法所维持的平衡意味着偏离有效的安排，即考虑到信息产品一旦生产出来就应该被广泛传播，以便能够进行未来的创作和创新。同样地，限制探索作品并使之适应自己需要的技术能力也会严重阻碍创新。因此，DRM 防止（而不是禁止）使用作品的能力可能会对"修补自由"和改变创新状态产生负面影响（Lockton，2005）。

因此，问题的关键是 DRM 是否可以覆盖著作权法规定的例外和限制。有些人认为，从经济学的角度来看，DRM 是一种自助手段，它们构成了一种私人监管形式，可以说比公共监管更有效（Bell，1998）。私人监管的主要优势在于，它反映了与当事人有关的具体情况，并降低了行政成本。然而，在某些情况下，公共监管应该占上风。公共监管的优势在于，它固有地考虑到特定当事人所做的决定如何影响交易中没有代表的其他人的福利。著作权监管领域外部性的强烈存在，可能需要政府干预，限制私人监管的结果。

正如创新政策受到对开发计算机程序自由的直接限制的影响一样，它也受到信息市场竞争的影响。关于这个问题有几点值得一提。首先，创新的成本取决于获得著作权材料的价格。这是因为研发是增量的。新的开发是在以前开发的基础上建立起来的。受著作权保护的材料经常被用来制作新作品的资源。因此，著作权材料价格的上涨以及由此获得的大量创新成果，使得研发要么停滞不前，要么成本更高。在许多情况下，更高的价格增加了生产成本，可能减缓创新或创造性活动；同时，获取成本影响到可能从事生产更多作品的人力资源的深度和质量。例如，如果一个新游戏是建立在前一个游戏的基础上的，就像在衍生作品中一样，原创游戏的价格上涨将导致后续游戏的生产成本上升，并可能阻止它被完全生产出来。

其次，DRM 带来了对受著作权保护的材料的分散控制。当平台与游戏或音乐曲目之间的接口完全由权利人控制时，权利人可以单方面决定将制作什么类型的内容以及由谁制作。例如，如果索尼可以使用 DRM 来阻止允许以不同方式玩游戏的游戏增强程序，或者开发允许在台式计算机上玩与 PlayStation 兼容的游戏的应用程序，那么索尼可以对其受著作权保护的程序的后续开发行使完全控制权。

这一优势不仅可能影响配件和兼容软件的价格竞争，还可能影响发明改进的可能性。这一点对将改进决定的控制权集中在知识产权所有人手中在多大程度上具有经济效益提出了疑问。最初的创建者不一定处于开发潜在应用程序的最佳位置，甚至不一定能够识别它们（Lemley，1997a）。在开发一个新的应用程序之前，强迫潜在的开发人员与原始作品的权利持有人进行谈判并没有明显的优势，因为这些信息是非竞争性的，并且不需要协调进一步应用程序的开发。可以鼓励许多开发人员参与竞争，一个人所做的努力不会削弱其他人在原始工作的基础上开发自己的应用程序的能力。事实上，开源的经验表明，如果在开放平台上工作的许多参与者能够改进，那么计算机程序的进一步开发可以更有效地实现。

最后，正如索尼的法律策略所证明的那样，没有理由相信权利持有人会出于任何潜在竞争对手退出市场的目的，从战略上限制他们使用对平台的绝对控制权，或者至少创造了非常高的进入壁垒。从创新政策的角度来看，DRM 的控制可能会影响创新的自由度以及引入市场的产品和应用的多样性。

6.7 结论：为设计管理而设计规则

在这一章中，我们考察了数字技术对知识产权法经济分析的影响，重点讨论了 DRM 作为实施知识产权的技术工具，以及反规避立法，即中央干预的新途径，以保护 DRM 制度的优越性。

基于信息产品和服务的公共物品市场失灵，知识产权的实质性安排已为法

第6章 数字时代的知识产权——经济分析和技术治理

经济学所证明。因此，为了实现社会利益的最大化，在有限的时间内或是为了实现利益最大化的各种权利。这种平衡取决于信息产品的公共物品市场失灵的程度和性质。以数字格式制作和发行受著作权保护的材料，提高了内容创作者和提供商对作品使用的无与伦比的控制能力，从而使作品更具有排他性。加密措施的可用性允许信息材料的创造者以低成本从技术上排除非付费者。如果我们认真对待知识产权法的经济基础，那么过去 20 年的数字革命应该已经改变了现有知识产权在授予时间长短和范围方面的平衡。到目前为止，这种变化还没有发生，相反，我们看到在这一领域增加了新的制度内容，主要是反规避法，这可能被视为额外的执法工具，但也扩大了实质性知识产权的范围。换言之，新的制度工具应对传统知识产权所带来的平衡，而不是在部署新的法律途径来执行这些传统权利之前重新审查这种平衡。

笔者从经济角度对 DRM 系统进行了详细的描述和分析，结果表明，DRM 系统有能力将曾经是非排他性资源的信息转变为更具有排他性的资产，并在消费者购买后很久，甚至在立法授予的知识产权到期之后很久，超过了排他性的时间跨度。这一根本性的变化不仅改变了信息作品的性质，而且改变了著作权资料权利人与消费者之间的关系。它使信息作品的供应商和接收者/用户之间建立了长期关系，并影响了未直接与原始内容制作者接触的后续用户。尽管 DRM 制度可以被设计为强制执行立法所定义的知识产权（一旦市场失灵，这些权利本身就可能失去其最初的理由，而正是由于市场失灵，这些权利本身就可能失去最初的正当性），但它们也可以通过延长权利期限、废除法律例外等来改变立法安排。如果实质性的知识产权法律是有效的，那么 DRM 提供的自我监管和自助服务可能会成为从知识产权法律的对立面干预的正当理由，即通过限制私人当事人扩展知识产权和控制其创造超出实质性知识产权法授权范围的能力。

政府对新的数字化信息环境的主要反应未能适应上述两点。相反，它采取了相反的策略，颁布了反规避法，禁止开发旨在规避信息产品和服务的数字保护的技术工具。不仅立法者没有根据技术变化重新审视知识产权的平衡，而且反规避立法实际上扩大了知识产权。反规避并不局限于对传统受保护的知识产权的侵犯；相反，它还延伸到个人 DRM 设计创造的新的实质性权利。从上述两点来看，支持反规避立法的两个主要理由——建立对规避行为的抑制和为排除工具及其反技术之间的技术竞赛制造障碍——并不具有说服力。此外，在缺乏将技术和技术变革作为内生变量纳入市场、市场失灵和中央干预市场的传统经济模型的共识框架的情况下，这些理论依据就更不具说服力了。

信息环境中这种新型监管的兴起引发了一系列全新的担忧。DRM 及其反规避法的保护增加了由垄断和外部性导致的市场失灵加剧的可能性。DRM 创造的反竞争环境及其法律保护关系到其将内容与平台和其他相关产品绑定的能力，以及它们创建与其他产品不兼容的单独技术标准的能力。在这种环境中，特定产品或平台的用户对内容的访问受到限制。新的知识产权环境通过受法律保护的能力增强了外部性：在信息产品销售给用户后很长时间内对其进行控制，单方面更改使用条款，并控制其在缔约方之外的使用，从而影响到各种类型的第三方。

反规避立法只是技术领域监管的一种模式。还有其他的监管选择，政府可以在技术市场上利用这些手段来确保排他性，也可以利用竞争和创新。这些监管选择反映了近年来扩大知识产权保护的后果及其对通常由不同法律体系管辖的其他领域的影响。

政府可以进行干预，防止滥用 DRM 和反规避规则，并重新获得对标准的控制。竞争法可以为监督市场滥用行为提供一个框架。政府还可以通过对 DRM 实施标准来促进互操作性。有人可能会说，标准化 DRM 可能会造成社会损失。如果 DRM 系统是可互操作的，这意味着有一个共同的标准 DRM 系统，事后干预将减少建立新的 DRM 系统的动机，社会将失去"标准竞赛"的好处（Valimaki 和 Oksanen，2006）。尽管存在这种风险，但应该指出的是，即使使用标准的 HTML 代码，当微软的 Internet Explorer 受到其他浏览器（如 Mozilla 的 Firefox 和 Opera 浏览器）的挑战时，浏览器之间的竞争也十分激烈。

或者，不干涉政策可以允许自下而上地制定标准。然而，这类政策在涉及兼容性的情况下有必要放弃反规避禁令。

通过监管解决技术标准滥用问题的第三种方法是要求消费电子设备制造商设计其产品，以满足某些常见的技术保护标准。只要装置的主要目的不是规避技术措施［DMCA 第 1201（c）(3) 条］，DMCA 不要求实施此类技术标准。但是，它包含了关于某些模拟设备的强制性要求。例如，模拟记录设备必须包含自动增益控制复印控制技术［DMCA 第 1201（k）条］。

此外，政府可以通过制定技术标准进行干预，从而防止滥用技术标准来制造竞争壁垒。这种方法已被用于与知识产权无关的领域。政府干预市场的一种方式是对设备制造商或基础设施供应商提出技术要求。技术能力要求最详细的例子是 1994 年美国通信执法援助法案（CALEA）。这项立法要求电信服务设计其技术，以便政府根据合法授权或法院命令对其进行窃听。CALEA 不要求特定的技术设计，也不禁止任何特定的技术，但它要求设计能够实现某些功能，例如，政府获取呼叫识别信息和将截获的信息传输给政府。

在著作权材料的背景下，美国联邦通信委员会（FCC）提出的广播旗帜制度（Broadcast Flag System）就是政府制定标准的体现。广播标志是用于控制消费者对高清电视广播内容处理的 DRM 系统。该标志由插入数字电视（DTV）信号的机器可读数据组成，并包含用于处理 DTV 内容的指令。该标志要求接收设备上有一个读卡器，只允许在符合该标志的设备上播放广播内容。2011年，在美国上诉法院以管辖权为由宣布该命令无效［*American Library Association v. FCC*, 406 F. 3d 689（D. C. Cir. 2005）］。几年后，FCC 最终放弃了要求在 HDTV 内容中嵌入代码以防止侵犯著作权的尝试。

1992 年美国家庭录音法（AHRA）的经验反映了实施此类法律战略的危险性，该法是最全面的立法之一，表明了与设备管理相关的困难。除了禁止篡改数字录音设备的拷贝控制机制［AHRA 第 1002（C）条］，AHRA 要求所有数字音频记录设备实施串行拷贝管理系统（SCMS）或类似的技术措施，允许无限数量的第一代拷贝，但不允许第二代拷贝［AHRA 第 1002（A）条］。AHRA 纳入了一项税收制度，根据该制度，消费者可免于因数字或模拟音乐记录的某些非商业用途而提起的著作权侵权诉讼（AHRA 第 1003~1007 条），权利持有人可通过对销售数字音频记录设备和媒体征收的税款来获得此类数字录音的补偿。向数字录音设备的分销商、进口商和制造商征收的税款将分配给录音和音乐作品的著作权所有人。作为对征税的回报，该法案禁止针对使用为此目的设计的数字或模拟设备的非商业复制音乐的消费者提起诉讼（AHRA 第 1008 条）。

自从 AHRA 颁布以来，数字记录媒体和设备都发生了变化。音乐文件的数字分发主要是通过 MP3 文件和 CD 进行的，而这些文件不在 AHRA 规定范围内。著作权的范围之广，涵盖的作品种类繁多，信息技术的日新月异，可能使通过立法来规范技术措施的效率低下。

综上所述，技术规制给法经济分析带来了一系列新的挑战。它需要考虑技术竞赛，因此也需要考虑技术保护的动态性质，即不断的破坏和更新。它还必须考虑法律与技术发展之间的相互联系，以及规章制度直接影响技术进步的方式。最后，经济分析应该考虑技术规范的独特方式，从而能够预先、长期地控制用户的行为。技术监管的这些独特方面可能会对政府干预的环境、干预的范围和最佳措施产生影响。不同于私人秩序或公共秩序的技术监管的这些特点，可能进一步要求调整适用于信息产品的法律经济分析的概念框架。

第四部分

实证分析

第7章
知识产权法的实证分析

在第3章和第4章中,我们着重于知识产权的规范经济分析,阐述了激励机制/公共物品范式,并考察了其理论和实践上的缺陷。随后,讨论了"公地悲剧"理论,并批评了经典法经济学文献向知识产权专有权模式的转变。本章将带来一些实证分析的见解。我们将从立法的3个理论角度审视立法机关在保护知识产权方面可能产生的规则,更紧密地解释具体法律制度内的安排以及各国之间可能存在的差异来源,并评估现有法律安排在多大程度上与前几章讨论的理想法律制度相对应。最后一点强调了为什么从实证分析的角度对知识产权进行一些处理对于一个完整的规范理论是必要的。

实证经济分析并不仅仅是用经济语言对现有法律规则的描述。[1] 与规范分析一样,实证分析是在模型的框架内进行的,这些模型是在模型外部的各种假设的基础上构建的。在本书的案例中,笔者研究了决策者如何根据整个政治团体的偏好以及立法机构的结构和程序作出决定的3种模式。规范分析试图确定理想的法律或宪法安排。要进行这种分析,就必须界定一个规范性目标(例如效用最大化、财富最大化),其来源不在经济学的范围之内。规范性目标是经济学方法论的简化假设之一。实证经济分析试图预测由于决策程序、制度结构和个人偏好的不同,将采用何种法律规则。与规范分析一样,实证分析的进行是基于对选民、代表和法官在集体决策过程中的偏好形成和表达方式的简化假设。不同的假设集合产生不同的实证模型。我们区分这3种基本框架,并将其应用于知识产权领域的集体决策。

正如第1章所阐述的,法经济学课题研究的一个软肋是规范分析和实证分析之间的内在平衡。规范分析和实证分析之间的区别并不排除经济方法。然

---

[1] 关于实证经济分析和描述性经济分析之间的差异,请参见维利亚诺斯基(Veljanovski, 2007)。

而，这种区别在法经济学中是至关重要的，因为实证分析和规范分析都是建立在对人类行为的特定假设之上的，如理性或自我最大化行为。如果在其基础上的相同假设指导我们预测建议的解决方案不可能被选择，那么构建一个规范理论有什么用呢。从这个意义上说，自由和充分竞争的经济市场与政治市场有着重大区别。在前者中，每个参与者的个人行为都是由自身利益目标引导的，以最大化其偏好，预期会导致有效的均衡，因此也会在实证分析和规范分析（效益最大化和财富最大化）之间建立均衡。在后者中，政治家、政府官员或法官的利己行为不一定导致规范分析与实证分析的平衡，也不一定导致中央干预将导致效用或财富最大化集体选择的有效结果。

换言之，在一个完全竞争的世界里，我们可以期望一个反映效率（财富最大化和帕累托最优）和效用最大化的理想最终状态的均衡，一旦发现市场失灵，需要中央干预，就无法预测这种中央干预将导致效率或效用最大化。

规范分析和实证分析之间缺乏平衡的问题在私法的某些领域可能不那么严重。因此，如果规范分析指出关于违约的主要补救办法的可取规则，或关于律师费用的可取规则或其他类型的实质性或程序性规则，则没有直接利害关系的立法者或没有承受特定压力的立法者有公平的机会由强大的利益集团制定某种安排，将投票赞成这种安排。在一定程度上，这是立法高度普遍性的结果，不能认为立法是为了某些和经常性的个人或群体的利益。同样，大量的文献也表明了为什么普通法——源自法院个别判例的规范——倾向于效率。鉴于效率是首要的规范目标，文献指出规范分析和实证分析之间的平衡。

规范分析与实证分析之间缺乏平衡是公法领域，特别是宪法学经济分析中一个更为突出的问题。当政客们就约束他们未来自由裁量权的规则投票时，通过建立其他机构来检查和平衡其产出（政府的结构规则——无论是宪法的还是后宪法的），或通过宪法或行政对政治权力的实质性限制（如权利法案），他们的选择很难与权力分离、人权法案或行政法基本规则的规范性论据相一致。如果假设一个自私自利的政治家，那么对权力分离的实证分析就不那么简单了，例如，与法律理论家通常用来描述这一概念的规范论据是一致的，除非人们能够指出一个平衡点，在这个平衡点上，建立共识的规范性目标符合政治家的自私目标（参见 Salzberger, 1993; Salzberger 和 Voigt, 2002）。

知识产权领域的特点是中央干预——创造精心设计和有限的产权——因此，这一领域可能会出现规范分析和实证分析之间缺乏平衡的情况。

我们在本章的主要任务是运用法经济学的工具，分析与知识产权领域规范有关的政治市场，更具体地说，研究不同制度结构的不同结果，以及它们是否可能符合理想的安排和规范分析。我们将审查对知识产权的监管是否更接近于规范分析和实证分析之间可能出现平衡的问题（特别是许多私法领域），或者接近于这种平衡更难以实现的领域（特别是宪法和行政法领域内的问题）。我们将看到为什么在知识产权领域很难达到这种平衡。

知识产权法的实证分析有赖于立法的一般框架理论。笔者在这里提出了3个基本的积极的立法理论——多元化模式（第7.1节）、共和模式（第7.2节）和公共选择模式（第7.3节），并考察了每种模式对可能颁布的知识产权法的影响，以及它们与从规范分析中得出的理想知识产权法的联系。我们还专门设立了一节（第7.4节）讨论国内和国际两级的规则制定，这在知识产权监管方面正变得越来越重要，并就法院裁决的实证分析进行了简短讨论（第7.5节）。

7.1 多元立法观点

在民主国家，法律是由议会在多数人统治的基础上制定的。议员由公众定期选举产生，并对选民负责，如果他们不能忠实地代表自己的利益，选民可以在随后的选举中选择将他们赶下台。因此，人们可以预期，立法结果将代表大多数人的意见。这种政治进程的观点被称为"多元主义"（Farber 和 Frickey，1991：13）。人们可以对这一描述附加一个积极或消极的价值，这反过来又将为宪法对多数人的限制的规范性理论、权力分立的形式以及司法机关相对于纠正多数人决策任务的作用的定义奠定基础。这种规范理论可能不同于对宪法约束、权力分立的实证分析等。

在这方面需要强调的一个重要问题是，即使将立法多元描述为代表大多数人的意愿是正确的，但这一框架下的立法结果既不会是有效的，更不会是效用最大化的，更不会代表任何自然法或是保护自然权利。人们很容易理解，为什么民意不会随着任何外在的自然真理是非的具体化而产生。大众投票不会产生效率的主要原因是，与经济市场的运作不同，在经济市场的运作中，支付意愿不仅反映了是否购买产品或服务的决定，而且反映了作出这一决定（或者更确切地说是许多决定）的价格，政治市场中的决策是基于二分法的——是或否——投票，它不考虑偏好的强度，无论是在效用方面还是在财富方面。

换句话说，如果大多数立法者（他们被多元主义方法假定为代表大多数公众的观点）必须在两种不同的法律安排之间作出选择，例如，关于著作权法，立法的选择是反映大多数人的选择，忽略偏好的强度。立法的选择权不会反映效用最大化或财富最大化。少数人的偏好强度很可能远远高于多数人，投票安排将导致总效用或财富的减少。多元政治观无法预测基于自然法规范正当性的知识产权实际安排，也无法预测基于激励范式或规范法经济学的具有其他变化的知识产权安排。因此，多元主义的政治观不能根据自然法的规范正当性来预测知识产权的实际范围，或基于激励范式或其他范式的规范法经济学的安排。下面介绍一个有趣的例子，其中，自然法的论点发挥了功利主义和财富最大化的利益，即关于欧盟生物技术指令支持对生物技术发明的法律保护的辩论（1998）。支持立法的游说团体，主要由利己的工业实体和贸易协会组成。主张知识产权保护对创新和先进科学研究至关重要。不恰当的是各种各样的激进分子团体，它们基于自然法类型的推理（而不是创新者的自然权利）声称，对动物或人类基因组的修改是不道德的，并且认为针对有机体申请专利是不道德的。最终的结果是生物技术指令反映了一种妥协，体现了偏袒的意识形态或行业利益（Thaker，2003）。结果既不反映自然法，也不反映效率。

多元立法模式下的预期知识产权制度是什么，与激励范式下的预期知识产权制度有什么不同？看来，与效率或效用最大化的知识产权制度相比，多元主义的知识产权立法将提供不充分的保护。这一预测有两个主要原因。第一，基于激励的知识产权规范框架是财富最大化，但不一定是最优的。相反，那些从知识产权保护中获得利益的人，至少直接的、短期内的权利持有人很少，而大多数人只是信息产品的消费者或用户/作者，他们没有受到金钱激励的驱动。因此，对于大多数知识产权而言，这增加了受保护商品和服务的成本以及未来个人创造的成本。即使知识产权的总成本效益分析是在收益方面，这种福利最大化的安排也不太可能因为这种分配因素而得到民众选票（或其代表多元论模型）的支持。从这个意义上说，保护几乎人人都能享有的正常财产与通常由全民投票支持的财产，以及保护知识产权之间有着重大的区别，后者有利于某些人，也有损大多数人的短期福利。这一论点在过去几十年里可能特别有效，当时的潜在权利主要不是由个人创造者和发明人拥有，而是被列在世界上最富有的人名单上的巨型公司的拥有者和管理者拥有。

在知识产权的特定语境下，规范——效率提升——分析与多元实证分析之间缺乏均衡的第二个原因是，知识产权的规范理论是建立在长期或中期福利最大化的基础上的。激励范式的实质是，今天的知识产权保护提供了对创造的激励，一些成果我们只能在中长期，甚至超越人类的正常生命周期才能享受。在法律的各个领域，效率的计算（也）是短期的（例如，作为违约主要补救措施的车祸或损害的严格责任和强制性保险），而知识产权的计算显然是长期的。对大多数人来说，知识产权不受保护或保护程度低意味着信息服务和产品的成本较低，因此，如果将知识产权的保护水平留给大众决策，如果大多数人在制定自己的偏好时考虑到自己的个人福利，而不考虑下一代的福利，那么就

第7章 知识产权法的实证分析

会选择不保护或非常低的保护。实证分析将在这种情况下预测知识产权法律保护下的相关规范分析。例如，考虑将著作权再延长20年保护的提议，著作权将终身有效再加上70年，而不是终身有效再加上50年。其直接影响是原本是免费的或只根据边际复制成本定价的常规产品，现在都受到保护，并受制于知识产权所有者确定的价格。更长远的影响可能是（在第4章中着重讨论了这项倡议）更多的产品将立即受到影响，而不是未来的产品，因此需要投票否决这项动议。同样地，对基本药物（如救命药）实施专利保护的动议，会立即将这些药物的价格降到最低，降幅可能高达数千个百分点，这些利润可能用来开发其他药物。许多人投票赞成这项动议，他们考虑的是直接的药品价格，而忽略了这项决定的长期影响，这就需要了解社会上的知识生产过程。

各国立法机关在现实世界中的依据是不同的，著作权通过立法得到扩展（例如1998年美国根据 *Eldred* 123 S. Ct. 769 确定的版权期限延长法案）。专利保护并没有因为被剥夺，以使基本药物得以广泛分布。公众对非洲艾滋病高死亡率的强烈抗议最终导致没有立法修正案将知识产权保护的范围限制在艾滋病药物上。我们在过去20年中目睹的知识产权在世界范围内的扩张与多元主义模式的预测形成了鲜明的对比。这既可以否定立法上的多元论模式，也可以表明多数人对这一问题的看法比上文所述的更为复杂。也许大多数人认为，如果对基因序列给予保护，知识产权的影响是相当直接的，这个行业和研究将吸引更多的投资，在股票市场上，将有更多的研发是有益于所有人。想到的一个例子是Cellera和人类基因组计划引入知识产权和私营部门的投资大大缩短了绘制人类基因组所需的时间。同样，大多数人的看法可能是，授予计算机程序专利对高科技产业更有激励作用，授予音乐著作权对音乐作曲家更有激励作用，从而给当地产业带来好处，确保就业和国家繁荣。然而，与此同时，产品价格上涨的影响是不可忽视的，因为它们分布广泛。这些观点经常在有关扩大知识产权保护的政治辩论中得到回应。

如果是这样的话，多数人的决定可能会偏离理想的平衡，朝着过度保护知识产权的相反方向发展，或者更难消化更强的知识产权对公共领域和利用免费信息创造新事物的可及性的长期影响。公共领域是一个抽象的概念，而著作权和产权则更为具体。公共领域的概念和知识产权阻碍创新的思想要求对社会中知识生产过程的理解，即多数人可能缺乏这样的理解。

在遵守法律的程度上不符合多数人的实际行为，可能支持对多元模式的否定。在这一领域不支持的水平是很高的。下载和复制音乐或P2P文件共享可能表明，当前的知识产权法律不受大多数公众的支持，这对流行模式构成严重挑战。但是，在个人决定是否遵守法律时，可能会有不同的个人考虑，这与导致他或她支持或反对法律本身的考虑不同。此外，研究表明，在知识产权的某些领域，如著作权，在社会规范、被认为是对或错的东西和著作权法所界定的法律规则之间存在越来越大的鸿沟。在某些地方，这种情绪也被转化为一种政治力量。瑞典就是一个例子，在瑞典非法文件共享网站的运营商被送进监狱的"海盗湾"判决后，瑞典海盗湾党在2009年欧洲议会选举中赢得了两个席位。

这是一个有趣的不服从现有制度的例子，涉及欧盟的海盗立法，它也影响规则的制定。2007年4月，欧盟议会通过了盗版立法，旨在保护消费者免受假冒伟哥药片或仿制名牌手袋等仿制产品的侵害。这项立法在整个欧盟范围内支持一系列共同的刑事处罚，许多人认为这项立法是必要的，因为全世界有12.5万名工人因为制假者的不公平竞争而失去了工作。然而，对于个人出于非营利目的（如从互联网下载音乐文件）实施的盗版行为，该指令中采取的措施被豁免。一种可能的解释是，虽然网络盗版对很多人有利，对少数人有害，但与网络盗版不同的是，其他模仿行为对很多人有害，因此被刑事取缔。在本章第7.4节中，我们讨论了知识产权在国际层面上的规则制定，与国家立法相比，这可能更符合多元化模式。

尽管多元立法观点可以预测规范经济分析和实证分析在各个领域之间的平衡，包括关于合同、侵权和不动产的基本安排，但它不能预测知识产权领域的这种平衡。让我们看看其他两种实证的立法模式。

7.2 共和主义者的立法观点

多元立法观点主要从共和理论和公共选择理论两个方向受到冲击。尽管这两种方法的根源和规范背景迥然不同，但它们有一个重要的共同见解，即不同于多元论的分析，立法者可以采取行动，在一定程度上独立于选民的直接偏好。虽然公共选择主张立法者为强大的利益集团的利益而行动，但共和派对立法的积极分析主张立法者为"公共利益"而努力，立法（事实上，大众）审议可能导致拒绝私人对其他利益集团的"坏"偏好和共同目标；为了"共同利益"，共和派对立法者的看法（从这个意义上说，在积极和规范分析的两个层面上）是受托人而不是代表（Edmund Burke, 1896），他们的目标和实际行为不仅仅是反映选民的民意，但要形成这些观点，说服选民支持共同利益。

在经济话语上，共和派方法不同于多元主义方法和公共选择方法，它对选民偏好的假设是不同的。后一种方法假设选民的偏好是政治进程的外生因素，并在政治决策的实证分析中预先给出，而共和派的方法可以被视为是公众偏好的内生化。因此，它假设政治市场不仅聚合了一组预先给定的偏好，而且聚合了一组替代偏好，描绘了选民对代表和其他公众人物的相互影响，反之亦然，而不是多元主义者描绘的选民对其代表的单向影响（和公众选择理论）。

在共和党人的政治观中，知识产权的规范目标——无论是在自然法权利的框架内，还是在法律的规范经济分析的框架内——都可以实现。然而，从实证法和经济学的角度来看，共和派的方法的问题在于，立法者没有被描绘成经济人。换言之，共和派方法的基本假设是，立法者致力于他们所认为的社会的共同利益，而不是促进他们自己的利益，或促进他们的政治权力或连任的机会。因此，有些人会提出共和派立法理论的观点完全不属于法经济运动的范畴。情况未必如此。尽管很少有法经济学著作朝着这个方向发展，但事实上，法经济分析可以在规范和实证的层面上纳入共和派的思想（这种尝试见 Salzberget 和 Voigt，2002；Elkin – Koren 和 Salzberger，2004：142 – 174）。

如果放宽个人偏好对政治市场是固定的和外生的假设，代之以个人偏好对政治进程是内生的假设，即国家机构、民间社会和决策进程的结构将影响个人偏好，通过对集体决策结果的推导，在法经济学的方法论中，多元分析与共和分析将产生一个有趣的区别。同样地，我们可以放宽那种僵硬的假设，即政治家的目的只是最大限度地扩大他们的权力和获得连任的机会，取而代之的是这样一种假设，即政治家确实具有实用作用，而实用作用是他们对公共利益或公共利益看法的主要组成部分，除了希望维持权力和连任，部分是为了实现他们对公共利益的愿景（Brennan 和 Hamlin，2000：第 2 章）。

共和模式对分析立法结果的一个主要影响是，国家的正式和非正式体制结构、决策过程、信息来源以及各种政策问题的审议和辩论活动的性质，去做一件非常重要的事，即政治家们将努力建立机构和致力于决策过程，使他们能够优化理想的结果，并继续掌权。例如，这种新的假设可以解释为什么政治家将权力下放给其他不向多数人负责的决策机构，如法院、中央银行、反托拉斯机构、国际组织等（这种模式见 Brennan 和 Hamlin，2000；Salzberger 和 Voigt，2002）。当政治家们有兴趣通过他们认为对社会有益但不受欢迎的决定时，就会进行这种授权，而实现这种授权的机制是通过授权机构。

在知识产权方面，共和模式可以解释上述现象，例如，将知识产权相关的决定下放给专门机构和法院，同样地，知识产权国际化和全球化的过程也是这一领域决策权的一种下放。这种授权可以根据扩大知识产权的不受欢迎来解释，政治家们可能认为扩大知识产权是可取的，考虑到社会的长期福利，尽管对消费者有短期的负面影响。就像通过法院判决定制和扩大知识产权一样，国际机构或跨国机构的判决也存在"民主"缺陷。公众较少参与决策过程，因此更多的领域留给专家和决策者，他们不一定会受到选举周期的影响，因此可以（但不一定会）做出中长期最"理想"的决定。公共选择理论将解释同一现象，即授权给国内、国际和跨国机构对政治家有利，正是因为这样的活动有民主缺失，因此更容易被利益集团操纵，与共和派的预测和评估相比，预测知识产权增加的结果不是"理想的"结果。

在这方面可以想到的一个例子是欧盟关于数据库法律保护的指令（96/9/EC）。该指令在大西洋彼岸，或事实上在大多数州都没有同等标准。该法规定，除了那些自己制作信息的人的著作权之外，对那些编辑数据库（通过电子手段存储和访问的信息的集合）的人提供知识产权保护，而不管这些信息本身是否有著作权。欧盟委员会在该指令的绿皮书［COM（88）172 final］中指出，有必要提供保护，防止复制汇编模式，即使编译本身无权获得著作权保护。这种保护将给予数据库经营者一种类似于唱片制作者的权利，唱片制作者通常有一项具体的法定权利来保护他在录音本身中的利益，而不论他是否录制受保护的作品。

关于录音制品制作者的论点是，为了打击盗版行为，普遍引入制作者对录音制品的权利似乎是一个可取的发展。因此，根据欧盟委员会的意见，引入相应的权利，使数据库运营商能够自行进行未经授权的复制，这是合乎逻辑的下一步。这种权利可能被证明是打击数据盗版的一个重要工具。未经授权的数据复制往往涉及几位作者的作品。个人作者可能无法证明侵权行为已经发生，即使知道这种情况，也可能认为侵权行为对其作品的经济开发具有边际重要性。然而，对于数据库运营商来说，侵权可能是相当重要的。它往往比作者更善于发现侵权行为，并有更紧迫的动机作出反应。

从规范法经济学的角度来看，对数据库授予知识产权没有主要理由。如果数据库中的信息受到保护，契约关系可以将权利转移给数据库汇编者。第二个理由可能是，签订非常小部分信息的著作权的交易成本和强制执行与数据库有关的著作权侵权的交易成本非常高，以至于此类合同不会达成，也不会强制执行，越来越多的非法复制——欧盟委员会称之为"盗版"。然而，没有提供实证数据来证明这一论点，绿皮书中提到的统计数字也不支持这一论点。这些统计数字表明，自20世纪80年代初以来，数据库数量有所增长（从1980年的400个增加到1986年的2901个），并表明缺乏知识产权保护并不是这些信息产品增长的障碍。

绿皮书指出，根据国际公约，在该指令之前对数据库的保护涵盖了其中储存的作品的特点，而不是数据库本身作为一个信息集合。因此，如果受保护作品的摘录本身不在著作权范围内，特别是在公共领域，可能会出现潜在的困难。在这种情况下，为了获得著作权保护，可能需要相当程度的技能和对汇编

第 7 章　知识产权法的实证分析

的投资。特别是，汇编的设计必须确保随时可以获得信息，并创造对特定用户群体有吸引力的特点；否则，这项工作将成为公共领域的一部分。然而，目前尚不清楚为什么这种预先制定的法律安排不可取，以及为什么有理由进行商品化。已经存在于公共领域的信息，它不受著作权保护是合理的。欧盟委员会的真正动机体现在绿皮书中，它提到了一些背景事实，根据这些事实，美国公司控制着全球电子出版总营业额中 80% 的市场份额（1985 年是这样）。换言之，该指令可能是为了促进欧洲企业的发展，并赋予它们相对于美国同行的经济优势。

尽管如此，这一指令是在欧盟而不是在美国或其他国家通过的，这一事实可以在共和派立法模式的背景下加以解释。该指令增加了许多人的获取各种类型信息的成本，同时使这些数据库的少数生产者受益。因此，在全民投票（或多元主义模式下的立法投票）中，它将被否决。通过把这个问题交给布鲁塞尔，这一普遍观点可以被绕过，而且"符合公众利益的可取决定"可以被采纳。另一个与公共选择的立法观点相对应的对立论点是，欧盟公民之间缺乏广泛的辩论，他们觉得远离布鲁塞尔的决策机构，这可能导致欧盟中央机关的决定不同于其他司法管辖区，在其他司法管辖区，这种公开辩论确实在有效地进行。问题仍然是，这个代表团是否已经作出了更好的决定，还是在决策过程中受到狭隘利益集团的过度影响。在下面讨论公共选择的立法观点时，我们将再讨论境数据库示例。

欧盟关于数据库保护的争论正在普遍化。知识产权领域的关键决策向国际层面的转移，据说是跨越国家和政治边境的数字信息市场兴起的结果。但这种转变的结果是，在国际层面动员起来反对广泛的著作权和其他知识产权改革要比在国内层面困难得多。虽然许多大公司活跃于国际市场，与贸易当局有着密切的关系，但消费者组织和新进入者一般没有这种关系，贸易当局并不把他们视为重要的支持者。因此，决策将反映对知识产权的过度保护。[1] 这是对知识产权法进行实证分析的一种见解，下文讨论共和派方法和公共选择方法的共同点。

无论如何，共和模式应用于知识产权领域的关键问题是，什么是创造一个公正和有吸引力的社会的最佳知识产权制度，而且，与多元方法类似，无法假设或证明知识产权实证分析和规范分析之间的平衡。

---

[1] 其他的案例可从 WIPO 查询巴赫（Bach，2004）进行获取。

7.3 公共选择的立法观点

与共和派立法观点相比，公共选择方法对立法的实证分析是建立在关于个人偏好的固定性质（或相对于政治市场的外生性质）的唯物主义方法的基本假设之上的。民选立法者被公共选择方法视为任何其他有兴趣最大化自身效用或偏好的理性参与者。在公共选择中，可以区分两种主要的学派，即僵化学派和温和学派。僵化学派认为，政客们的直接利益目标是增强他们的权力和最大限度地增加他们连任的机会（Stigler, 1971; Peltzman, 1976）。温和学派认为，政治家们也会寻求提升他们的意识形态，比如对美好社会的看法，以及对促进这种社会的政策的看法（Frey 和 Lau, 1968; Brennan 和 Hamlin, 2000）；但是为了实现他们的意识形态信仰，立法者们也会有兴趣尽可能长时间地保持执政。政治上棘手的事情是用长期的意识形态目标和短期的连任利益来交换（Voigt 和 Salzberger, 2002）。因此，温和学派与共和派模式有着共同的基础。

公共选择方法的两个最重要的组成部分（两个学派的共同点）一方面是社会选择理论；另一方面是利益集团理论。社会选择理论是对决策者群体、国家决策群体和决策规则三个因素相互作用的规范和实证分析。在本书的背景下，它被用来分析立法过程，作为一个集体过程的产物，而不是一个人的决定。

利益集团理论分析了立法是代表投票的产物而不是当事人直接投票的事实。因此，它着重于立法者利益集团理论的个人偏好如何反映整个社会的偏好，从立法多元化的观点出发，有人认为在一个完美的政治市场中，立法者之间的选票分配确实是反映公众意见分配的一面镜子。然而，政治市场没有充分竞争，主要有三个原因。第一，由于缺乏足够的资料，普通选民无法充分了解他们代表的信息，立法者就无法充分代表他们的直接选民的利益。第二，为了选举或连任，立法者必须依靠昂贵的竞选活动，这些活动的资金主要来自有权势和富有的个人和机构，而不是普通人。这些富有的个人和群体也可以更好地监督代表的信息，产生与普通人的信息不对称，从而使立法者以牺牲大多数利益集团为代价，来代表这些利益集团。第三，由于组织成本，狭隘利益群体对立法结果的影响能力与广泛利益群体对立法结果的影响能力是不对称的。在立法者向利益集团出售立法的市场框架内，许多公共选择人士关注第三个因素以及利益集团和寻租活动。

事实上，正是詹姆斯·麦迪逊（James Madison）认为（*The Federalist Papers*, nos 9, 10, 51, 62, 78）多元主义模式不起作用是因为派系（利益集

第 7 章 知识产权法的实证分析

团）可能扭曲多元主义的立法结果。麦迪逊利用这一分析论证支持具有强大中央政府的联邦制。他认为，前联邦美洲殖民地那样较小的政治单位的影响低于集体决策的水平。这一分析也是他主张权力分立的制衡方式的基础，在这种制衡方式下，利益集团相对于立法机关的权力将被强有力的行政部门和独立的司法机关压制。虽然麦迪逊的分析在他那个时代可能是准确的，但他开出的处方在我们这个时代可能是不够的。换言之，尽管 18 世纪美国从一个州向联邦决策的转变可能对当时强大的集团的成功构成了严重障碍，但如今，即使是美国联邦政府的更大实体也不足以对抗大型企业集团和公司。我们将在下面的关于知识产权制度的讨论中回到这个主题。安库·奥尔森（Mancur Olson）集体行动理论（Olson，1965）对现代公共选择分析作出了重要贡献。当一个特定的法律规则受到少数人的青睐，因为它很可能给他们带来可观的利润时，少数人的集体组织就有可能发生。由于少数个人或公司的组织成本可能低于该组织通过其集体行动的寻租（即组织的收益高于成本），集体组织将成为现实。反对这一规则的大多数人不太可能集体组织起来，因为组织的成本将高于收益。因此，政治很可能由寻租的特殊利益集团主导，立法结果将偏向这些集团的偏好。

知识产权是利益集团分析的经典领域。知识产权保护的利益分配并不平均。虽然创作者被授予垄断权，他们能够通过出售作品从潜在的中介获得较高收益，每一名公众获得的收益是比较低的。事实上，在短期内，由于受保护创作的价格上涨，普通公众遭受损失，而以更多创作形式存在的知识产权保护的长期利益更难以识别、量化和个性化，例如，著作权所有人已经受益于利益集中的极为有利的不对称。而著作权所有人，例如出版商是一个小型的、同质的、组织良好的和资金充足的群体，作为著作权争论的另一个群体——消费者和潜在的新进入者——是一个不同群体，其集体组织能力非常微弱。大多数消费者从未意识到著作权改革的影响（Bach，2004）。此外，在过去 20 年里，所有主要著作权产业都发展了有效的游说手段。MPAA 和 RIAA 是美国著作权领域实际利益集团活动的榜样。这些组织共同创建游说团体，以推动更强有力的著作权法。我们已经在第 4 章中广泛讨论了这个集体组织是如何在 1998 年要求美国国会将著作权保护从 50 年延长到 70 年的，这就是所谓的米老鼠法（延长即将到期的迪斯尼著名动画片的著作权保护）。这一成功只会鼓励著作权游说团体来加强其活动。例如，2007 年 5 月，这两个组织与迪斯尼、维亚康姆（Viacom）和微软等大型公司合作，成立了"著作权联盟"（Masnick，2007）。一个月后（2007 年 6 月），它们与美国商会和其他各行各业团体联手，向美国国会和白宫施压，要求出台新的反盗版和反假冒法律（Sweeting，2007）。支持著作权的游说团体作为一个定义明确、积极性高、显然有效的游说团体接近立法者。那些主张普通法权利和公共领域的人对立法进程的影响相对较小。这种基本的不对称性影响了立法机关从有效或可取的知识产权保护水平转向过度保护。在这种背景下，美国国会在过去的一个世纪里多次延长著作权期限，最终从28年延长到70年，这并不奇怪。

这次游说活动不仅集中在著作权期限的延长上，而且集中在著作权范围的扩大上。第6章详细论述了反规避立法。最近的一个例子是美国设计盗版禁令立法过程的发展。在这个由Zara和H&M等零售商组成的行业组织积极游说之后，众议院审议的这项法案于2007年8月加入参议院版本。该法案扩大了对时装设计和服装本身的著作权保护（Sanchez，2007）。这种密集的游说活动的最新例子是停止在线盗版法（SOPA），我们将在下面详细阐述。

专利扩张也有类似的原因。虽然专利期限仅从17年适度延长到20年，但受专利保护的客体范围却大幅度扩展。例如，直到20世纪40年代，新开发的种子还不能获得专利，因为无法区分来自自然繁殖的种子和来自植物育种家的种子。在20世纪40年代，杂交技术变得可行。杂交种子不能繁殖，因为它们是不育的，所以这两种种子之间的区别是可以实现的。从这一点上讲，生产杂交种子的公司开始游说新的和特殊的植物专利法，1960年植物品种保护法颁布（Boldrin和Levine，2004），种子获得专利保护。同样，在2007年上半年，60多家高科技公司和行业协会（包括微软公司和苹果公司）斥资30多万美元游说联邦政府推动专利改革，将美国法律从"先发明"制度转变为"先销售"制度。2007年9月，该法案在众议院获得通过，2011年9月，奥巴马总统将其签署成为一项法律，这是半个多世纪以来，专利法在立法上的第一次重大变革。与著作权相比，专利期限没有显著延长的主要原因是，在专利权人的主要行业中，有两大阵营对专利期限持相反的立场，这反映了专利权人产品的平均寿命和新创造对现有产品的依赖。高新技术产业属于一个阵营，在现有专利基础上构建的产品寿命短。因此，它反对延长专利期限。拥有较长产品使用寿命的医药行业则赞成延长专利期限。

在公共选择模型的框架下，可以解释近年来全球知识产权扩张的动态。互联网的技术发展和伴随而来的技术使得复制成本降低。当复制相对于表达的成本昂贵的时候，知识产权的附加值是有限的；作者不需要知识产权来保护自己避免被复制，或者只需要有限的保护。但随着复制成本的下降和技术发展带来的复制速度的提高，知识产权对创作者的潜在好处也在增加。在集体组织成本（或降低成本）没有显著变化的情况下，创作者集体组织的潜在净收益会增加，我们可以期待看到更多的寻租活动最终会导致知识产权的扩张。

数字时代集体组织的一个有趣的例子是美国娱乐业,其游说活动导致1998年美国桑尼·博诺法案(CTEA),将著作权保护再延长20年,包括对现有创作的保护。这一扩展,特别是其追溯适用于生产成本已经包括在内的现有创作,意味着向拥有即将到期著作权的强大行业授予净收益。兰德斯和波斯纳(2004:16)提供了一些有趣的数据,说明了最有权势的著作权所有人对国会议员的财政贡献,这些议员推动了1998年的桑尼·博诺法案,展示了如何在这一特殊案例中证实这一理论。作为该法案背后最大的推手,内容产业也是1996年该法案8个发起人和美国国会共同发起人中的6个中(捐款超过1419717美元)的最大捐赠者。

同样,在2007年进行辩论的专利改革法也涉及各利益集团倾注的巨额资金。数字太惊人了。专利公平联盟在一年内花费86万美元进行游说,而计算机行业的游说资源总额估计为4770万美元!这些团体给了民主党920万美元竞选捐款的60%。其他各方,如TechNet和商业软件联盟,支持这些措施,并花费了近100万美元(Argyres和Mayer,2007)。

应当强调的是,当著作权保护的延伸适用于现有作品时,希望获得更多知识产权保护的群体与因这一举措而蒙受损失的公众之间的经常性不对称就更为显著。由于现有作品的创作成本已经被承担,其著作权延长产生的额外收入几乎全部是利润,即经济租金。由于这种不对称性,组织知识产权所有人集体努力扩大知识产权比组织复制利益集团反对这种扩大更容易。最明显的证据是音乐表演权组织(主要是ASCAP和BMI),为了获得知识产权人的权利而采取的集体行动,对美国1976年著作权法和1998年桑尼·博诺法案的内容和措辞产生了重大影响。杰西卡·利特曼的调查结果证实了这一分析,根据该调查结果,美国1976年著作权法修正案的措辞并非是来自那些国会议员,而是那些密集游说国会的主要权利持有人(Litman,1987:860-861)。

另一个例子是前面讨论的数据库保护。为数据库提供知识产权保护具有获取垄断性收益的直接效果,参与收集和汇编数据的公司可以通过销售其产品或收取使用其数据的费用来获得这些收益。由于以前免费提供的数据现在成本高昂,公众可能会立即蒙受损失。然而,虽然数据库"创造者"从知识产权保护中获得的潜在收益可能很高,甚至远高于为游说立法机构提供此类保护而进行的集体组织的成本,但希望利用数据库的每一位公众的预期损失相对较低,这一损失在经济上不足以证明大规模集体组织游说反对向数据库授予知识产权保护的法律是正当的。激励范式中的规范分析可能会得出结论,认为对数据库的某些保护是可取的,因为这会激励我们创建数据库,以增强我们的可用信息,进而增强我们作出更明智决策的能力。然而,利益集团在立法上的作用使其从有效均衡走向过度保护。关于数据库实例，公共选择立法模式的见解与共和主义模式的见解是一致的和互补的。将不同制度环境下的利益集团分析、决策制定和政策制定主体的制度结构、公众广泛辩论和个人参与的渠道结合起来，可以解释不同法域的不同结果。在这方面，欧盟是一个非常有趣和独特的实体。一方面，它的机构和决策过程更像一个国家单位，而不是一个国际单位；另一方面，它的机构缺乏一个民主的环境，在这种环境下，可以进行广泛的公开辩论，选民可以选出代表，对他们的投票记录负责等。这种结合使利益集团的权力变得更加重要。

正如格林伍德（Greenwood，2003）所说，有组织的利益集团是欧盟委员会和欧洲议会的"天然支持者"。作为推动欧洲一体化的盟友，它们减少了这些机构对国家行政部门的依赖，并形成了对成员国的需求群体。有组织的利益集团是委员会起草立法的一个支持来源。它们是利益相关者"检验"提案的一种手段，也是有关措施执行情况的有价值信息的来源。此外，欧盟委员会的规模小，有时它依赖外部利益集团为起草政策建议而带来的专家。因此，可以预期，合法结果将比在国家背景下更能反映这些利益集团的议程。在知识产权无国界的世界里，这一一般性描述必须辅之以另一个关键因素，即欧盟委员会在代表成员国参加世界贸易谈判方面也承担着重要作用。

表演者的权利为公共选择模式提供了另一个例子。从规范的法经济学角度来看，很难证明对表演者的不同知识产权保护是合理的。由于作品已经受到著作权的保护，所有衍生的用法和表达方式也都受到同一初始著作权的保护，因此，有关作品公开演出收入的问题只是分配问题。例如，一首歌的歌词和音乐都享有最初的著作权保护。当此类歌曲由歌手演唱时，没有任何理由授予歌手表演或录音的任何财产权。即使歌手很受欢迎，只有他的表演才能让创作引起大众的关注和欢迎，最初的著作权所有人和创作的衍生用户之间的契约安排也足以达到效果。然而，在许多法律制度中，我们看到了对表演者单独的、独立的知识产权保护。这种现象可以用利益集团分析的框架来解释。一方面，集体组织可以为表演者带来巨大的收益，但由于表演者数量相对较少，集体组织的收益相对较低。另一方面，普通公众因支付更多的唱片费用和间接的广播平台运营费而遭受的损失在经济上太小，无法证明集体组织反对将知识产权延伸到表演者身上是合理的。因此，立法结果很可能被扭曲为过度保护。

知识产权领域利益集团活动的最新例子是SOPA法案，在写完这本书时，该法案在美国仍处于激烈辩论之中。SOPA倡议还表明了下一节讨论的国内法和国际法之间模糊的界限。目前，美国联邦法律授权执法机构对提供侵权材料的互联网网站采取行动，前提是这些网站是美国本土的，它们无法击败外国网站（如"海盗湾"网站）。SOPA 与保护知识产权法案（PIPA）一起，旨在改变这种状况，禁止美国公司向提供侵权材料的外国网站提供任何资金。这些法案将使美国执法当局能够命令互联网服务提供商（ISP）封锁这些网站的访问，并在事实上彻底永久关闭这些网站（《华尔街日报》，2012 年 1 月 18 日）。此外，它还允许内容提供商直接起诉 ISP 托管侵权内容。与 DMCA 相比，该作用扩大了 ISP 的责任范围，DMCA 授予 ISP 豁免权，前提是它们在被要求删除侵权内容时真诚地采取了行动（"通知和删除"安全港）。

这项法案预见的问题是，当局将能够关闭一般不存储侵权内容的网站，或是碰巧托管它们不知道的侵权内容的网站，如 Facebook。如上所述，这种情况可能严重损害网站和用户的言论自由。美国主要媒体正在大力推动这一举措。MPAA 是主要的支持者之一，该协会声称，盗版每年给美国带来数十亿美元的损失，并威胁到数以千万计的就业机会（《纽约时报》，2012 年 1 月 1 日）。反对者辩称，如果该法案成为一项法律，将不会消除海盗行为，附带的损害将是巨大的，治愈的方法——法律——将比疾病更糟糕。这些法案被认为是对开放网络危险的和破坏的，将对信息的自由传递产生不利影响（《纽约时报》，2012 年 1 月 1 日）。

作为反对 SOPA 抗议浪潮的一部分，许多流行的网站，比如谷歌，在它们的 logo 上贴上了黑色横幅；维基百科等其他网站则完全让自己黯然失色。目前，美国国会和两院都在阻挠立法进程，所以现在说强大的知识产权利益集团在此案中会得逞还为时过早。

应当强调的是，与理性的、直觉的理解相反，代表知识产权保护受益人的利益集团并不总是对无限产权感兴趣。大多数知识产权创造者或表演者将他人创造的知识产权作为自己知识产权创造的投入。因此，他们不赞成制定一项法律，将知识产权增强到确保从其创作中获得最大利润所必需的水平之外，同时考虑到随着知识产权的扩大而增加的投入成本。这一因素可以解释在新权利扩张立法的进程中对知识产权的各种限制，也可以解释知识产权不同子领域的不对称发展。例如，在著作权领域，我们目睹了知识产权在 20 世纪的显著扩展（在美国，著作权从 14 年增加到生前加死后 70 年，或自企业生产内容后 120 年），而在专利领域，期限仅从 17 年延长到 20 年。对这种差异的一种解释是，虽然在著作权领域，行业的偏好曾经是一样的，但在专利法领域，偏好却更加多样化，制药行业比更依赖于在先发明的高科技行业对专利期延长更感兴趣。在任何情况下，这种由法律动态反映出来的利益多样性，都可以按照立法的公共选择模式来表现。

利益集团分析的一个重要视角是经济市场力与政治集体行动激励力之间可

能存在的反向联系，而这一视角在目前的文献中还没有得到广泛的论述。可以通过协调价格或生产水平等方式在市场上建立垄断的生产商或供应商，将不太需要在政治市场上寻租。例如，进入成本高的行业中的垄断可能比进入成本低的行业中的垄断更有效。少数生产商（如汽车业）市场上的垄断可能比成百上千生产商（如农业）市场上的垄断更有效。因此，人们可以期望在后者中找到更多的寻租活动，因为政治组织比市场上的集体组织更容易、更便宜。此外，可以预期，一个更有效的反垄断机构将引导生产商或供应商进入政治市场，反之亦然——在这种机构效率较低的国家，企业将使用相对更多的市场权力，而不是潜在的政治权力。

这个角度如何能对知识产权保护的实证分析有所启示？这是一个潜在的（实际上是初步的）洞察力。就这一论点而言，不同类型的知识产权可能存在有趣的差异。专利市场的某些部分，特别是生物医药和制药市场，可以被描述为比著作权产品市场具有更高的进入壁垒的市场。如果这种论点是正确的，人们会期望在著作权方面比在专利方面更积极地利用政治市场，因为在专利领域，进入的高门槛创造了巨大的市场力量。正如我们之前所解释的那样，这些市场中的公司将相互协调，在产生政治集体行动方面投入更少的努力。另一方面，著作权市场的特点是进入壁垒不高。因此，这些市场中的企业将发现它们之间更难形成市场协调，而政治集体行动将是寻租的主要途径。

如果法律、修正案的数量及其体量能够作为寻租活动的一个良好指标，那么这种论点可能通过著作权领域的立法发展与专利领域的立法发展之间的比较得到支持。兰德斯和波斯纳（2003a：403-419）发现，在过去的50年里，知识产权保护的范围有所扩大。变化最大的是著作权法，美国立法文书中的字数从1946年的11500字增加到2000年的124320字；商标法从1946年的10640字增加到2000年的24750字。美国商法典的字数以每年3.6%的速度增长，而著作权法、专利法和商标法的字数增长速度分别为4.4%、3.0%和1.1%。结论是，在1946~1994年，著作权法是唯一一个知识产权领域，其扩张速度超过了美国联邦法规的总体增长速度（另见 Landes 和 Posner, 2004）。

在著作权领域比专利领域有更多的立法活动，这一事实可能被认为是一个令人费解的事实，因为专利比著作权提供更大的经济租金潜力。兰德斯和波斯纳对这些发现提供了可能的解释，这些发现涉及将决策权下放给其他政府机构（如美国联邦巡回法院）的不同级别，涉及专利方面存在的、著作权方面不存在的注册要求，使得筛选过程的改变没有立法上的变化，而且两个领域的知识产权法律结构存在差异。虽然著作权法倾向于明确受保护作品的性质，但专利法和商标法分别对发明和商标进行了更广泛的保护。因此，当新类型的表达作

第7章 知识产权法的实证分析

品出现时，有必要制定新的立法，以便将它们置于著作权保护伞之下，而这一因素在专利方面并不存在。这些解释可能是正确的，但我们认为，这些发现也可能支持我们的假设，即潜在的经济市场力量与集体行动的需要之间的反比关系，以及受益于著作权的行业的缺乏多样性，而非专利领域的行业多样性。这或许可以解释为什么专利权人或潜在的专利权人没有更多地游说修改专利法，以获得与著作权同等的保护。

7.4 知识产权实证分析中的国内和国际层面

正如我们在本书其他地方已经指出的，知识产权或信息产品的一个重要特征是它们的无边界性。这一特点不仅对知识产权法的规范分析具有重要意义，而且对知识产权法的实证经济分析具有重要意义。除了集体组织和国家层面上的寻租，知识产权是国家获得利益的工具，因此，政府和公司都可以在国家层面上进行寻租活动。生产相对较多智力创造的国家将有兴趣扩大国际知识产权，因为这种扩大可以增加它们从主要是智力创造消费者和生产相对较少创造的国家获得的收益。一个在生产知识产权方面具有相对优势的国家比一个不具有相对优势的国家更有可能支持更强大的国际知识产权。

例如，美国，事实上是最好的例子，在信息产品贸易方面有着非常大的正平衡。这意味着，无论何时，只要知识产权得到强制执行，实际上得到了扩大，所强加的获取成本就会部分转移到外国人身上，他们既不投票，也不被允许在美国选举中为竞选活动作出贡献。此外，由于竞争国家（尤其是日本）在技术上失去了势头，相关行业的竞争力出现了下降的趋势，正如20世纪70年代在美国发生的那样，这很可能导致知识产权范围的扩大，当时确实如此。知识产权的扩张，再次起源于美国，也是由于人们希望通过增加著作权、专利和其他知识产权所有者的收入来缓解长期的贸易逆差，而这些所有者大多是美国人。

1994年，美国遭受了严重的贸易逆差。TRIPS是一种提升美国产业竞争力的方式，它通过知识产权保护使"亚洲四小龙"的产品更加昂贵，并作为一种机制，在国外产生更高水平的保护，以维持支付给美国知识产权持有人的特许权使用费的收支平衡。2010年3月11日，美国总统奥巴马签署了反假冒贸易协定（ACTA），内容如下：

> 我们将积极保护我们的知识产权。我们最大的资产就是美国人民的创新、聪明才智和创造力。这对我们的繁荣至关重要，而且在本世

纪只会变得更为重要。

国家内部的寻租行为将表现为试图建立一个关于知识产权的超国家和国际制度。事实上，欧洲在这一领域的统一，以及国际条约和执法机构的特点是，在过去几十年中，知识产权法有了更大的发展。

在欧盟，1988年关于"著作权与技术挑战"的绿皮书是著作权统一的起点。这一过程的结果是产生"计算机程序的法律保护""出租权、出借权和主要邻接权""卫星广播和有线转播""作者权利和邻接权的保护期限"等指令，"数据库的法律保护"和"艺术家的转售权"。2001年欧盟颁布了一项关于"信息社会中的著作权和相关权利"的更为雄心勃勃的指令（2001年5月22日欧洲议会和理事会关于统一信息社会中著作权和相关权利某些方面的第2001/29/EC号指令）。与先前的指令不同，2001年的指令侧重于相对狭窄的领域，涵盖了广泛的问题。

这一统一进程的主要部分是在2004年欧盟最大规模的扩大之前完成的，尽管人们知道这一扩大将要进行，而且新成员国相对而言更多地站在与知识产权有关的产品的消费者一方而不是生产者一方。换言之，这种统一巩固了现状，这对新的主要是东欧和中欧成员国没有好处；它只是在为新加入者提供平等机会之前，保护了现有者的利益（Oksanen和Valimaki，2003）。

就上述每一项指令而言，一些当事方的利益相互冲突，当事方试图通过游说从他们的角度获得最有利的结果。这场斗争有时非常丑陋，对手一方是内容行业，另一方是电信行业和图书馆协会。消费者组织和更广泛的利益集团没有发挥任何重要作用，也没有欧盟层面的网络权利组织生效。结果反映了这种情况。例如，尽管2001年的指令没有授予计算机程序的完全著作权，但其"技术保护措施的法律保护"部分也适用于软件，只要它被用作创建技术保护措施的工具。软件的这种双重性质，即作为作品本身和其他作品的看门人，让内容所有者在不同的保护方案之间有更多的选择。这一结果反映了一个事实，即没有真正的制衡力量，可以阻止内容产业的寻租，以及一些美国内容公司积极参与游说过程。电信公司很活跃，但目标有限。实际上，没有人在为公众辩护，他们是结果的最大输家。

在关于软件著作权指令的辩论中，一些主要的美国公司（微软、IBM、苹果、Lotus）成立了欧洲软件行动小组（SAGE），其目的是用尽可能严格的法律来限制欧洲的竞争。它们正在游说在著作权范围内添加用户界面，也许更重要的是，试图完全禁止逆向工程。经济实力较弱的欧洲软件业（Amstrad、Bull、Olivetti和来自日本的Fujitsu）成立了欧洲互操作系统委员会（ECIS），以应对这一威胁并确保开放的竞争环境，它们在一定程度上取得了胜利，因为最终版本的指令对用户界面客体保持沉默。但同样，软件著作权指令是一个典型的例子，在这个案例中，两个利益相反的强大政党参与了游说竞争。公众的利益没有得到适当的代表（Oksanen 和 Valimaki，2003）。

在欧盟开始努力实现其统一指令的同时，它还在国际论坛上推动同样的议程。美国人也是。与知识产权有关的国际法的历史，相对于积极的立法理论，特别是对公共选择的见解，是非常有趣的。WIPO 是联合国于 1967 年成立的一个机构。只有在《巴黎公约》和《伯尔尼公约》中签订的最低限度的知识产权保护标准指导国际知识产权法时，它才开始运作。然而，由于 WIPO 的基本规则是，其 184 个成员国中的每一个国家在决策过程中拥有平等的投票权，而且大多数国家是消费者而不是生产知识产权，因此 WIPO 的运作并没有导致知识产权保护在国际层面的扩大。事实上，WIPO 的运作有助于阻止知识产权的大幅扩张。这导致美国和欧洲推动论坛将与知识产权有关的问题转移到后来演变为 WTO 的关税及贸易总协定（GATT）上。

美国和欧盟等强国的策略是，将同样有利于发展中国家的自由贸易与扩大知识产权保护的最低标准联系起来。TRIPS 导致 1994 年著作权和专利保护的实质性加强（很明显的例子是软件）。许多国家被要求进行重大的国内立法改革，以便遵守 TRIPS。TRIPS 是在全球层面统一知识产权执行的主要工具。与其他知识产权条约不同，它是对不履行义务的国家实行有效的制裁制度。例如，在软件领域，TRIPS 中最相关的条款要求，根据著作权法，软件应当被视为字面上的作品，而且软件也应当是可授予专利的。对欠发达国家基本上没有豁免。这表明，欠发达国家的软件采购成本以及进入国际市场的壁垒都大幅上升（Oksanen 和 Valimaki，2003）。与潜在的贸易制裁相反，要让发展中国家参与进来的胡萝卜和大棒在于外国直接投资（FDI）的增加和进口的大幅增加（Lesser，2002）。

国际知识产权领域的下一个发展阶段是双边贸易政策的出现，这些政策旨在将美国的知识产权标准作为在国外受尊重的知识产权标准（如 2002 年美国两党贸易促进局法案所反映的那样）。希望优先进入美国市场的国家必须接受 TRIPS 和美国标准（如数据排他性）。欧盟、日本和欧洲自由贸易联盟（EFTA）也纷纷效仿，随后，针对那些有志加入 WTO 的国家（如柬埔寨、俄罗斯）也制定了一个条件，即接受 TRIPS plus 标准，才能加入 WTO。

最近，几个发达的志趣相投的国家发起了一项新的倡议，希望超越 TRIPS，并排斥 TRIPS 已确立的规则。这就是（ACTA），它获得了臭名昭著的"乡村俱乐部协定"的称号。ACTA 产生了一种新的协商方法，事实上它试图在现有的框架之外形成一个额外的著作权执行框架。它的目标是建立一个国际法律框架，以打击互联网上的假冒商品、仿制药和侵犯著作权行为，在现有框架之外，如 WTO、WIPO 或联合国，建立一个新的理事机构。

该协议于 2011 年 10 月由澳大利亚、加拿大、日本、摩洛哥、新西兰、新加坡、韩国和美国签署。2012 年 1 月，欧盟及其 22 个成员国加入。可以看出，ACTA 未能根据非发达国家的情况调整其特点，而且它排除了巴西、中国和俄罗斯等重要国家。推动这项协议的私人参与者包括美国大型游说团体，如 MPAA 和美国药品研究与制造商协会。根据 ACTA，其成员将决定它们希望适用的标准和原则，并试图将其强加于非成员（Gervais，2011）。到目前为止，ACTA 还没有生效，因为它还没有被 6 个国家按照协议的要求批准。

2012 年 2 月在欧洲各地举行的街头示威活动反映出，ACTA 的谈判和组建引起了公众、数字权利组织的严厉批评。由于协议一点也不透明，它有可能损害我们都知道的互联网的未来，危及言论自由和隐私权，并破坏民主的基础。反对者认为 ACTA 打破了作者和用户之间的微妙平衡，甚至可能被认为是一个"转折点"（Gervais，2011）。

这些发展可以指出，对全球知识产权制度的规范分析与对实际法律的实证分析之间缺乏平衡。虽然考虑到所有国家财富或效用最大化的规范性分析会导致较少的保护，但实际的全球知识产权制度只反映了对强国的理想的保护水平。

7.5 对法院作用的实证分析

到目前为止，笔者已经在这一章中研究了国内和国际两个层面上对知识产权法的实证分析。笔者的工作重点主要是立法机关和其他规则制定机构制定规则。笔者不得不简短和试探性地谈论法院的职能并得出结论。法院也是制定知识产权法律政策的重要角色。例如，在 1865～1885 年，正是美国联邦最高法院塑造了美国的专利制度，当时专利专家威胁到农民和铁路。有人认为，即使在今天，美国法院也一直在调整专利制度，在制定这一领域的规范方面比立法机构更有帮助（在与微软相关的诉讼中提供了相关案例，Bessen，2007）。美国法院甚至被描绘成制衡多数人决策、政治家自身利益和寻租活动的机制。事实上，这是一个独立的司法机构作为一个独立的政府部门存在的主要理由之一（Salzberger，1993）。然而，即使在这一层面上，我们也可以找到利益相关方间接努力的成功，例如呼吁设立专门法庭来处理与知识产权有关的争端。自 1997 年 12 月以来，泰国也存在这样一个法院。中央知识产权和信息技术法院

第7章 知识产权法的实证分析

有权裁决与知识产权有关的民事和刑事案件以及与国际贸易有关的民事案件（Nagavajara，2003）。排他性知识产权法院可能比一般法院系统更容易受到特殊利益集团的压力，这一举措的效果尚待实证检验。

然而，即使在普通法院的诉讼框架下，它们对知识产权规范的影响也是巨大的。可以说，由于在信息领域发展变化的路径是如此激烈，法律总是滞后于现实，因此司法的作用比其他领域的法律更为重要。与任何其他法律领域相比，在知识产权领域出现的法律问题往往会提交法院初步解决，而这一决定会影响经济和技术进步。这类案件有 Diamond 诉 Chakrabarty 案（447 U. S. 303），在该案中，美国联邦最高法院促成了生命形式专利的商业化。在过去 20 年里，美国联邦巡回上诉法院有条不紊地承诺将专利法恢复到法律主流。在适用于所有技术领域的裁决中，美国法院实施了专利法并恢复了休眠的法律原则（Newman，2007）。

最近该领域司法决策的一个最令人感兴趣的例子是可专利性门槛的发展。在过去几年中，美国联邦最高法院有争议地提高了专利申请的门槛，特别是改变了非显而易见的标准，并裁定在发现专利侵权时，禁令救济不是强制性的。2006 年，美国联邦最高法院限制了永久禁令的使用，裁定由于专利控股公司没有使用其专利，因此没有受到损害——Ebay 在讨论的专利中的使用不会导致永久禁令（Holzer，2006）。美国联邦最高法院还讨论了商业方法的可专利性，并确实制定了规范（Bilski v. Kappos, 130 S. Ct 3218, 561 US, 177L. Ed. 2d 792, 2010）。

司法意识形态的影响已经成为许多文章的主题，并在许多问题领域得到了证明。有人认为，根据"态度模式"，即法官投票决定他们的政治倾向，法官的意识形态是法院制定法律政策过程中最重要的因素（Epstein 和 Jeffrey，2006）。最近的一项研究表明，法官的意识形态是知识产权案件的重要决定因素（Sag、Jacobi 和 Sytch，2007）。换言之，对知识产权的态度是自由保守主义思想连续体的一部分也不例外。相比之下，一些知识产权学者声称，知识产权法是其独特的法学复杂性的功能，不适合传统的意识形态分析（Beebe，2006；Moore，2001）。然而，这项研究被认为是范围狭窄，并有消极的结果，从中无法得出结论性的推论。

尽管如此，没有任何制度机制指导法院纠正效率低下的知识产权法律，法院对知识产权政策的影响不能被视为在对理想的知识产权制度进行规范性分析的同时减轻对规则制定的实证分析。因此，知识产权法律与经济分析的核心问题之一尚未厘清。

参考文献

图书和期刊

Abramowicz M. (2004), Perfecting Patent Prizes, George Mason Law & Economics Research Paper No 01-29. Retrieved 29 August 2007, from http://law.gmu.edu/faculty/papers/docs/01-29.pdf.

Ackerman B. A. The Storrs Lectures: Discovering the Constitution, Yale L. J. , 93, 1013, 1983-1984.

Acs J. Z. and Audretsch B. D. (1988), Innovation in Large and Small Firms: An Empirical Analysis, American Econ. Rev. , 78 (4), 678.

Adobe Acrobat eBook, Can I Print and Copy my eBook?, retrieved 29 August 2007, from http://www.adobe.com/support/ebookrdrfaq.html' intcopy.

AIDS Legal Network, Victory in South Africa, But the Struggle Continues, retrieved 29 August 2007, from http://www.aidslaw.ca/Maincontent/issues/cts/updateSA.htm.

Alchian A. A. and Demstez H. (1972), Production, Information Costs, and Economic Organization, American Econ. Rev. , 62 (5), 777.

Andersen B. (2004), If "Intellectual Property Rights" is the Answer, What is the Question? Revisiting the Patent Controversies, Econ. Innou. New Techn. , 13 (5), 417.

Andersen B. (2006), How Technology Changes the Scope, Strength and Usefulness of Copyright: Revisiting the "Economic Rationales" Underpinning Copyright Law in the Light of the New Economy, prepared for the conference "Copyright and New Technologies" in Case Western Reserve Univ. , Cleveland, Ohio. Retrieved 29 August 2007, from www.copyright.bbk.ac.uk/contents/workshops/andersencase.pdf.

Anding M. and Hess T. (2002), Online Content Syndication – A Critical Analysis from the Perspective of Transaction Cost Theory, in Proceeding of the Tenth European Conference on Information Systems (Wrycza S. ed), 551-63.

Andjelkovic M. (2006), Intellectual Property Rights and Access to Knowledge Models: Managing Innovation, Public Goods and Private Interest, BSIS Journal of International Studies, 3, 1.

Android Open Source Project (http://source.android.com/index.html).

Antelman K. (2004), Do Open Access Articles Have a Greater Research Impact?, College & Research Libraries News, 65 (5), 372.

Apple Press Release (2004), iTunes Music Store Catalog Tops One Million Songs retrieved 29 August 2007, from http: //www. apple. com/pr/library/2004/aug/10itms. html.

Argyres N. and Mayer K. J. (2007), Contract Design as a Firm Capability: An Integration of Learning and Transaction Cost Perspectives, Academy of Management Rev. , 32 (4), 1060.

Arno K. (2005), Dual Licensing – A Business Model from the Second Generation of Open Source Companies, in How Open is the Future? Economic, Social and Cultural Scenarios Inspired by Free and Open – Source Software 479 (Marleen Wynants and Jan Cornelis eds).

Arora A. , Ceccagnoli M. and Cohen W. M. (2004), R&D and the Patent Premium, National Bureau of Economic Research, Inc, Working Paper Number 9431. Retrieved 29 August 2007, from www. nber. org/papers/w9431.

Association of American Publishers (2000), Digital Rights Management for Ebooks: Publisher Requirements, retrieved 29 August 2007, from www. publishers. org/digital/drm. pdf.

Austin J. (1832), The Province of Jurisprudence Determined, reprinted in Rumble W. E. (ed.) (1995), UK: Cambridge University Press.

Aviram A. (2003), A Network Effects Analysis of Private Ordering, Berkeley Program in Law & Economics Working Paper Series No 80, retrieved 29 August 2007 from http: // repositories. cdlib. org/blewp/art80.

Bach D. (2004), The Double Punch of Law and Technology: Fighting Music Piracy or Remaking Copyright in a Digital Age?, Business and Politics, 6, 1089.

Bailey C. W. (2006), Strong Copyright + DRM + Weak Net Neutrality = Digital Dystopia?, Information Technology and Libraries, 25 (3), 116.

Baldwin I. R. . Hanl P. and Sabourin, D. (2000), Determinants of Innovative Activity in Canadian Manufacturing Firms: The Role of Intellectual Property Rights, Statistics Canada Working Paper No 122. Retrieved 29 August 2007, from http: //ssrn. com/abstract = 229792.

Band J. (2009), The Long and Winding Road to the Google Books Settlement, The John Marshall Review of Intellectual Property Law, 9, 227.

Basu K. (2000), Prelude to Political Economy: A Study of the Social and Political Founda – tions of Economics, UK: Oxford University Press.

Beccaria C. (1764), On Crimes and Punishments, republished in 1986, US: Hackett Pub.

Bechtold S. (2004), Digital Rights Management in the United States and Europe, Am. J. Comp. L. , 52, 323.

Bechtold S. (2006), The Present and Future of Digital Rights Management – Musings on Emerging Legal Problems, in Digital Rights Management – Technological, Economic, Legal and Political Aspects (Becker, Buhse, Günnewig and Rump eds). Germany: Springer.

Beebe B. (2006), An Empirical Study of the Multifactor Tests for Trademark Infringement, Cal. L. Rev. , 94, 1581.

Bell W. T. (1998), Fair Use vs. Fared Use: The Impact of Automated Rights Management on Copyright's Fair Use Doctrine, North Carolina L. Rev., 76, 557.

Bellis M., Viagra, the patenting of an aphrodisiac, retrieved 29 August 2007, from http://inventors.about.com/library/weekly/aa013099.htm.

Beniamin W. (1968), The Work of Art in the Age of Mechanical Reproduction, in Luuminations, US: Schocken.

Benkler Y. (2000), An Unhurried View of Private Ordering in Information Transactions, Vanderbilt L. Rev., 53 (6), 2063.

Benkler Y. (2001), A Political Economy of the Public Domain: Markets in Information Goods vs. The Marketplace of Ideas, in Expanding the Boundaries of Intellectual Property: Innovation Policy for the Knowledge Society (Dreyfuss R., Zimmerman D. and First H., eds).

Benkler Y. (2002), Coase's Penguin, or, Linux and the Nature of the Firm, Yale L. J., 112, 369.

Benkler Y. (2006), The Wealth of Networks: How Social Production Transforms Markets and Freedom, US: Yale University Press.

Bentham J. (1789), An introduction to the principles of morals and legislation, reprinted in Wilfrid Harrison (ed) (1948), UK: B. Blackwell.

Bergh R. van den (1996), The Growth of Law and Economics in Europe, European Economic Rev., 40, 969.

Bergh R. van den (2003), Competition Law and Consumer Protection Legislation in Economic Analysis of Law: A European Perspective (Hatzis ed).

Bernstein L. (1992), Opting Out of the Legal System: Extralegal Contractual Relations in the Diamond Industry, Journal of Legal Studies, 21, 115.

Besek M. J. (2004), Anti-Circumvention Laws and Copyright: A Report from the Kernochan Center for Law, Media and the Arts, Columbia Journal of Law & the Arts, 27, 385.

Bessen J. (2007), Estimates of Patent Rents from Firm Market Value, Boston University School of Law Working Paper No. 06-14.

Bessen J. and Hunt R. M. (2004), An Empirical Look at Software Patents, Federal Reserve Bank of Philadelphia, Working Paper 03-17R. Retrieved 29 August 2007, from http://www.researchoninnovation.org/swpat.pdf.

Bessen J. and Hunt R. M. (2004a), A Reply to Hahn and Wallsten, retrieved 29 August 2007, from http://www.researchoninnovation.org/hahn.pdf.

Birnhack M. D. (2001), The Idea of Progress in Copyright Law, Buffalo Intell. Prop. L. J., 1, 3.

Birnhack M. D. (2006), More or Better? Shaping the Public Domain, in The Future of the Public Domain (P. Bernt Hugenholtz and Lucie Guibault, eds), UK: Kluwer Law International, 59, 65-69.

Birrell A. (1899), Seven Lectures on the Law and History of Copyright in Books, US: Harvard University.

Blair D. R. and Cotter F. T. (2005), Intellectual Property: Economic and Legal Dimensions of Rights and Remedies, UK: Cambridge University Press.

Boczkowski J. P. (2005), Digitizing the News: Innovation in Online Newspaper, US: The MIT Press.

Boldrin M. and Levine K. D. (2002), The Case Against Intellectual Property' American Economic Review Papers and Proceedings, 92, 209.

Boldrin M. and Levine K. D. (2004), The Case Against Intellectual Monopoly, IER Lawrence Klein Lecture, Federal Reserve Bank of Minneapolis, Research Department Staff Report 339.

Bomsel O. and Geffroy A. G. (2005a), Economic Analysis of DRM's Roll – Out over the Internet, Center of Industrial Economics (Paris, France), retrieved 29 Aueust 2007, from www.cerna.ensmp.fr/Documents/AGG – OB – NAEC – 2005.pdf.

Bomsel O. and Geffroy A. G. (2005b), Economic Analysis of Digital Rights Management Systems (DRMs), Media Net Project Paper. Retrieved 29 August 2007, from www.cerna.ensmp.fr/Documents/OB – AGG – EtudeDRM.pdf.

Botein M. (1998), Regulation of the Electronic Mass Media: Law and Policy for Radio, Television, Cable, and the New Video Technologies, 3rd edition, 401 – 404, US: West Group Publishing.

Boyle J. (1992), A Theory of Law and Information: Copyright, Spleens, Blackmail, and Insider Trading, California L. Rev., 80, 1413.

Boyle J. (2003), Enclosing the Genome: What the Squabbles over Genetic Patents Could Teach Us, in Perspectives on Properties of the Human Genome Project (Kieff F. S. ed), US: Academic Press.

Boyle J. (2003a), The Second Enclosure Movement and the Construction of the Public Domain, Law & Contemp. Probs., 66, 33.

Braga C. A. P., Fink C. and Sepulveda C. P. (2000), Intellectual Property Rights and Economic Development, World Bank Discussion Papers 412.

Branstetter L. G., Fisman R. and Foley C. F. (2004), Do Stronger Intellectual Property Rights Increase International Technology Transfer? Empirical Evidence from U. S. Firm – Level Panel Data, World Bank Policy Research, Working Paper No 3305. Retrieved 29 August 2007, from http://ssrn.com/abstract = 610350.

Brennan G. and Hamlin A. (2000), Democratic Devices and Desires, Cambridge: Cambridge University Press.

Breyer S. (1970), The Uneasy Case for Copyright: A Study of Copyright in Books, Photocopies, and Computer Programs, Harvard L. Rev., 84, 281.

Broersma M. (2002), Red Hat Defends Controversial Patent Applications, ZDNet UK, retrieved 29 August 2007, from http://news.zdnet.co.uk/business/0, 39020645, 2111257, 00.htm.

Brown I. (2003), Implementing the EU Copyright Directive, The Foundation for Information Policy Research, retrieved 29 August 2007, from http://www.fipr.org/copyright/guide/eucd-guide.pdf.

Buber M. (1955). Education, in Between Man and Man 98 (Ronald Gregor-Smith trans).

Burk D. (1996), Federalism in Cyberspace, Conn. L. Rev, 28, 1095.

Burk, D. L., Lemley M. A. (2003), Biotechnology's Uncertainty Principle, in: Perspetives on Properties of the Human Genome Project, Elsevier Academic Press, San Diego CA, pp. 305-354.

Burk D. and Lemley M. A. (2009), Courts and the Patent System, Regulation, 32 (2), 18.

Burke E. (1896), Speech on Conciliation with America, New York: Longmans, Green.

Calabresi G. (1961), Some Thoughts on Risk Distributions and the Law of Torts, Yale L. J., 70 (4), 449.

Calabresi G. (1970), The Cost of Accidents: A Legal and Economic Analysis, Yale University Press.

Calabresi G. (1975), Concerning cause and the law of torts, University of Chicago Law Review, 43, 69-108.

Calabresi G. and Melamed D. (1972), Property Rights, Liability Rules and Inalienability: One View of the Cathedral, Harvard L. Rev., 85, 1089.

Cameron J., Pierce W. D., Banko K. M. and Gear A. (2005), Achievement-Based Rewards and Intrinsic Motivation: A Test of Cognitive Mediators, Journal of Educational Psychology, 97 (4), 641.

Campbell-Kelly M. and Valduriez P. (2005), A Technical Critique of Fifty Software Patents, Marquette Intellectual Property L. Rev., 9, 249.

Captain S. (2005), My Songs, My Format, The New York Times, retrieved 29 August 2007, from http://www.nytimes.com/2005/10/06/technology/circuits/06basics.html#.

Carroll M. W. (2006), One for All: The Problem of Uniformity Cost in Intellectual Property Law, American Univ. L. Rev, 55 (4), 845.

Carroll M. W. (2010), The Role of Copyright Law in Academic Journal Publishing, in Working Within the Boundaries of Intellectual Property (Dreyfuss, First, and Zimmerman eds.), US: Oxford University Press.

Castells M. (2009), Communication Power, UK: Oxford University Press.

CNN Money (2006), BlackBerry maker, NTP ink $612 million settlement, by Rob Kelly. Retrieved from: http://money.cnn.com/2006/03/03/technology/rimm_ntp/.

Coase R. (1937), The Nature of the Firm, Economica, New Series, 4 (16), (Nov., 1937), 386. Retrieved from http://www.sonoma.edu/users/eleyler/426/coase1.pdf.

Coase R. (1960), The Problem of Social Cost, Journal of L. and Econ., 3, 1.

Cohen J. E. (1998), Lochner in Cyberspace: The New Economic Orthodoxy of "Rights Management", Michigan L. Rev., 97, 462.

Cohen J. E. (2000), Copyright and the Perfect Curve, Vand. L. Rev., 53, 1799.

Cohen J. E. (2003), DRM and Privacy, Berkeley Technology L. J., 18, 575.

Cohen J. E. (2007), Creativity and Culture in Copyright Theory, U. C. Davis L. Review, 40, 1151. Retrieved from http: //scholarship. law. georgetown. edu/facpub/58/.

Cohen W. M., Nelson R. R. and Walsh J. P. (2000) Protecting Their Intellectual Assets: Appropriability Conditions and Why U. S. Manufacturing Firms Patent (or Not), NBER Working Paper, No W7552. Retrieved 29 August 2007, from http: //www. nber. org/papers/w7552.

Coleman S. J. (1988), Social Capital in the Creation of Human Capital, American J. of Sociology, 94, 95.

Computer & Communications Industry Association (2003), Digital Rights Management, retrieved 29 August 2007, from www. netcaucus. org/events/2003/drm/onepagers/ccia. drm2003. pdf.

Condorcet, Marquis de (1785/1976), Essay on the application of mathematics to the theory of decision-making, in Baker K. M. Condorcet: selected writings, Bobbs Marrill Co Indianapolis, 33 – 70.

Cooter D. R. (1991), Inventing Market Property: The Land Courts of Papua New Guinea, Law and Society Rev., 25, 759.

Cooter D. R. (1997), Symposium: Normative Failure Theory of Law, Cornell L. Rev. 82, 947.

Cornelli F. and Schankerman M. (1999), Patent Renewals and R&D Incentives, RANDJ. Econ., 30, 197.

Crespi S. G. (1997), Putting the Chicago School Debate in Proper Perspective: [Reply], Law & Social Inquiry, 22 (1), 201.

Cruz R. T. & Hinck J. J. (1995), Not My Brother's Keeper: The Inability of an Informed Minority to Correct for Imperfect Information, Hastings L. J., 47, 635.

Dagan H. (2009), Exclusion and Inclusion in Property, working papers series.

Dalrymple J. (2004), Apple Accuses Real Networks of Hacking, PCWorld. com, retrieved 29 August 2007, from http: //www. pcworld. com/news/article/0, aid, 117183, 00. asp.

Dam K. W. (1998), Who Says Who Can Access What? The Policy Crisis over Cryptography in the Information Age, in Raymond S. U. (ed), Science, Technology, and the Law, US: New York Academy of Sciences.

Dam K. W. (1999), Self-help in the Digital Jungle, J. Legal Stud, 28, 393.

Dau-Schmidt G. K. (1990), An Economic Analysis of the Criminal Law as a Preference-Shaping Policy, Duke L. J., 1.

Deci E. L., Koestner R. and Ryan R. M. (1999), A Meta-Analytic Review of Experiments Examining the Effects of Extrinsic Rewards on Intrinsic Motivation, Psychological Bulletin, 125, 627.

Demsetz H. (1967), Toward a Theory of Property Rights, Am. Econ. Rev. Papers & Proc., 57, 347.

Demsetz H. (2008), From Economic Man to Economic System: Essays on Human Behavior and the Institutions of Capitalism, US: Cambridge University Press.

Depoorter B. and Hiel A. van (2010), Copyright Backlash, Working Paper December, 2010, 35 – 40. Retrieved from: http://papers.ssrn.com/sol3/papers.cfm?abstract_id = 740184.

Dequiedt V. and Versaevel B. (2007), Patent Pools and the Dynamic Incentives to R&D, GATE Working Paper No 07 – 03, France. Retrieved 29 August 2007, from www.gate.cnrs.fr/documentation/workingpapers/2007/0703.pdf.

Dhamija R. and Wallenberg F. (2003), A Framework for Evaluating Digital Riehts Management Proposals, retrieved 29 August 2007, from www.ischool.berkeley.edu/~rachna/papers/EvaluatingDRM.pdf.

Digital Music (2006), US Warns of Overzealous DRM Regulation: Reframing the DRM Debate, retrieved 29 August 2007, from http://digitalmusic.weblogsinc.com/2006/09/14/us-warns-of-overzealous-drm-regulation-reframing-the-drm-debate/.

Dinwoodie G. B. (2008), Achieving Balance in International Intellectual Property Law, Forthcoming: Oxford University Press.

du Gay P., Hall S., Janes L., Mackay H. and Negus K. (1997), Doing Cultural Studies: the Story of the Sony Walkman, UK: Sage.

Duffy F. J. (2005), Intellectual Property Isolationism and the Average Cost Thesis Texas L. Rev., 83, 1077.

Dutfield G. (2002), Literature Survey on Intellectual Property Rights and Sustainable Human Development, retrieved 29 August 2007, from http://www.iprsonline.org/unctadictsd/docs/GDuftield-LiteratureSurvevOnIP-April 2003.pdf.

DVD Reviewer, Multi-Region Hacks for Domestic DVD Players, retrieved 29 August 2007, from http://www.dvd.reviewer.co.uk/info/multiregion/hackable.asp.

Easterbrook F. H. (1990), Intellectual Property Is Still Property, Harvard Journal of Law & Public Policy, 13, 108.

Easterbrook F. H. (1996), Cyberspace and the Law of the Horse, U Chi Legal F., 207.

Easterbrook F. H. (2005), Testimony on Civil Remedies before the Antitrust Modernization Commission. Washington, DC. (July 28, 2005).

EFF and Co-Signers (2005), Digital Rights Management: A Failure in the Developed World, a Danger to the Developing World, retrieved 29 August 2007, from www.eff.org/IP/DRM/ITU-DRM_paper.pdf.

EFF Deep Links, New DMCA Exemptions Granted, retrieved 29 August 2007, from www.eff.org/deeplinks/archives/005021.php.

EFF Guide to Online Music, The Customer Is Always Wrong: A User's Guide to DRM in Online Music, retrieved 29 August 2007, from http://www.eff.org/IP/DRM/guide/.

EFF Unintended Consequences: Five Years under the DMCA, retrieved 29 August 2007, from http://www.eff.org/IP/DMCA/unintended_consequences.pdf.

Elkin – Koren N. (1996), Cyberlaw and Social Change: A Democratic Approach to Copyright Law in Cyberspace, Cardozo Arts & Entertainment L. J., 14 (2), 215.

Elkin – Koren N. (1997), Copyright Policy and the Limit of Freedom of Contract Berkeley Tech. L. J., 12, 93.

Elkin – Koren N. (1998), Copyrights in Cyberspace – Rights without Law, Cbi. – Kent L. Rev., 73, 1155.

Elkin – Koren N. (2002), It's All About Control: Rethinking Copyright in the New Information Landscape, in The Commodifcation of Information (Elkin – Koren N. and Netanel W. N. eds), US: Aspen Pub.

Elkin – Koren N. (2003), The Internet and Copyright Policy Discourse, in Academy and the Internet (Nissenbaum and Price eds), US: Peter Lang Publishing Group.

Elkin – Koren N. (2005), What Contracts Can't Do: The Limits of Private Ordering in Facilitating a Creative Commons, Fordbam L. Rev., 74, 101.

Elkin – Koren N. (2006), Exploring Creative Commons: a Skeptical View of a Worthy Pursuit, in The Future of the Public Domain (Guibault and Hugenholtz eds), US: Kluwer Law International.

Elkin – Koren N. (2007), Making Room for Consumers under the DMCA, Berkeley Tech L. J., 22, 1119 (2007).

Elkin – Koren N. (2010), User – Generated Platforms, in Working Within the Boundaries of Intellectual Property (Rochelle Dreyfuss, Diane L. Zimmerman and Harry First eds), US: Oxford University Press.

Elkin – Koren N. (2011), The Changing Nature of Books and the Uneasy Case for Copyright, George Washington Law Review, 79, 101.

Elkin – Koren N. and Netanel W. N. (2002), The Commodification of Information, US: Aspen Pub.

Elkin – Koren N. and Salzberger E. (1999), Law and Economics in Cyberspace International Review of Law and Economics, 19, 553.

Elkin – Koren N. and Salzberger M. E. (2000), Economic Analysis of Unjust Enrichment, International Rev. of L. & Econ., 20 (4), 551.

Elkin – Koren N. and Salzberger M. E. (2004), Law, Economics and Cyberspace: The Effects of Cyberspace on the Economic Analysis of Law, US: Edward Elgar Pub.

Elkin – Koren, N., & Salzberger, E. M. (2005), The Effects of Cyberspace on the Economic Theory of the State, in Alain Marciano and Jean (eds) How to Shape Democratic State, Edward Elgar.

Ellickson C. R. (1991), Order Without Law: How Neighbors Settle Disputes, US: Harvard University Press.

Ellickson C. R. (2005), Order Without Law: How Neighbors Settle Disputes, US: Harvard University Press.

Entertainment Media Research (2007), The 2007 Digital Music Survey, retrieved 29 August 2007, from www. entertainment media research. com/reports/EMR – Digital – Music – Survev2007. pdf.

Epstein A. R. (1985), Takings: Private Property and the Power of Eminent Domain, US: Harvard University Press.

Epstein A. R. (2003), Trade Secrets as Private Property: Their Constitutional Protection, U Chicago Law & Economis, Olin Working Paper, 190. Retrieved 29 August 2007, from http: // srn. com/abstract = 421340.

Epstein A. R. (2010), The Disintegration of Intellectual Property? A Classical Liberal Response to a Premature Obituary, Stan. L. Rev. , 62 (2), 455.

Epstein L. and Jeffrey A. S. (2006), Trumping the First Amendment?, Wash. U. J L. & Pol'y, 21, 81.

Fagundes D. (2010), Property Rhetoric and the Public Domain, Minn. L. Rev. , 94, 652.

Farber D. and Frickey P. (1991), Law and Public Choice: A Critical Introduction, US: University of Chicago Press.

Farchy J. and Ranaivoson H. (2005), DRMS: A New Strategic Stake for Contents Industries: The Case of the Online Music Market, Rev. of Economic Research on Copyright Issues, 2 (2), 53.

Fast Company Magazine (1999), Inspired by Work, by William Taylor – Interview with Eric S. Raymond.

Fauchart E. and von Hippel E. (2008), Norms – Based Intellectual Property Systems: The Case of French Chefs, Organization Science, 19 (2), 187.

Federal Trade Commission (2003), To Promote Innovation: The Proper Balance of Competition and Patent Law and Policy, A report by the Federal Trade Commission. Retrieved from: www. ftc. gov/os/2003/10/innovationrpt. pdf.

Ferguson N. (2001), Censorship in action: why I don't publish my HDCP results, retrieved 29 August 2007, from http: //www. macfergus. com/niels/dmca/cia. html.

Fink C. and Maskus K. E. (2005), Intellectual Property and Development: Lessons from Economic Research, US: The World Bank Publications.

Fisher W. (2001), Intellectual Property and Innovation: Theoretical, Empirical, and Historical Perspectives.

Fisher W. W. (2001), Theories of Intellectual Property, in New Essay in The Legal and Political Theory of Property, 168 (Munzer, ed 2001), UK: Cambridge University Press.

Fisher W. W. (2004), Promises to Keep: Technology, Law and the Future of Entertainment, US: Stanford University Press.

Fisher W. W. and Syed T. (2007), Global Justice in Healthcare: Developing Drugs for the Developing World, University of California, Davis, 40, 581.

Frey B. S. and Lau L. J. (1968), Towards a Mathematical Model of Government Behavior, Zeitscbrift für Nationalökonomie, 28, 355.

Fried B. (2006), Is as Ought: The Case of Contracts, Vir. L. Rev., 92, 1375.

Fried C. (2006), Contract as Promise, US: Harvard University Press.

Frischmann M. B. (2007), Cultural Environment and the Wealth of Networks, Univ. of C. L. Rev., 74, 1083.

Frischmann M. B. (2007) Evaluating the Demsetzian Trend in Copyright Law, Review of Law and Economics, 3.

Frischmann M. B. (2012), Infrastructure: the Social Value of Shared Resources, UK Oxford University Press.

Fromer C. J. (forthcoming 2012), Expressive Incentives in Intellectual Property, Virginia Law Review, 98. Retrieved from: http://www.law.stanford.edu/display/images/dynamic/events_media/Expressive-Incentives-in-Intellectual-Property.pdf.

FTC Report, U. S. Federal Trade Commission (2003), Report on Patents and Competition: To promote Innovation: The Proper Balance of Competition and Patent Law and Policy, retrieved 29 August 2007, from http://www.ftc.gov, os/2003/10/innovationrpt.pdf.

Gabel P. (2009), Critical Legal Studies as a Spiritual Practice, Pepp. L. Rev, 36, 515. Retrieved from http://heinonline.org/HOL/LandingPage? collection = journal s& handle = hein.journals/pepplr36& div = 27& id = & page = .

Gasser U. (2004), iTunes: How Copyright, Contract and Technology Shape the Business of Digital Media: A Case Study, Berkman Publication Series No 2004 – 07, retrieved 29 August 2007, from http://cyber.law.harvard.edu/publications.

Gasser U. (2006), Legal Framework and Technological Protection of Digital Content: Moving Forward Towards a Best Practice Model, Berkman Center Research Publication No 2006 – 04, retrieved 29 August 2007, from http://cyber.law.harvard.edu/publications.

Gazal – Ayal O. (2007), Economic Analysis of Law & Economics, Capital University Law Review, 35, 801.

Geist M. (2006), 30 Days of DRM – Day 6: Interoperability (Public Protections and Markets), retrieved 29 August 2007, from www.michaelgeist.ca/content/view/1383/125/.

Geller P. E. (2000), Copyright History and the Future: What's Culture Got to Do With It?, Journal of the Copyright Society of the USA, 47, 209.

German Guide, How to Switch Region Codes on a DVD – Rom Drive, About Electronics, retrieved 29 August 2007, from http://german.about.com/library/bldvd2_howl.htm.

Geroski P. A. (2005), Intellectual Property Rights, Competition Policy and Innovation: Is There a Problem?, Scripted, 2 (4), 423.

Gillen A., Kusnetzky D. and McLarnon S. (2003), Five Pros and Five Cons: A Look at Changing User Perceptions on Linux, IDC study.

Ginsburg J. (1999), Copyright Legislation for the Digital Millennium, Columbia – VLA Journal of

Law and the Arts, 23, 137.

Glave J. (1998), Saffo: Leave that middleman alone, Wired Neus, retrieved 29 August 2007, from http://www.wired.com/news/business/0, 1367, 11756, 00.html.

Goldberg P. V. (1974), Institutional Change and the Quasi - Invisible Hand, J. of L. and Econ., 17, 461.

Gordon H. S. (1954), The Economic Theory of a Common - Property Resource: The Fishery, J. Pol. Econ., 62, 124.

Gordon J. W. (1982), Fair Use as Market Failure: A Structural and Economic Approach to the Betamax Case and Its Predecessors, Colum. L. Rev., 82, 1600.

Gordon J. W. (1993), A Property Right in Self - Expression: Equality and Individualism in the Natural Law of Intellectual Property, Yale L. J., 102, 1533.

Gordon W. (2002), Symposium: Eldred v. Ashcroft: Intellectual Property, Congressional Power, and the Constitution: Authors, Publishers, and Public Goods: Trading Gold for Dross, Loy. L. A. L. Review, 36, 159.

Graham S. and Mowery C. D. (2004), Submarines in Software? Continuations in U. S. Software Patenting in the 1980s and 1990s, Economics of Innovation and New Technology, 14, 443.

Granstrand O. (1999), The Economics and Management of Intellectual Property: Towards Intellectual Capitalism, US: Edward Elgar.

Greene W. H. (2001), Fixed and Random Effects in Nonlinear Models, mimeo, New York University.

Greenwood J. (2003), Interest Representation in the European Union, UK: Macmillan.

Greenwood J. (2007), Interest Representation in the European Union, US: Palgrave Macmillan.

Griliches Z. (1994), The American Economic Review, ABIINFORM Global, 84, 1.

Grimmelmann J. (2005), Regulation by Software, The Yale L. J., 114, 1719.

Guibault L. (2002), Copyrigbt Limitations and Contracts: An Analysis of the Contractual Overridability of Limitations on Copyright, UK: Kluwer Law International.

Guibault L. (2006), Wrapping Information in Contract: How Does it Affect the Public Domain?, in The Future of the Public Domain (Guibault and Hugenholtz eds), UK: Kluwer Law International.

Hahn W. R. and Wallsten S. J. (2003), A Review of Bessen and Hunt's Analysis of Software Patents, retrieved 29 August 2007, from http://ssrn.com/abstract=467484.

Hall B. H. (2002), Testimony to FTC/DOJ (Antitrust) Hearings on Competition and Intellectual Property Law in the Knowledge - Based Economy, retrieved 29.

August 2007, from http://www.ftc.gov/opp/intellect/020319cecilquillen.pdf.

Hall H. B. and Ziedonis H. R. (2001), The Patent Paradox Revisited: An Empirical Study of Patenting in the U. S. Semiconductor Industry, 1979 - 95, RAND J. Econ, 39, 101.

Hammer M. (2000), The Myth of Disintermediation, Information Week, retrieved 29.

August 2007, from http://www.informationweek.com/794/94uwmh.htm.

Hanbidge N. (2001), Protecting Rights Holders Interest in the Information Society: Anti‑Circumvention: Threats Post Napster and DRM, Entertainment L. Rev., 12. 223.

Hansmann H. and Kraakman R. (2002), Property, Contract, and Verification: The Numerus Clausus Problem and the Divisibility of Rights, J. Legal Stud., 31, 373.

Hardin G. (1968), The Tragedy of the Commons, Sci., 162, 1243.

Hardy I. T. (1994), The Proper Legal Regime for Cyberspace, U. Pitt. L. Rev., 55, 993.

Hardy I. T. (1996), Property (and Copyright) in Cyberspace, U. Cbi. Legal F. 261.

Hardy I. T. (1997), The Proper Legal Regime for Cyberspace, University of Pitt. L. Rev., 55, 993.

Hardy I. T. (2011), Not So Different: Tangible, Intangible, Digital, and Analog Works and Their Comparison for Copyright Purposes, Univ. of Dayton L. Rev., 26 (2), 211.

Hargreaves I. (2011), Digital Opportunity: A Review of Intellectual Property and Growth, An Independent Report by Professor lan Hargreaves, 9, 71. Retrieved from http://www.ipo.gov.uk/ipreview‑finalreport.pdf.

Hart L. A. (1961), The Concept of Law, UK: Clarendon Press.

Haupt S. (2003), An Economic Analysis of Consumer Protection Law, German L. J., 4 (11).

Hayek F. H. (1960), The Constitution of Liberty, US: University of Chicago Press.

Hayek F. H. (1978), Law, Legislation and Liberty, Volume 2: Tbe Mirage of Social Justice, US: University of Chicago Press.

Heyel W. F. H. (1821), Hegel's Philosopby of Right (Knox T. M. trans, 1967), UK: Oxford University Press.

Helberger N. (2004), It's Not a Right, Silly! The Private Copying Exception in Practice, INDICARE Monitor, retrieved 29 August 2007, from http://216.239.59.104/search?q = cache: 8MXYslxgydQJ: www.ivir.nl/publications/helberger/it%27snotarightsilly.html + %E2%80%981t%27 + s + not + a + right, + silly!&hl = en&client = firefox - a.

Helberger N. (2005), Not So Silly After All - New Hope for Private Copying, INDICARE Monitor, retrieved 29 August 2007, from http://www.indicare.org/tiki - read - article.php? articleld = 132.

Helberger N., Dufft N., Groenenboom M., Kerényi K., Orwat C. and Riehm U. (2005), Digital Rights Management and Consumer Acceptability: A Multi - Disciplinary Discussion of Consumer Concerns and Expectations, State of the Art Report - First Supplement. Retrieved 29 August 2007, from http://www.ivir.nl/publications/helberger/INDICARESOAReport - Update01.pdf.

Helfer L. R. (2007), Toward a Human Rights Framework for Intellectual Property U. C. Davis Law Review, 40, 971, 981.

Heller M. (1998), The Tragedy of the Anticommons: Property in the Transition from Marx to Markets, Harvard L. Rev. , 111, 621.

Heller M. and Eisenberg R. S. (1998), Can Patents Deter Innovation? The Anticommons in Biomedical Research, Science, 280, 698.

Helsingin Sanomat International (2005), Proposed New Copyright Law Would Allow Personal Copies of CDs, but With Restrictions, retrieved 29 August 2007. from http://www. hs. fi/english/article/1101980971029.

Hirshleifer J. (1971), The Private and Social Value of Information and the Reward to Inventive Activity, The American Economi Review, 61 (4), 561.

Hobbes T. (1651), The Leviathan (Reprinted from the edition of 1651), Oxford: At the Clarendon Press.

Hollar A. L. (2002), Legal Protection of Digital Information, US: BNA Books. Hollis A. (2005a), An Efficient Reward System for Pharmaceutical Innovation.

Draft – Department of Economics, Univ. of Calgary. Retrieved 29 August 2007, from http://econ. ucalgary. ca/fac – files/ah/drugprizes. pdf.

Hollis A. (2005b), An Optional Reward System for Neglected Disease Drugs Draft – Department of Economics, Univ. of Calgary. Retrieved 29 August 2007, from http:/lecon. ucalgary. ca/fac – files/ah/optionalrewards. pdf.

Hollis A. (2007), Incentive Mechanisms for Innovation, IAPR Technical Paper Series No TP – 07005. Retrieved 29 August 2007, from www. iapr. ca.

Holzer B. (2006), Political Consumerism Between Individual Choice and Collective Action: Social Movements, Role Mobilization and Signalling, International Journal of Consumer Studies, 30 (5), 405.

Hovenkamp H. (1990), The First Great Law and Economics Movement, Stan. L. Rev. , 42, 993.

Howe J. (2008), Crowdsourcing: Why the Power of the Crowd Is Driving the Future of Business 71 – 130, US: Crown Business.

Hunt A. (1986), The Theory of Critical Legal Studies, Oxford Journal of Legal Studies, 6 (1) (Spring 1986), 1, 4 – 8.

Hurt M. R. and Schuchman M. R. (1966), The Economic Rationale of Copyright, American Economic Review, 56, 421.

Idris K. (2004), Intellectual property, A Power Tool for Economic Growth, World Intellectual Property Organization.

International Chamber of Commerce (2005), Intellectual Property: Source of Innovation, Creativity, Growth and Progress, http://www. iccwho. org/data/docu – ments/bascap/innovation – creativity – growth – and – progress.

Jaffe B. A. and Lerner J. (2004), Innovation and Its Discontents: How Our Broken Patent.

System Is Endangering Innovation and Progress, and What to Do About It, US: Princeton University Press.

Jardin X. (2004), Music is not a loaf of Bread, Wired News, retrieved 29 August 2007, from http://www.wired.com/news/culture/0,1284,65688.00.html.

Jaszi P. (1991), Toward a Theory of Copyright: the Metamorphosis of Authorship, Duke L. J., 45 (5), 455.

Jefferson T. (1813), Letter to Isaac McPherson, August 13, 1813, reprinted in H. A Washington, ed, Writings of Thomas Jefferson 1790 – 1826, 6 (Washington, DC: Taylor & Maury 1854), 180 – 181.

Johnson E. E. (2011), Intellectual Property and the Incentive Fallacy, Florida State University Law Review. Retrieved from http://papers.ssrn.com/sol3/papers.cfm?abstract_id=1746343.

Jullien N. and Zimmermann J. B. (2005), New Approaches to Intellectual Property: from Open Source Software to Knowledge – Based Industrial Activities.

GREOAM Working Paper No 2005 – 39. Retrieved 29 August 2007, from http://gregam.univ-mrs.fr/pdf/working papers/2005/2005 – 39, pdf.

Kahneman D., Knetsch L. J. and Thaler H. R. (1991), Anomalies: The Endowment Effect, Loss Aversion, and Status Quo Bias, The Journal of Economic Perspectives, 5 (1), 193.

Kahneman D. and Tversky A. (1979), Prospect Theory: An Analysis of Decision under Risk, Econometrica, 47 (2), 263.

Kaldor N. (1939), Welfare Propositions in Economics and Interpersonal Comparisons of Utility, The Econ. J., 49 (195), 549.

Kaplan B. (1967), An Unburried View of Copyright, 72, US: Columbia University Press.

Karjala D. S. (1997), The Term of Copyright, in Growing Pains: Adapting Copyright for Education and Society (Gasaway L. ed).

Katz A. (1990), The Effect of Frivolous Lawsuits on the Settlement of Litigation, International Review of Law and Economics, 10, 3.

Katz A. (1996), Taking Private Ordering Seriously, U. Pa. L. Rev., 144, 1745.

Kelsen H. (1949), General theory of law and state, US: Harvard University Press.

Kennedy D. (2002), The Critique of Rights in Critical Legal Studies in Left Legalism/Left Critique (Janet Halley and Wendy Brown eds, Duke University Press, 2002) 179, 224.

Kesan P. J. and Shah C. R. (2005), Shaping Code, Harvard Journal of Law and Technology, 18, 319.

Kieff F. S. (2001), Property Rights and Property Rules for Commercializing Inventions, Minn. L. Rev., 85, 697.

Kieff F. S. (2004), The Case for Registering Patents and the Law and Economics of Present Patent – Obtaining Rules, Stanford Law and Economics Olin Working Paper No 276: Washington U School of Law Working Paper No 04 – 02 – 04. Retrieved 29 August 2007, from http://ssrn.com/abstract=501143.

Kilbey I. (2003), Copyright Duration? Too Long!, European Intellectual Property Rev.,

25, 105.

Kirkpatrick D. D. (2000), Stephen King Sows Dread in Publishers With His Latest E – Tale, N. Y. Times (24 July 24 2000, at C1).

Kitch E. W. (1977), The Structure and Function of the Patent System, J. L. & Econ, 27, 265.

Koelman J. K. (2004), Copyright Law and Economics in the EU Copyright Directive: Is the Droit d' Auteur Passé?, International Review of Intellectual Property and Competition Law, 35 (6), 603.

Kohn A. (1999), Punisbed by Rewards: The Trouble witb Gold Stars, Incentive Plans, A's Praise, and other Bribes, US: Mariner Books.

Kortum S. and Lerner J. (1999), What is Behind the Recent Surge in Patenting?, Research Policy, 28, 1.

Krecke E. (2004), Economic Analysis and Legal Pragmatism, International Review of Law and Economics, 23 (4), 421.

Kuhn T. (1962), The Structure of Scientific Revolution, US: University of Chicago Press.

Lakhani K. R. and Wolf R. G. (2005), Why Hackers Do What They Do: Under standing Motivation and Effort in Free/Open Source Software Projects, Perspectives on Free and Open Source Software (MIT Press). Retrieved 29 August 2007, from http://freesoftware.mit.edu/papers/lakhaniwolf.pdf.

Landers A. L. (2006), Let the Games Begin: Incentives to Innovation in the New Economy of Intellectual Property Law, Santa Clara L. Rev., 46, 307.

Landes M. W. and Posner A. R. (1989), An Economic Analysis of Copyright Law, J. Legal Stud., 18, 325.

Landes M. W. and Posner A. R. (1993), The Influence of Economics on Law: A Quantitative Study, J. of L. and Econ., 36 (1-2), 385.

Landes M. W. and Posner A. R. (2003), Indefinitely Renewable Copyright, University of Chicago L. Rev., 70, 471.

Landes M. W. and Posner A. R. (2003a), The Economic Structure of Intellectual Property Law, US: The Belknap Press of Harvard University Press.

Landes M. W. and Posner A. R. (2004), The Political Economy of Intellectual Property Law, American Enterprise Institute – Brookings Joint Center for Regulatory Studies. Retrieved 29 August 2007, from http://www.aei.org/docLib/20040608_Landes.pdf.

Lawrence K. A. (2004), Why Be Creative? Motivation and Copyright Law in the Digital Era, IP Central Review, 1 (2), 1.

Lemley A. M. (1997), Book Review – Romantic Authorship and the Rhetoric of Property, Texas L. Rev., 75, 873.

Lemley A. M. (1997a), The Economics of Improvement in Intellectual Property Law, Tex. L. Rev, 75, 989.

Lemley A. M. (1999), The Modern Lanham Act and the Death of Common Sense, Yale L. J., 108, 1687.

Lemley A. M. (2001), Rational Ignorance at the Patent Office, Northwestern Unie L. Rev., 95, 1495.

Lemley A. M. (2004), Ex Ante Versus Ex Post Justifications for Intellectual Property, U. Chi. L. Rev., 71, 129.

Lemley A. M. (2005), Property, Intellectual Property, and Free Riding, Tex. L. Rev., 83, 1031.

Lemley A. M. (2006), Terms of Use, Minn L. Rev., 91, 459.

Lemley A. M. and Shapiro C. (2005), Probabilistic Patents, Journal of Economic Perspectives, 19 (2), 75.

Leonhardt D. (2007), You Want Innovation? Offer a Prize, The New York Times, retrieved 29 August 2007, from www. nytimes. com/2007/01/31/business/31leonhardt. html?ex = 1327899600&en = 4aca8bec1f9a18d3&ei = 5090&partner = rssuserland&emc = rss.

Lerner J. (2002), 150 Years of Patent Protection, American Economic Review, 92 (2), 221.

Lesser W. (2001), The Effects of TRIPS Mandated Intellectual Property Rights on Economic Activities, WIPO Working Paper, Genève, retrieved 29 August 2007, from http: //www. wipo. int/about − ip/en/studies/pdf/ssa − lesser − trips. pdf.

Lesser W. (2002), Intellectual Property Rights in a Changing Political Environment: Perspectives on the Types and Administration of Protection, AgBioForum, 8 (2&3), 64.

Lessig L. (1999), Code and other Laws of Cyberspace, US: Basic Books.

Lessig L. (2001), The Future of Ideas, US: Vintage.

Lessig L. (2004), Free Culture, US: The Penguin Press.

Levin C. R. (1986), A New Look at the Patent System, American Economic Review, 76, 199.

Levin C. R., Klevorick A., Nelson R. and Winter S. (1987), Appropriating the Returns from Industrial Research and Development, Brookings Papers on Economic Activity, 3, 783.

Levine M. (2004), Real Networks Fights Back at Apple, and POP, retrieved 29 August 2007, from http: //andpop. com/article/3431.

Lewis N. (2002), South African Campaigners Defy HIV Drug Patents, SciDev. Net, retrieved 29 August 2007, from http: //www. scidev. net/News/index. cfm? fuseaction = readNews&itemid = 490&language = 1.

Lichtenstein S. and Slovic P. (2006), The Construction of Preference, UK: Cambridge University Press.

Light W. D. and Warburton R. (2011), Demythologizing the high costs of pharmaceutical research, BioSocieties, 6, 34 − 50.

Lindsay D. (2002), The Law and Economics of Copyright, Contract and Mass Market Licences, Centre for Copyright Studies Ltd. Retrieved 29 August 2007, from www. copyright. com. au/reports%20&%20papers/IssuesPaper – Lindsay. pdf.

Litman J. (1987), Copyright, Compromise and Legislative History, Cornell L. Rev., 72 (5), 857.

Litman, J. (1990) The Public Domain, Emory L. J., 39, 965, 968.

Litman J. (2004), Sharing and Stealing, Hastings Comm. & Ent. L. J., 27, 1.

Litman J. (2006), Digital Copyright: Protecting Intellectual Property on the Internet, US: Prometheus Books.

Litman T. (2001), Distance – Based Vehicle Insurance Feasibility, Costs and Benefits, Comprehensive Technical Report.

Liu P. J. (2004), Regulatory Copyright, North Carolina L. Rev., 83, 87.

Lloyd M., Spielthenner D. and Mokdsi G. (2011), The Smartphone Patent Wars, Ambercite – Next Generation Patent Mapping. Retrieved from http://www.scribd.com/doc/57285018/The – Smartphone – Patent – Wars – 2011.

Locke J. (1690), Two treatises of government, reprinted in Laslett P. (ed) (1967), UK: Cambridge University Press.

Lockton D. (2005), Architectures of Control in Consumer Product Design, MPbil Technology Policy, 10, 1, retrieved 29 August 2007, from http://www.danlockton.co.uk/research/Architectures_of_control – (distilled_eBook_with_links). pdf.

Long C. (2002), Patent Signals, U. Chi. L. Rev., 69, 625.

Long J. (2004), Understanding the Creation and Adoption of Information Technology Innovations: the Case of Open Source Software Development and the Diffusion of Mobile Commerce, NDLTD Union Catalog (United States).

Loshin J. (2008), Secrets Revealed: How Magicians Protect Intellectual Property without Law, Law and Magic: A Collection of Essays.

Love J. (2003), Evidence Regarding Research and Development Investments in Innovative and Non – Innovative Medicines, Consumer Project on Technology. Retrieved from http://www.cptech.org/ip/health/rnd/evidenceregardingrnd.pdf.

Lunney S. G. (1996), Reexamining Copyright's Incentives – Access Paradigm, Vanderbilt L. Rev., 49, 483.

M. E. L. O. N. Multimedia and Entertainment Law Online News (2007), DRM: Primer Part I, retrieved 29 August 2007, from http://beatblog.typepad.com/melon/2007/06/drm_primer_part.html.

Macaulay T. B. (1841), The First Speech on Copyright, Macaulay's Speeches on Copyright and Lincoln's Address at Cooper Union, 18, 25 (Charles Robert Gaston ed, 1914).

Madison J. M., Frischmann M. B. and Strandburg J. K. (2010), Constructing Commons in the Cultural Environment, Cornell L. Rev., 95, 657.

Managing Intellectual Property – Cost and Duration of Patent Litigation 2009. Retrieved from: http：//www. managingip. com/Article/2089405/Cost – and – duration – of – patent – litigation. html.

Mann R. (2004), The Myth of the Software Patent Thicket: An Empirical Investigation of the Relationship between Intellectual Property and Innovation in Software Firms, retrieved 29 August 2007, from http：//papers. ssrn. com/sol3/papers. cfm? abstract id = 510103.

Mann R. J. (2005), Do Patents Facilitate Financing In the Software Industry?, Texas L. Rev., 83. 961.

Mansfield E. (1994), Intellectual Property Protection, Foreign Direct Investment, and Technology Transfer, US: The World Bank.

Marotta – Wurgler F. (2007), What's in a Standard Form Contract? An Empirical Analysis of Software License Agreements, J. of Empirical Legal Studies, 4, 677.

Marshall A. (1890), Principles of Economics (Great Minds Series), republished in 1961 (Guillebaud eds.), US: Prometheus Books.

Martin B. (1998), Information Liberation, US: Freedom Press (CA).

Maskus K. E. (2000), Intellectual Property Rights in the Global Economy, US: Institute for International Economics, Washington, DC.

Maskus K. E. and Penubarti M. (1995), How Trade – Related are Intellectual Property Rights?, Journal of International Economics, 39, 227.

Masnick M. (2007), Lawsuit Over "Thef" Of Digital Items in Second Life Shows Up In First Life Court, TechDirt.

Mattei U. (2005), The Rise and Fall of Law and Economics: an Essay for Judge Guido Calabresil, Maryland L. Rev, 12. 220.

Maurer S. M. and Scotchmer S. (2006), Open Source Software: The New Intellectual Property Paradigm, in Handbook of Economics and Information Systems, 1 (Elsevier, Amsterdam).

McCalman P. (2001), Reaping What you Sow: An Empirical Analysis of International Patent Harmonization, Journal of International Economics, 55, 161.

McCalman P. (2004), Foreign Direct Investment and Intellectual Property Rights: Evidence from Hollywood's Global Distribution of Movies and Videos, Journal of International Economics, 62 (1), 107.

McCarthy A. (2003), Report on the Proposal for a Directive of the European Parliament and of the Council on the Patentability of Computer – Implemented Inventions, A5 – 0238/2003, Committee on Legal Affairs and the Internal Market.

McGowan D. (2004), Copyright Nonconsequentialism, Missouri L. Rev., 69, 1.

Menell S. P. (1987), Tailoring Legal Protection for Computer Software, Stanford L. Rev., 39, 1329.

Menell S. P. (1989), An Analysis of the Scope of Copyright Protection for Application Programs, Stanford L. Rev., 41, 1045.

Menell S. P. (2000), Intellectual Property: General Theories, in Encyclopedia of Law and Economics, vol 2: Civil Law and Economics (Bouckaert, Boudewijn and De Geest eds), US: Edward Elgar.

Menell s. P. (2007), The Property Rights Movement's Embrace of Intellectual Property: True Love or Doomed Relationship?, Ecology Law Quarterly, 34 (2), 713.

Mercuro, N. and Medema, S. G. (1997), Economics and the law: From Posner to post-modernism, Princeton University Press.

Merges P. R. (1997), The End of Friction? Property Rights and Contract in the "Newtonian" World of On-Line Commerce, Berkeley Tech. L. J., 12 (1), 115.

Merrill W. T. (1998) Property and the Right to Exclude, Neb. L. Rev, 77, 730.

Merrill W. T. and Smith E. H. (2001), The Property/Contract Interface, Colum. L. Rev., 101, 773.

Merrill W. T. and Smith E. H. (2007), The Morality of Property, Wm. & Mary L. Rev., 48, 1849.

Meurer J. M. (1997), Price Discrimination, Personal Use and Piracy: Copyright Protection of Digital Works, Buff. L. Rev., 45, 845.

Microsoft Windows Media DRM FAQ, retrieved 29 August 2007, from http://www.microsoft.com/windows/windowsmedia/drm/faq.aspx#drmfaq_1_1.

Mill J. S. (1863), Utilitarianism, New York: Washington Square Press 1963 (Originally published in 1863).

Millard E. (2004), French Courts Give Right Win to Apple, NeusFactor Network, retrieved 29 August 2007, from http://www.newsfactor.com/perl/story/28337.html

Miller D. A. (2005), Invention under Uncertainty and the Threat of Ex-Post Entry, provided by Econ WPA in its series Industrial Organization with number 0510001.

Moglen E. (2002), Anarchism Triumphant: Free Software and the Death of Copyright, in Elkin-Koren N. and Netanel W. N. (2002) (eds), The Commodification of Information, UK: Kluwer Law International.

Moore D. A. (2001), Intellectual Property & Information Control, US: Transaction Publishers.

Moore D. A. (2003), Intellectual Property, Innovation, and Social Progress: The Case Against Incentive Based Arguments, Hamline L. Rev., 26, 601.

Moser P. (2003), How do Patent Laws Influence Innovation? Evidence from Nineteenth Century World Fairs, NBER Working Paper, number 9909. Retrieved 29 August 2007, from https://www.nber.org/papers/w9909.

Mulligan D. K., Han J. and Burstein A. J. (2003), How DRM-Based Content Delivery Systems Disrupt Expectations of Personal Use, in Proceedings of the 2003 ACM workshop on Digital Rights Management, pp 77-89.

Musgrave A. B. and Musgrave B. P. (1989), Public Finance in Theory and Practice, US: McGraw

- Hill Companies.

Nagavajara S. (2003), The Creation of a Specialized Court With Intellectual Property Jurisdiction in Asia, Central IP & IT Count, Bangkok Thailand.

Nelson R. R. and Winter G. S. (1974), Neoclassical vs. Evolutionary Theories of Economic Growth: Critique and Prospectus, The Econ. J., 84 (336), 886.

Nelson R. R. and Winter G. S. (1982), An Evolutionary Theory of Economic Change, US: Harvard University Press.

Netanel W. N. (1996), Copyright and a Democratic Civil Society, Yale L. J., 106, 283.

Newman P. (2007), Copyright Essentials for Linguists, Language Documentation and Conservation, 1 (1), 28.

Nimmer D. (2000), A Riff on Fair Use in the Digital Millennium Copyright Act, Univ. of Penn. L. Rev., 148, 673.

Nguyen C. (2004), Toward and Incentivized but Just Intellectual Property Practice: The Compensated IP Proposal, Cornell Journal of Law and Public Policy, 14, 113.

Nozick R. (1974), Anarchy, State and Utopia, US: Basic Books Inc.

OECD Report 2007, http://www.oecd-ilibrary.org/economics/oecd-annual-report_19990006.

Oestreicher-Singer G. and Zalmanson L. (2010), Paying for Content or Paying for Community? The Effect of Consumer Involvement on Willingness to Pay on Media Web Sites, unpublished manuscript. Retrieved from http://papers.ssrn.com/sol3/papers.cfm?abstract_id=1536768.

Oksanen V. and Valimaki M. (2003), Some Economic Aspects of the European Harmonization of Intellectual Property Rights in Software and its Impact to Eastern EU, Helsinki Institute for Information Technology (HIIT).

Oliar D. and Sprigman J. C. (2008), There's No Free Laugh (Anymore): The Emergence of Intellectual Property Norms and the Transformation of Stand-Up Comedy, Vir. L. Rev., 94 (8), 1787.

Olson M. (1965), The Logic of Collective Action: Public Goods and the Theory of Groups US: Harvard University Press.

Olson M. (1971), The Logic of Collective Action, US: Harvard Univ. Press.

O'Rourke A. M. (1995), Drawing the Boundary between Copyright and Contract: Copyright Preemption of Software License Terms, Duke L. J., 45, 479.

O'Rourke A. M. (1997), Copyright Preemption after the ProCD Case: A Market-Based Approach, Berkeley Technology L. J., 12, 53.

Ostrom, E. (1990), Governing the Commons: The Evolution of Institutions for Collective Action, Cambridge, UK and New York, NY: Cambridge University Press.

Ostrom E. (2000), Private and Common Property Rights, Encyclopedia of Law and Economics, Vol II.

OUT – LAW – News (2005), Antitrust Claim Over iTunes Compatibility Progresses, OUT – LAW – News, retrieved 29 August 2007, from http: //www. out – law. com/page – 6154.

Pakes A. (1986), Estimates of the Value of Holding European Patent Stocks, Econometrica, 54, 755.

Palmer A. and Vinje C. T. (1992), The EC Directive on the Legal Protection of Computer Software: New Law Governing Software Development, Duke J. Comp and Int' L., 2, 65.

Panagariya A. (1999), TRIPS and the WTO: an uneasy marriage, in J. Bhagwati (ed), The Next Trade Negotiation Round: Examining the Agenda for Seattle, Proceedings of the Conference Held at Columbia University, 91 – 102.

Park W. G. and Ginarte J. C. (1997), Intellectual Property Rights and Economic Growth, Contemporary Economic Policy, 15, 51.

Park Y. and Scotchmer S. (2005), Digital Rights Management and the Pricing of Digital Products, NBER Working Paper No 11532, retrieved 29 August 2007, from http: // socrates. berkeley. edu/ ~ scotch/w1 1532. pdf.

Patterson, L. R. and Lindberg, S. W. (1991), The Nature of Copyright, A Law of Users' Rights The University of Georgia Press.

Peddibhotla B. N. and Subramani R. M. (2007), Contributing to Public Document Repositories: A Critical Mass Theory Perspective, Organization Studies, 28 (3), 327.

Peltzman S. (1976), Toward a more General Theory of Regulation, Journal of Law and Economics, 19, 211.

Penrose T. E. (1951), The economics of the international patent system, Baltimore, US: Johns Hopkins Press.

Petrick P. (2004), Why DRM Should be Cause for Concern: An Economic and Legal Analysis of the Effect of Digital Technology on the Music Industry, Berkman Center for Internet Society at Harvard Law School Research Publication No 2004 – 09. Retrieved 29 August 2007, from http: //cyber. law. harvard. edu/home/uploads/408/DRMPetrick. pdf.

Peukert A. (2005), A Bipolar Copyright System for the Digital Network Environment, Hasting Communications and Entertainment L. J., 28 (1), 101.

Picker C. R. (2005), Copyright and the DMCA: Market Locks and Technological Contracts, in Antitrust, Patents and Copyrights: EU and US Perspectives (Leveque and Shelanski eds.), US: Edward Elgar.

Plant A. (1934a), The Economic Theory Concerning Patents for Inventions, Economica, 1, 30.

Plant A. (1934b), The Economic Aspects of Copyright in Books, Economica, 1, 167.

Plummer J. (2005), Expanding the Market's Role in Advancing Intellectual Property, The Competitive Enterprise Institute, retrieved 29 August 2007, from http: //www. cei. org/ pdf/4452. pdf.

Posner R. A. (1972), Ecomomic Analysis of Law, US: Little Brown.

Posner R. (1979), Utilitarianism Economics and the Legal Theory, Journal of Legal Studies, 8, 103.

Posner E. (2000), Law and Social Norms (South Asia eds.), US: Harvard University Press.

Post D. (1996), Governing Cyberspace, Wayne L. Rev., 43, 155.

Post D. and Johnson D. (1997), And How Shall the Net Be Governed? A Meditation on the Relative Virtues of Decentralized, Emergent Law, in Kahin B. and Keller J. (eds), Coordinating the Internet, US: MIT Press.

Priest G. (1986), What Economists Can Tell Lawyers About Intellectual Property: Comment on Cheung, Research in Law and Economics, 8, 19.

Radin M. J. (2000), Humans, Computers, and Binding Commitments, Ind. L. J., 75. 1125.

Radin M. J. (2006), Copyright Defection, Industrial and Corporate Cbange, 15 (6), 981.

Rafaeli s. and Ariel Y. (2008), Online Motivational Factors: Incentives for Participation and Contribution in Wikipedia in Psychological Aspects of Cyberspace: Theory, Research, Applications 243 (A. Barak ed).

Rafaeli S., Hayat T. and Ariel Y. (2009), Knowledge Building and Motivations in Wikipedia: Participation as "Ba" in Cyberculture and New Media 51 (Francisco J. Ricardo ed).

Rafaeli S., Raban D. and Ravid G. (2007), How Social Motivation Enhances Economic Activity and Incentives in the Google Answers Knowledge Sharing Market, International Journal of Knowledge and Learning, 3 (1).

Rai A. K. and Eisenberg R. S. (2003), Bayh–Dole Reform and the Progress of Biomedicine, Law and Contemporary Problems, 66 (1/2), 289.

Rainie L., Horrigan B. J., Wellman B. and Boase J. (2006), The Strength of Internet Ties, Pew Internet & American Life Proiect. Retrieved from http://www.pewinternet.org/~/media//Files/Reports/2006/PIP_Internet_ties.pdf.

Rawls J. (1971), Theory of Justice, US: Belknap Pub.

RealPlaver 10.5, RealNetwork, More Info On RadioPass Features, retrieved 29 August 2007, from http://uk.real.com/radiopass/.

Regner T. (2004), Effcient Contracts for Digital Content, Leverbulme CMPO Working Paper No 04108. Retrieved 29 August 2007, from www.bris.ac.uk/depts/CMPO/workingpapers/wp108.pdf.

Reichman J. H. and Samuelson P. (1997), Intellectual Property Rights in Data?, Vanderbilt L. Rev., 50 (1), 51.

Reidenberg J. (1998), Lex Informatica: the Formulation of Information Policy Rules Through Technology, Texas L. Rev., 76, 553.

Risch M. (Forthcoming 2012), Patent Troll Myths, Seton Hall Law Review, 42. Retrieved from: http://papers.ssrn.com/sol3/papers.cfm?abstract_id=1792442.

Robbins L. (1932), Nature and Significance of Economic Science, UK: Macmillan.

Rocard M. (2005), Report on the Council Common Position for Adopting a Directive of the European Parliament and of the Council on the Patentability of Computer – Implemented Inventions, A6 – 0207/2005 Committee of Legal Affairs.

Rose C. (1986), The Comedy of the Commons: Custom, Commerce, an Inherently Public Property, U Chi L Rev., 53, 711.

Rose C. M. (1994), Property and Persuasion: Essays on the History, Theory, and Rhetoric of Ownership, US: Westview Press.

Rosenblatt B. (2007), Windows Media DRM Hacked Again, DRM Watch. retrieved 29 August 2007, from www.drmwatch.com/drmtech/article.php/3689756.

Rousseau J. J. (1762), The Social Contract. Translated: by G. D. H. Cole.

Rubin P. (1977), Why Is the Common Law Efficient?, J. of Legal Studies, 6 (1), 51.

Sag M., Jacobi T. and Sytch M. (2007), The Effect of Judicial Ideology in Intellectual Property Cases, 2nd Annual Conference on Empirical Legal Studies Paper.

Sakakibara M. and Branstetter L. (2001), Do Stronger Patents Induce More Innovation? Evidence from the 1988 Japanese Patent Law Reforms, RAND Journal of Economics, 32 (1), 77.

Salzberger E. (1993), On the Normative Facet of the Economic Approach Towards Law, Mishpatim, 22, 1 (in Hebrew).

Salzberger E. (2008), The Economic Analysis of Law: The Dominant Methodology for Legal Research?! Haifa Law Review, 4 (1), 207.

Salzberger E. (ed) (2012 forthcoming), The Law and Economics of Innovation, London: Edward Elgar.

Salzberger E. and Voigt S. (2002), On the Delegation of Powers: With Special Emphasis on Central and Eastern Europe, Constitutional Political Economy, 13, 25.

Salzberger E. and Voigt S. (2002a), Choosing Not To Choose: When Politicians Choose To Delegate Powers, KYKLOS, 55 (2), 289.

Samuelson P. (1999), Intellectual Property and the Digital Economy: Why the Anti – Circumvention Regulations Need to Be Revised, Berkeley Tech. L. J., 14, 519.

Samuelson P. (2001), Anti – circumvention Rules: Threat to Science, Science, 293, 2028.

Samuelson P. (2001a), Economic and Constitutional Infuences on Copyright Law in the United States, European Intellectual Property Rev., 23 (9), 409.

Samuelson P. (2002), The Law and Economics of Reverse Engineering, Yale L. J., 111, 1575.

Samuelson P. (2002), Toward a "New Deal" for Copyright in the Information Age, Michigan L. Rev., 100 (6), 1488.

Samuelson P. (2003), Should Economics Play a Role in Copyright Law and Policy?, U. Ottawa L. & Tech. J., 1, 3.

Samuelson P. (2003), Mapping the Digital Public Domain: Threats and Opportunities, L. Contemp. Probs., 66, 147.

Samuelson P., Davis R., Kapor M. D. and Reichman J. H. (1994), A Manifesto Concerning the Legal Protection of Computer Programs, Columbia L. Rev., 94, 2308.

Samuelson P. and Scotchmer S. (2002), The Law and Economics of Reverse Engineering, Yale L. J., 111, 1575.

Sanchez J. (2007), Second Life: An Interactive Qualitative Analysis, in Proceedings of Society for Information Technology and Teacher Education International Conference (Crawford et al. eds, US: AACE.

Sauermann H. (2007), Turning Knowledge into Action: The Role of Incentives in Innovative Capabilities, Working Paper.

Sauermann H. and Cohen M. W. (2008), What Makes Them Tick? Employee Motives and Firm Innovation, NBER Working Paper No w14443. Retrieved from: http://papers.ssrn.com/sol3/papers.cfm?abstract_id=1289677.

Schankerman M. (1998), How Valuable is Patent Protection? Estimates by Technology Field, Rand Journal of Economics, 29, 93.

Schaub M. (2005), A breakdown of consumer protection law in the light of digital products, INDICARE Monitor, retrieved 29 August 2007, from http://www.indicare.org/tiki-read article.php?articleld=123.

Scherer F. M. (2001), The Innovation Lottery, in Expanding the Boundaries of Intellectual Property: Innovation Policy for the Knowledge Society 3, (Dreyfuss, Zimmerman and First eds), UK: Oxford University Press.

Scherrer P. (1999), One in Eight South Africans HIV - Positive, World Socialist Web Site, retrieved 29 August 2007, from http://www.wsws.orgl/articles/1999/dec1999/saf-d11.shtml.

Schumpeter J. A. (1912) [1934], The Theory of Economic Development: An Inquiry into Profits, Capital, Credit, Interest, and the Business Cycle, US: Harvard University Press.

Schumpeter J. A. (1928), The Instability of Capitalism, The Econ. J., 38 (151), 361.

Schumpeter J. A. (1942), Capitalism, Socialism and Democracy, US: Harper and Row.

Schwartz A. and Wilde L. L. (1983), Imperfect Information in Markets for Contract Terms: The Examples of Warranties and Security Interests, Vir. L. Rev., 69, 1387.

Scotchmer S. and Menell P. S. (2007), Intellectual Property Law, in Handbook of Law and Economics (Polinsky and Shavell eds), 2, Amsterdam: Elsevier.

Sen K. A. (1982), Choice, Welfare and Measurement, US: Harvard University Press.

Shapiro C. (1999), Competition Policy in the Information Economy, University of California at Berkelev, 1-18.

Shapiro J. R. and Hassett A. K. (2005), The Economic Value of Intellectual Property, USA For Innovation.

Shavell S. (2002), Economic Analysis of Property Law, Harvard Olin Center for Law, Economics and Business Discussion Paper No 399. Retrieved 29 August 2007, from http://www.law.

harvard. edu/programs/olin_center/papers/pdf/399. pdf.

Shenk D. (1997), Data Smog: Surviving the Information Glut, US: Harper San Francisco.

Sherwood M. R. (2000), Human Creativity for Economic Development: Patents Propel Technology, Akron L. Rev, 33, 351.

Shiffrin s. V. (2001), Lockean Arguments for Private Intellectual Property, in New Essays in the Legal and Political Theory of Property (Munzer eds), Cambridge: Cambridge University Press.

Shih Ray Ku R. (2002), The Creative Destruction of Copyright: Napster and the New Economics of Digital Technology, University of Chicago L. Rev., 69, 263.

Shirky C. (2008), Here Comes Everybody: The Power of Organizing Without Organizations, US: Penguin Press HC.

Shrestha K. S. (2010), Trolls or Market – Makers? An Empirical Analysis of Nonpracticing Entities, Columbia Law Review, 110, 114. Retrieved from: http://papers.ssrn.com/sol3/papers.cfm?abstract_id=1534282.

Siebeck W. E., Evenson E. R., Lesser W. and Braga C. (1990), Strengthening Protection of Intellectual Property in Developing Countries: A Survey of the Literature, US: World Bank.

Simon H. (1957), Models of Man, US: Wiley.

Simon H. (1971), Designing Organizations for an Information – Rich World, in Computers, Communications, and the Public Interest, US: Johns Hopkins Univ. Pr.

Skinner B. F. (1985), Cognitive Science and Behaviourism, Britisb J. of Psychology, 76, 291.

Smith A. (1776), An inquiry into the nature and causes of the wealth of nations, reprinted in Edwin C. (ed) (1961), UK: Methuen.

Smith E. H. (2002), Exclusion versus Governance: Two Strategies for Delineating – Property Rights, J. Legal Stud, 31, 453.

Smith S. W. (2011), Capital Structure and Entrepreneurial Experience: New Firm Innovation and Survival, in Oxford Handbook of Entrepreneurial Finance (Cumming eds.), US: Oxford University Press.

Smith M. A. and Kollock P. (eds) (1999), Communities in Cyberspace, UK: Routledge.

Smith T. (2005), Microsoft Eyes Disposable, Play – Once DVDs, The Register, retrieved 29 August 2007, from http://www.theregister.co.uk/2005/10/05/ms_play – one_dvds/.

Solow M. R. (1957), Technical Change and the Aggregate Production Function, The Rev. of Econ. and Stats., 39 (3), 312.

Sommer R. A. (2005), Trouble on the Commons: A Lockean Justification for Patent Law Harmonization, Journal of the Patent and Trademark Office Society, 87, 141.

Stanford News Center – Mobile Computing Giants In Patent Free – For – All http//www.law.stanford.edu/news/details/4722/Mobile%20Computing%20Giants%20In%20Patent%20Free – For – All) (2011).

Steinmueller W. E. (2003), Information Society Consequences of Expanding the Intellectual Property Domain, Report Draft No 38, Science and Technology Policy Research. Retrieved 29 August 2007, from http://ipr. dime-eu. org/files/active/1/steinmueller. pdf.

Sterk E. S. (2004), What's In a Name?: The Troublesome Analogies Between Real and Intellectual Property, Cardozo L. Legal Stud. Research Paper, 88.

Stern N., Dethier J. J. and Rogers F. H. (2005), Growth and Empowerment: Making Development Happen, Munich lectures in economics, Cambridge, MA: MIT Press.

Stigler J. G. (1952). The Ricardian Theory of Value and Distribution, J. of Political Economy, 60, 187.

Stigler J. G. (1971), The theory of economic regulation, Bell J. Econ. Man. Sci., 2 (1), 3.

Stiglitz E. J. (1987), Technological Change, Sunk Costs, and Competition, Brookings Papers on Economic Activity: Special Issue On Microeconomics, 1987 (3), 883.

Stiglitz E. J. (2008), Economic foundations of intellectual property rights, Duke Law Journal, 57, 1963.

Sunder M. (2006), IP, Stanford Law Review, 59 (257).

Sunstein C. (1995), Emerging Media Technology and the First Amendment: The First Amendment in Cyberspace, Yale L. J., 104, 1757.

Sweeting A. (2007), Dynamic Product Repositioning in Differentiated Product Markets: The Case of Format Switching in the Commercial Radio Industry, NBER Working Paper 13522.

Sykes A. O. (2002), Public Health and International Law: TRIPs, Pharmaceuticals, Developing Countries, and the Doha "Solution", Chi. I. Int'l L. 3 (2002), 47, 59 – 60.

Tapscott D. and Williams D. A. (2006), Wikinomics: How Mass Collaboration Changes Everything, US: Portfolio.

Teece D. J. (1992), Competition, cooperation, and innovation: Organizational arrangements for regimes of rapid technological progress, Journal of Economic Behavior and Organization, 18, 2.

Tehranian J. (2005), Et Tu, Fair Use? The Triumph of Natural – Law Copyright?, U. C. Davis L. Rev., 38, 465.

Thaker S. (2003), The Criticality of Non – Market Strategies: The European Biotechnology Patents Directive, Online Research Paper on Biotechnology.

The Guardian – http://www. guardian. co. uk/technology/2011/oct/21/steve – jobs – destroy – android (2011).

The Guardian – http://www. guardian. co. uk/technology/2011/aug/04/apple – patents – android – expensive – google (2011).

The New – York Times – www. nytimes. com/2007/03/10/world/europe/10europe. html? – r = 2& oref = slogin (2007).

The New York Times – http://www. nytimes. com/2011/08/17/technology/a – bull – market – in – tech – patents. html?pagewanted = all (2011).

The Wall Street Journal – http://online. wsj. com/article/SB10001424053111903639404576518493

092643006. html (2011).

Time Magazine Person of the Year: You, TIME, Dec. 25, 2006. Retrieved from: http://www.time.com/time/covers/0,16641,20061225,00.html.

Toffler, A. (1980), The third wave, New York: Bantam Books.

Towse R. (1999), Copyright and Economic Incentives: An Application to Performers Rights in the Music Industry, KYKLOS, 52, 369.

Towse R. (2003), A Handbook on Cultural Economis, US: Edward Elgar.

Towse R. and Hozhauer R. (2002), Economics of Intellectual Property Rights 4, US: Edward Elgar International.

Trachtman J. (1998), Cyberspace, Sovereignty, Jurisdiction and Modernism, Ind. J. Global Legal Stud. 5 (2), 561.

Truett J. L. and Truett B. D. (1982), Economics, US: West publishing company.

Tufts Center for the Study of Drug Development Outlook 2011 (CSDD 2011). Retrieved from http://sdd.tufts.edu/news/complete_story/pr_outlook_2011.

Tushnet R. (2009), Economies of Desire: Fair Use and Marketplace Assumptions, William & Mary Law Review, 51, 522 – 527. Retrieved from http://papers.ssrn.com/sol3/papers.cfm?abstract_id = 1498542.

UNAIDS Report on the Global AIDS Epidemic – Global Report 2010.

Unicef website – http://www.unicef.org/infobycountry/southafrica_statistics.html.

U. S. Chamber of Commerce, http://www.uschamber.com/ip.

Vaidhyanathan S. (2001), Copyrights and Copywrongs, US: New York University Press.

Valimaki M. and Oksanen V. (2006), DRM Interoperability and Intellectual Property Policy in Europe, European Intellectual Property Rev., 26 (11), 562.

Valkonen S. and White L. J. (2006), An Economic Model for the Incentive – Access Paradigm of Copyright Propertization: An Argument in Support of the Proposed New § 514 to the Copyright Act, Law & Economics Research Paper Series, Working Paper No 06 – 15. Retrieved 29 August 2007, from www.stern.nyu.edu/eco/wkpapers/Valkonen.pdf.

Velianovski C. (2007), Economic Principles of Lau, Cambridge University Press.

Wagner J. (2003), Are Nascent Entrepreneurs Jacks – of – All – Trades? A Test of Lazear's Theory of Entrepreneurship with German Data, IZA Discussion Paper No 911. Retrieved 29 August 2007, from http://ssrn.com/abstract = 464641.

Wagner P. (2003), Information Wants to Be Free: Intellectual Property and the Mythologies of Control, Colum. L. Rev., 103, 995.

Wagner, R. P. and Parchomovsky G. (2005), Patent Portfolios, PA. L. Rev. 154 (1), 1.

Webster F. (2002) Theories of the Information Society, UK: Routledge.

Weimer L. D. and Vining A. R. (2004), Policy Analysis: Concepts and Practice (4th ed), US: Prentice Hall.

Wellman B. et al (2003), The Social Affordances of the Internet for Networked Individualism, Journal of Computer - Mediated Communication, 8 (3).

West J. and Gallagher S. (2004), Key Challenges of Open Innovation: Lessons from Open Source Software, San Jose State College of Business Mimeo.

Williamson E. O. (1993), Calculativeness, Trust, and Economic Organization, J. of L. and Econ., 36 (1), 453.

Winter, S. (1989), Patents in Complex Contexts: Incentives and Effectiveness, in Weil and Snapper (eds), Ouning Scientific and Technical Information, US: New Brunswick, NJ: Rutgers Univ. Press.

WIPO Magazine (2010), IP Litigation Costs: Special Edition (2 - 25). Retrieved from http://www.wipo.int/wipo - magazine/en/pdf/2010/wipo_pub_121_2010_01.pdf.

WIPO Report (2007), Patent Report: Statistics on Worldwide Patent Activities. Retrieved 29 August 2007, from www.wipo.int/ipstats/en/statistics/patents/pdf/patent_report_2007.pdf.

Working Group on Intellectual Property Rights (1995), White Paper on Intellectual Property and the National Information Infrastructure. Retrieved 29 August 2007, from http://www.uspto.gov/web/offices/com/doc/ipnii/.

Yen C. A. (1990), Restoring the Natural Law: Copyright as Labor and Possession, O. State L. J., 51, 517.

Zimmerman D. L. (2003), Authorship Without Ownership: Reconsidering Incentives in a Digital Age, DePaul L. Rev., 52, 1121.

Zimmerman D. L. (2011), Copyrights as Incentives: Did We Just Imagine That?, Theoretical Inquiries in Law, 12 (1), L. 29.

Zimmerman M. (2006), Copyright/DMCA Developments, IP Litigator, 12 (6), 1. Retrieved 29 August 2007, from www.fenwick.com/docstore/publications/IP/IP _ Articles/IP _ Lit _ 1106.pdf. Ackerman B. A. The Storrs Lectures: Discovering the Constitution', Yale L. J., 93 1013 1983 - 1984.

案例索引

Chamberlain Group, Inc. v. Skylink Technologies, Inc.,
　381 F. 3d 1178 (2004) ················· 79, 200, 203, 206, 207
Davidson&Associates v. Jung, 422 F. 3d 630 (2005) ················· 209
Eldred v. Asbcroft, 123 S. Ct. 769 (2003) ················· 230
Forest Group, Inc. v. Bon Tool Co., 590 F. 3d 1295 (2009) ················· 97
In re Trade – Mark Cases, 100 U. S. 82 (1879) ················· 42
Kabushiki Kaisha Sony Computer Entertainment Inc and Others v. Ball and Others, E. C. D. R. 33
　(2004) ················· 213
Lexmark International Inc. v. Static Control Components, Inc.,
　387 F. 3d 522 (2004) ················· 79, 206
Metro – Goldyyn – Maver Studios, Inc. v. Grokster Ltd., 125 S. Ct. 2764 (2005) ················· 81
Brief of Amici Curiae Sixty Intellectual Property and Technology Law Professors and the United States
　Public Policy Committee of the Association for Computing Machinery in Support of Respondents,
　Metro – Goldwyn – Mayer Studios, Inc. v. Grokster Ltd. . 125 S. Ct. 2764 (2005) ················· 81
Brief of Amici Curiae Sovereign Artists on Behalf of Ann Wilson & Nancy Wilson (Heart) et al.,
　Metro – Goldwyn – Mayer Studios. Inc. v. Grokster Ltd., 125 S. Ct. 2764 (2005) ················· 81
Brief of Amici Curiae Law Professors, Economics Professors, and Treatise Authors in Support of
　Petitioners, Metro – Goldwyn – Mayer Studios, Inc. v. Grokster Ltd., 125 S. Ct. 2764
　(2005) ················· 81
ProCD Inc. v. Zeidenberg, 86 F. 3d 1447 (7th Cir. 1996) ················· 153, 157, 158, 160, 167
Register. com, Inc. v. Verio, Inc., 356 F. 3d 393 (2d Cir. 2004) ················· 160, 167
Sega Enterprises Ltd. v. Accolade, Inc., 977 F. 2d 1510 (9th Cir. 1992) ················· 208
Sony Corporation of America v. Universal City Studios, Inc., 464 U. S. 417 (1984) ················· 194
Sony Computer Entertainment, Inc. v. Connectix Corp., 203 F. 3d 596 (9th Cir. 2000) ················· 208
Sony Computer Entertainment Inc. v. GameMasters, 87 F. Supp. 2d 976 (N. D. Cal. 1999) ················· 213
Specht v. Netscape Comm. Corp., 306 F. 3d 17 (2d Cir. 2002) ················· 160
Stevens v. Kabushiki Kaisha Sony Computer Entertainment, 79 ALJR 1850 (2005) ················· 213
Tex. Data Co., L. L. C. v. Target Brands, Inc., 771 F. Supp. 2d 630 (2011) ················· 97

The Author's Guild et al. v. Google, Inc., OS Civ 8136 (2011) ·············· 85, 92, 93, 212

Twentieth Century Fox Film Corporation, et al. v. iCraveTV, et al. 53 U. S. P. Q. 2d (BNA) 1831 (2000) ··· 91

Universal City Studios, Inc. v. Reimerdes, 111 F. Supp. 2a 346 (2000) ···················· 209

Universal City Studios Inc. v. Corley, 273 F. 3d 429 (2d Cir. 2001) ························ 195

法律索引

U. S. CONST. art. I, § 8, cl. 8. ………………………………………………………… 4
Berne Convention for the Protection of Literary and Artistic Works. signed in Berne, Switzerland, on 9 September 1886 ………………………………………………………… 246
Copyright Act of 1709, 1710, 8Anne., c. 19 (UK) ………………………………… 60
The Green Paper on Copyright and the Challenge of Technology, published by the European Commission in 1988 (COM (88) 172 final) (7 June 1988). ………………………… 234, 244
The Audio Home Recording Act (AHRA) of 1992, codified as 17 U. S. C. ＄S1001 – 1010 …… 222
Council Directive 91/250/EEC of 14 May 1991 on the legal protection of computer programs, Official Journal L122, 17/05/1991 P. 0042 – 0046 ……………………………… 195
Communications Assistance for Law Enforcement Act of 1994, Pub. L. 103 – 414, 108 Stat. 4279, codified as 47 U. S. C. ＄ § 1001 – 1010. ……………………………………… .221
COM (95) 382 final, Green Paper on Copyright and Related Rights in the Information Society (27 July 1995). …………………………………………………………… 193
Directive 95/46/EC of the European Parliament and of the Council of 24 October 1995 on the protection of individuals with regard to the processing of personal data and on the free movement of such data, L281/31 ………………………………………………… 99
World Intellectual Property Organization (WIPO) Copyright Treaty signed in December 1996 … 193
World Intellectual Property Organization (WIPO) Performances and Phonograms Treaty signed in December 1996 ……………………………………………………………… 193
Directive 96/9/EC of the European Parliament and of the Council of 11 March on legal protection of databases OJ L077, 27/03/1996 p 0020 – 0028 ……………………………… 233
Digital Millennium Copyright Act (DMCA), Pub. L No. 105 – 304, 112 Stat. 2860 (28 October 1998). ……………………………………………………………… 78, 151, 193
Sonny Bono Copyright Term Extension Act of 1998 (CTEA), Pub. L. No. 105 – 298, 112 Stat. 2827 (1998); 63 Fed. Reg. 71, 785
(30 December 1998) …………………………… 83, 116, 128, 129, 230, 239, 240
Directive 2001/29/EC of the European Parliament and of the Council of 22 May 2001 on the harmonization of certain aspects of copyright and related rights in the information society … 151, 194, 244
Directive 95/46/EC of the European Parliament and of the Council of 24 October 1995 on the pro-

— 240 —

tection of individuals with regard to the processing of personal data and on the free movement of such data (24 October 1995). Retrieved from http://eur-lex.europa.eu/LexUriServ/LexUriServ.do? uri-CELEX: 31995L0046: EN: HTML ………………………………… 99

词汇索引

说明：本索引的编制格式为原版词汇＋中译文＋原版页码。

Abramowicz，M. 阿布拉莫维奇 103
academic institutions 学术机构 127，137；universities 大学 68，70，97，107，196
Ackerman，B. 阿克曼 14
Acs，Z. J. 69
administrative law 行政法 227
Adobe Acrobat 阅读软件 191，192－3
Adobe Digital Publishing Adobe 数字出版 184
Adobe eBooks 电子书 201
Adobe PDF PDF 软件 201
advertising 广告 32，33，78，91，96，145；Google AdSense 谷歌广告 67，82－3，173；social media platforms 社交媒体平台 145，171，173，176，191
agency theory 代理理论 25，34－5
AIDS drugs 艾滋病药物 89－90，230
Alterthum，F. 85
amateurs 业余 100；professionals and 专业 75
Amazon 亚马逊 73，74，82，140，192，202，211－12；removal of eBook 删除电子书 78
Amstrad 阿姆斯特拉德 245
Andersen，B. 安德森 57，95
Anglo－American approach：consequential thinking 英美的方式：必然的想法 46，50

Antelman，K. 82
anti－circumvention laws 反规制法 34，78－9，99，151－152，183，190，220，221；competition and DRMs see separate entry；economic rationale of 理性经济 197－200，220；economics of innovation and 创新经济 216－219；exceptions and limitations 例外和限制 195－197；fair use 合理使用 196；ideas and expression 思想和表达 194；legal background 法律背景 193－197；nature of regulation by technology 技术规则属性 200－201；right of access 获取权 200；scope of protection 保护范围 194－195；vulnerability of DRMs DRM 系统的弱点 191，192－193
anti－commons property 反公地属性 134－6
anti－competitive behavior 反竞争行为 96，98；see also competition and DRMs anti-trust authority/law 另见竞争和 DRM 系统的反垄断授权/法律 21，207，242
Apple 苹果 95，96，201－202，206，211－212，213，215，238，245
Aquinas，Thomas 托马斯·阿奎那 15，46
Arno，K. 阿诺 63
artistic works reference other work 艺术作品和其他作品 62

Austin, J. 奥斯汀 186

Australia 澳大利亚 213

autonomy 自治 33, 47, 66, 133, 156, 159, 182

Bach, D. 巴赫 238

Bacon, Francis 弗朗西斯·培根 14

Band, J. 92

Barnes & Noble 巴诺书店 187, 211

Basu, K. 巴苏 197

Beccaria, C. 贝卡里亚 21

Bechtold, S. 贝克托尔德 196, 197

Beebe 毕比 248

behavioral approach 行为学派 20, 25, 29, 32, 33

Bell, T. W. 贝尔 78, 156, 217

Benjamin, W. 本杰明 100

Benkler, Y. 本科勒 8, 35, 64, 66, 71, 72, 73, 74, 128, 144, 150, 154

Bentham, J. 边沁 21, 47, 186

Bergh, R. van den 范登·伯格 204

Bernstein, L. 伯恩斯坦 155

Bertelsmann 贝塔斯曼 138

Besek, J. M. 拜谢克 215

Bessen, J. 111, 247

bilateral trade policies 双边贸易政策 246

Bilefsky 比莱弗斯凯 231

biomedical research 生物医学研究 135, 149

biotechnology 生物技术 109–110, 228–229

Birnhack, M. D. 40, 102

Birrell, A. 比勒尔 60

blogs/bloggers 博客 66, 67, 71, 75, 82, 169, 173, 175

Boczkowski, P. J. 博奇科夫斯基 81

Boldrin, M. 博俊 238

Bomsel, O. 庞赛尔 184, 185, 201, 214

Books 图书 39, 44–45, 60, 62, 68, 77, 152–154, 189; eBooks see separate entry 电子书; first sale doctrine 首次销售原则 187; Google Books 谷歌图书 84–85, 92–93; infrastructure 基础设施 69; non-rivalrous 非竞争的 60; printing press and copyright 印刷机构和版权 60; publishers and copyright 出版社和版权 80

Borders 鲍德斯 211

Botein, M. 92

Boyle, J. 波义耳 40, 42, 52, 118, 121, 124

Braga, C. A. P. 布拉加 9, 51

brands 品牌 205; names 姓名 41, 42

Brazil 巴西 85, 89

Brennan, G. 布伦南 233, 236

Breyer, S. 布雷耶 62, 63, 64, 80

Broadcasting 传播 69, 91, 92, 171, 221

Brown, I. 布朗 217

browsewrap license 浏览许可 153, 160

Buber, M. 布伯 66

Bull 布尔 249

Burk, D. 伯克 111

Burke, Edmund 埃德蒙·伯克 232

Calabresi, G. 卡拉布雷西 21, 24, 30, 43, 104, 105

Cambodia 柬埔寨 246

Cameron, J. 卡梅伦 66

Campbell-Kelly, M. 坎贝尔·凯利 86

Carroll, M. 卡罗尔 108, 111–112

cartels 卡特尔 59, 242

Castells 卡斯特利斯 169

central intervention 中央干预 17, 30, 57, 59, 6179, 106, 120, 227; anti-circumvention laws see separate entry 反规避; Chicago school 芝加哥学派 24; decreasing need for 减少需求 74; DRMs: designing regulation for regulation by design 为设计

规则而设计 216, 219 - 222; efficiency and 效率 226; incentives paradigm and IP rights 激励范式和知识产权 87 - 112; liability rules 义务规则 104 - 5; normative goal 规范目标 102; private ordering and limits of and need for 私人预订和需要限制 156 - 171, 77 - 78; property rules 财产规则 104; social media 社交媒体 177 - 178

chefs 厨师 137, 151

chemical patents 化学专利 95

Chicago school 芝加哥学派 20, 23 - 24, 26, 27, 29, 31, 48, 57, 58 - 9

Children 儿童 185

China 中国 246

Chips 薯片 63

civil law countries/Continental Europe: natural law 大陆法国家/欧洲大陆: 国内法 15 - 16, 46, 50

civil liberties 公民自由 177

clickwrap license 点击许可 153

Clinton, Bill 比尔·克林顿 193

Coase, Ronald 罗纳德·科斯 21, 25, 28, 33, 35, 36, 59, 74, 101

Coca Cola 可口可乐 85, 86

cognitive evaluation theory (CET) 认知评价理论 66

Cohen, J. E. 科恩 52, 159, 160, 161, 163, 191, 202, 215, 216

Cohen, W. M. 科恩 94

Coleman, S. J. 科尔曼 23

collective action theory 集体行动理论 35, 237, 239, 240, 241

comedians 喜剧演员 137, 151

common law 普通法 16, 43, 236; descriptive law and economics 叙述法和经济 22

competition and DRMs 竞争和 DRM 系统 204 - 5, 220 - 221; interoperability and competition 互操作性和竞争 210 - 213; legal impediments to interoperability: new IPR regime 207 - 210; market resolution of problems 213 - 16; virtues of interoperability 205 - 207

competition law 竞争法 9, 21, 51, 220

competitive market 竞争市场 84, 131, 214, 226

computer programs see software Condorcet, Marquis de 21

conficts 冲突 6, 132, 138, 166

constitutional law/norms 宪法/规范 35, 186, 227

consumer protection 消费者保护 64. 235; post - purchase control and 买后控制 201 - 4

contracts 合同 117, 128, 142, 144, 149 - 150, 197. 226; of adhesion 遵守 182; canonic position of law and economics towards private ordering 155 - 159; databases 234; private ordering: critical view 159 - 165; private ordering and social web 169 - 182; rise of private ordering 151 - 155; singers 241; viral contracts and the new property 165 - 169

Cooter, R. D. 考特 14, 58, 155

copyleft 著佐权 101, 154, 165

copyright 著作权 3, 6, 7, 41 - 42, 50, 52. 57, 79, 99, 108, 110, 168; anti - circumvention laws see separate entry; collaboration 139 - 140; content industry 68, 69, 80, 100; cost - benefit analysis 64; costs 98, 99 - 100, 105, 169, 190, 191, 199, 234; DRMs see separate entry; eBook market 211 - 212; employees 139 - 140; enforcement 190: European Union 52 - 3, 151 - 152, 193 - 194,

195，196－197，198，203，208，209－210，217，244－245；expression 45，62，194；fair use 62，92，99，112，122，142，152，153，196，208；first sale doctrine 152，153，166，187，202；free software：general public license（GPL）101，140－141，154，165，178，179；Google Books 84－85，92－93；ideas 45，62，194；interest group analysis 237－238，242，242－243；joint authorship 139，140；lead time 62－3；market power and 90－3，98；new intermediaries 82－83；open content initiatives 154；pluralist view 229－230，231；printing press 60；private ordering and 159，168；professional authors 75；proprietary model 117，121，125，128－130，131，133，135－136，139－140；public ordering 149；quantity and quality 102；retaliation 63；reverse engineering 208；social media 174，175－176，178；social norms 231；software 72，109，153，161，166－7，245，246；substitutes 88；taxation 222；time limits 43，83－84，111，116，125，128－130，229－230，238，239－240，242；TRIPs 246；United States see copyright in US；upfront payment 634；Wikipedia 139

copyright in US 243；computer programs 109；consumer protection 203；differences in rationales fading：EU and US 52－3；DRMs（digital rights management systems）78－79，151，193，194－6，200，202－203，206－207，208－209，213，217，221－222；Google：scanning books 85，92；interest groups 238，239－240；Internet streaming 91；joint ownership 140；

market power 91－93；privacy 202－203；retransmission by cable operators 92；reverse engineering 208－209；time limits 83，116，128－129，230，239，242

Cornelli，F. 科尔内利 95

corporate law 公司法 9，21，51

corporations 公司 32，38，39，40，65，76，229，245；democratic theory 法学 106；depropertization 去财产化 144－145；need of：incentives 需求：激励 67－71；public choice view of legislation 公众选择立法观点 235，238－239；republican view of legislation 共和党的立法观点 235，237；terms of access：mass-produced content 获取条款：量产内容 172；see also firms；individual corporations 另见企业；私人企业

cost-benefit analysis 成本效益分析 64，111－112，126192，229

courts：positive analysis of role of 角色的实证分析 247－8；special IP 特定知识产权 247；see also common law creative commons 另见普通法知识共享 142，143－144；licenses 许可 99，101，154－155，165，166，172，173－174，178，179

Crespi，S. G. 克雷斯皮 32

criminal law 刑法 104，231

critical legal studies（CLS）批判法律研究 16－17，18，37

Cruz 克鲁兹 162

Culture 文化 164；cultural icons 文化偶像 130

Dagan 巴比伦神 43

Dam，K. W. 丹 78，156，198，214

damages 破坏 34，93，105，141，161，186，229

data protection 数据保护 202－203

databases 数据库 38，41，47，158；European Union 欧盟 233-235，240；interest group analysis 利益集团分析 240；personal information 个人信息 172，181，202，203，211

Dau-Schmidt, K. G. 32

Deci, EL. 德西 66

democracy 民主 49，106，133；DRMs（digital rights management）数字权利管理 7，187-188；European Union 欧盟 240；pluralist view of legislation 多元立法观点 227-231；republican view of legislation 共和党的立法观点 233

Demsetz, H. 德姆塞兹 21，118-120，121-123，129，132，143-144，145

deontological foundation 义务论基础 4，46-47，52；natural law/rights 自然权利 15-16，46-47，50，52 119，228-229

Depoorter, B. 7

Dequiedt, V. 98

designs 设计 7，108，238

developing countries 发展中国家 246；medications and 药物 89-90，125，230

development law and economics 发展中的法经济学 26

dictionaries 词典 70

Digg 掘客 175

Dinwoodie 丁伍迪 110

disclosure 公开 85-86，103，110，152，204

disintermediation 去中介化 8]

Disney 迪士尼 129-30，131，238

distribution methods 分配方法 77-79，150；lower cost of digital 数字化的低成本 64，80-81，83；market power and IP 市场力和知识产权 91；movies 电影 190

distributional justice 分配正义 23，24，28，122

DRMs（digital rights management systems）数字权利管理系统 7，78，86，121，152，153，183-184，197，198-199，245；anti-circumvention laws see separate entry 反规避法见单独条目；anti-commons analysis；反公地分析 135；competition and see separate entry 竞争见单独条目；contract-as-product view 合同产品观点 157，160，162；designing regulations for regulation by design 为设计规则而设计 219-222；digital networks and economic analysis of information 数字网络和信息经济分析 188-192；forms and types of 形式和类型 184-185；hard 硬的 184；post-purchase control and consumer protection 买后控制和消费者保护 201-204；product differentiation 产品差异化 192；soft 软的 184；theory of law and regulation by code 法律理论和法规 185-8

du Gay 杜盖伊 164

Duffy, J. F. 杜夫 134

duration of rights 权利期限 43，62，83，111，112，116，125，128-130；breaking property into components 将财产分为组件 142；digital revolution 技术革命 219；DRMs（digital rights management systems）数字权利管理系统 183，187，192，219；interest group analysis 利益集团分析 238-240，242；pluralist view 多元化观点 229-230；tragedy of the commons 公地悲剧 122

DVDs 152，153，166，175，184，185，187，202；anti-circumvention laws 反规避法 195n23，207，209，210；copies for private use 私人使用副本 203；region codes 区域代码 212-213，216

Dworkin, R. 29

Easterbrook, F. 29, 120, 156, 158, 159

eBay 174 – 175, 248

eBooks 电子书 45, 63, 77 – 78, 153 – 154; advertising revenue 广告收入 82; direct sales 直接销售 63 – 64, 80 – 81; DRMs (digital rights management systems) 数字权利管理系统 78, 184, 187, 189, 192 – 193, 201, 202, 203, 210 – 212; libraries 图书馆 192; popular highlights 流行观点 73; production costs 生产成本 82

econometrics 计量经济学 22

economic growth 经济增长 3, 9, 26, 38, 39, 40

economics 经济 28; advantage of economic models 经济模式优势 19 – 20; advantages of economic methodology 经济方法优势 20 – 1; definition of 定义 18 – 19

economies of scale 经济规模 170, 211

efficiency 效率 23, 24, 30, 48, 50, 57, 59, 112, 142; bypassing of inefficient rules 绕过低效规则 74, 101; common law 普通法 226; competition 竞争 84, 131, 214, 226; DRMs (digital rights management systems) 数字权利管理系统 191 – 192, 213 – 216; empirical problems of incentives paradigm 激励范式经验问题 124 – 125; improvement of goods 产品改进 83 – 84; pluralist view 多元化观点 228 – 229; private ordering 私人订制 157 – 158, 159, 161, 162 – 163, 167; proprietary model 专有模式 120, 122, 124 – 125, 131, 132; public choice view 公众选择观点 240, 241; social media 社交媒体 175 – 176, 177; static and dynamic 静态和动态 26, 48, 126; see also wealth maximization EFTA (European Free Trade Association) 另见财富最大化（欧洲自由贸易协会）246

Elcomsoft Co. Ltd 193

electronics patents 电子专利 95

Elkin – Koren, N. 8, 34, 35, 45, 49, 71, 74, 81, 82, 90, 92, 101, 106, 121, 123, 142, 144, 159, 160, 162, 164, 166, 168, 169, 199, 204, 210, 232

Ellickson, R. C. 25, 151, 155

employees 雇员 68, 70 – 1, 75, 139 – 40

encyclopedias 百科全书 70, 72; Wikipedia 维基百科 58, 70, 72, 76, 137, 138 – 9, 140, 173, 178, 179

end user license agreements（EULAs）最终用户许可协议 152, 153, 157, 160, 161, 163 – 164, 168, 172

endogenous preferences 内生偏好 49 – 50, 232

endowment effect 禀赋效应 25, 31

Epstein, R. A. 117, 120, 141, 159, 248

European Union 欧盟 50, 53, 176, 231, 246; anti – circumvention laws 反规避法 193 – 4, 195, 196 – 197, 198, 217; biotechnology 生物技术 228 – 229; copyright 著作权 52 – 3, 151 – 152, 193 – 194, 195, 196 – 197, 198, 203, 208, 209 – 10, 217, 244 – 5; data protection 数据保护 203; databases 数据库 233 – 235, 240; deontological foundation 义务论基础 4, 15 – 16, 46 – 47, 50, 52; interest group analysis 利益集团分析 240 – 1; piracy 盗版 231; reverse engineering 反向工程 209 – 210

exogenous preferences 外生偏好 31, 32 – 33, 49, 236

Facebook 脸书 58, 73, 82, 145, 170, 171, 175 – 176, 177

Fagundes, D. 117

fair use 合理使用 62, 92, 99, 112, 122, 142; anti-circumvention law in US 美国的反规避法 196; end user license agreements (EULAs) 最终用户许可协议 152; extending beyond copyright1 扩展著作权 42; reverse engineering 反向工程 153, 208

family 家庭 32

Farber, D. 法贝尔 228

Farchy, J. 福尔奇 215

fashion designs 时尚设计 238

Fauchart, E. 福沙尔 137, 151

Felten, E. W. 菲尔顿 216-217

Ferguson, N. 弗格森 217

films see movies financing 电影, 见电影融资 68-69, 70

firms 企业 35, 36, 73, 74, 100, 144; see also corporations 另见公司

first sale doctrine 首次销售原则 152, 153, 166, 187, 202

first-mover advantage 先发优势 8, 69

Fisher, W. W. 费希尔 46, 47, 49, 80, 89, 158

Flickr 网络相册 66, 71, 169, 170, 173-174

Forums 论坛 75

France 法国 94, 203

free riding 搭便车 45, 59, 60, 62, 117, 189

free speech 自由演讲 64, 185, 202, 206freedom 自由 6, 156; political 政治 206

Frey, B. S. 弗雷 236

Fried, C. 弗里德 167

Frischmann, B. M. 弗里施曼 120, 216

Fromer, J. C. 弗罗默 70, 71

Fujitsu 富士通 245

Gabel, P. 加贝尔 17

game theory 博弈论 19, 25

games: online 游戏: 线上 207, 209; video 视频 212-213

Gasser, U. 加瑟 193

Gazal-Ayal, O. 17, 162

general public license (GPL) 通用公共许可 101, 140-141, 154, 165, 178, 179

Germany 德国 94

Geroski, P. A. 盖罗斯基 60

Gillen, A. 吉伦 72

Ginsburg, J. 金斯伯格 200

globalization 全球化 36, 36-37, 39-40

Goldberg 戈德堡 162

Google 谷歌 73, 145, 170, 171, 211; AdSense 67, 82-83, 173; Android 安卓 95, 96; Answers 76; Books 图书 84-85, 92-93; Motorola Mobile 摩托罗拉移动 95-96

Gordon, H. S. 戈登 135

Gordon, WJ. 戈登 46, 51

Gore, Al 戈雷 90

governance by technology and economic analysis see DRMs (digital rights management systems) 政府技术和经济分析, 见数字权利管理系统

Granstrand, O. 9, 51

grants/subsidies 授权/补贴 86, 103-104, 106-107; anti-circumvention laws 反规避法 199

Greene 格林 38

Greenwood, J. 格林伍德 240

Grimmelmann, J. 格里梅尔曼 187, 213

Guibault, L. 159, 197

H&M 238

Hacking 黑客 78, 190, 191, 192, 193,

— 248 —

197, 199
Hall, B. H. 哈尔 98
Hanbidge, N. 191
Hansmann, H. 132, 168
Hardin, G. 哈丁 118, 120, 133
Hardy, I. T. 哈迪 120, 156, 157
Hargreaves, I. 哈格里夫 7
Harper Collins 哈珀出版社 154
Hart, H. L. A. 哈特 186
Haupt, S. 郝伯特 204
Hayek, F. A. 哈耶克 133
Heart 心脏 81
Hegel, G. W. 黑格尔 F. 47
Helberger, N. 203
Helfer, L. R. 埃尔费尔 39
Heller, M. 海勒 134, 135
Hinton, Betty 贝蒂·辛顿 174
Hirshleifer, J. 赫舒拉发 9, 51
history: origins of law and economics 历史：法经济学起源 15 – 17, 21
HIV/AIDS 艾滋病 89 – 90, 230
Hobbes, T. Hobbes 48, 120
Hollar, L. A. 霍拉 200
Hollis, A. 霍利斯 103 – 104
Holzer 霍尔茨 248
Hovenkamp, H. 霍温坎普 37
Howe, J. 豪 71
human genome 人类基因 200, 230
human rights 人权 89, 206
Hunt, A. 亨特 17
Hurt, R. M. 赫特 66, 70, 80
lan, Janis 珍妮·安 81
IBM 245
iCraveTV 91
ideology 思想 17, 24, 28 – 29, 32, 236; judicial 司法 248
Idris 伊德里斯 38

incentives paradigm 激励范式 48 – 49. 57 – 58, 79 – 80, 86, 87, 112 – 114, 240; alternative forms of incentives 激励替代形式 103 – 107; market failure of public goods see separate entry 公共产品市场失灵，见单独条目; market power and IP 市场力和知识产权 90 – 99; monopolistic deadweight loss and IP paradox 垄断无谓损失和知识产权悖论 88 – 90; optimal pace of progress: conceptual and practical problems 最佳进展：概念和实践问题 101 – 102; pluralist view 多元化观点 228, 229; tailoring IPRs 定制知识产权 107 – 112; to create or to disclose 创造或公开 85 – 86; to create or to improve 创造或改进 83 – 85; to create or to produce 创造或生产 80 – 83; transaction cost and administrative cost 交易成本和管理成本 99 – 101
incentives and proprietary model 激励和专有模式 132
individuals 个人 32 – 33, 71, 97, 100; incentives to create 激励创造 65 – 67, 68, 70 – 71
information 信息 58; asymmetry 不对称 24, 42, 59, 95, 162, 204, 236; Chicago school 芝加哥学派 24; consumer protection 消费者保护 204; costs 成本 169; digital environment: economic analysis of 数字环境：经济分析 188 – 192; DRMs: lack of 数字权利管理系统：弱点 215 – 216; exogenous preferences 外生偏好 32; overload 过多 204; personal 个人 172, 181, 202, 203, 211; Yale school 耶鲁学派 24; see also market failure of public goods injunctions 另见公共产品禁令的市场失灵 43, 96, 99, 104, 118, 161, 186, 248

institutional economics 制度经济学 25, 70

institutions 机构 113, 136 – 137, 140 – 1, 186, 191, 240; republican view 共和党观点 49, 232 – 3; transaction costs 交易成本 25; social 社会的 32, 44, 133

Intel 英特尔 97, 217

intellectual property, rise of 知识产权，产生 3, 38, 40 – 42, 116; intangible nature 无形属性 44; intellectual effort 智力努力 42 – 43; law and economics of IP 知识产权的法经济学 50 – 53; non – rivalry nature 非竞争属性 43 – 44; normative sources of IP law 知识产权的规范性来源 46 – 50; novels 小说 44 – 45; property right 财产权 42 – 46; public domain 公共领域 40, 43, 44; regime to stimulate creation of new resources 刺激新资源产生的制度 44; rising significance of IP 知识产权产生的重要性 38 – 40

interest group theory/analysis 利益集团理论/分析 35, 232, 233, 236 – 243, 245; special IP courts 特定知识产权法院 247

intermediaries 中间人 82, 97, 152, 171, 190, 210, 211, 215

international law 国际法 5 – 6, 41, 89, 125 – 126, 244, 245 – 246

interoperability see competition and DRMs intra – national dimension; positive analysis of IP 互操作性，见竞争和数字权利管理系统国内方面：知识产权实证分析 243 – 245

introduction to law and economics 法经济学介绍 4, 8 – 9, 14 – 15, 21 – 22, 36 – 37, 50 – 53; advantages of economic models and economic methodology 经济模式和经济方法的优势 19 – 21; common law 普通法 16, 30; definition of economics 经济学定义 18 – 19; descriptive 描述 22; economic analysis of law 法经济学分析 17 – 27; exogenous preferences 外生偏好 31, 32 – 33, 49; generations or sub – paradigms 子范式的产生 20, 23 – 27; global environment 全球环境 33 – 6; globalization 全球化 36 – 37; historical roots 历史根源 15 – 17, 21; internal fallacy 内在谬论 29 – 31; normative analysis 规范分析 22 – 23, 28 – 31, 35, 225 – 227; normative goals 规范目标 23, 24, 28 – 29, 31, 32, 35 – 36, 59, 225, 227; old and new 新旧 21; positive analysis 实证分析 22, 29 – 31, 35, 225 – 227; rationality 理性 19 – 20, 24, 25, 31, 32; shortcomings and challenges of economic analysis of law 法经济学分析的缺点和挑战 27 – 36; technological change 技术变化 26 – 27, 33 – 36

ISPs 211

iTunes 82, 201 – 202, 206, 212, 213

Japan 日本 95, 244, 246

Jardin, X. 雅尔丹 81

Jaszi, P. 贾西 42

Jefferson, Thomas 托马斯·杰斐逊 61

Jobs, Steve 史蒂夫·乔布斯 95

Johnson, E. E. 约翰逊 69

journalism 新闻工作 75

journals, scientific 科学期刊 81 – 82, 154

judiciary 司法机构 16, 247 – 248

Jullien, N. 朱利安 109

Kahenman, D. 25, 31

Kaldor, N. 卡尔多 47

Kant, I. 康德 15, 47

Kaplan, B. 卡普兰 45

Katz, A. 卡茨 37, 162

Kelsen, H. 凯尔森 186

Kennedy, D. Kennedy 肯尼迪·D·肯尼迪 17
King, Stephen 斯蒂芬·金 63-64
Kirkpatrick, D. D. 柯克帕特里克 64
Kitch, E. W. 基奇 83, 116, 126-127, 128, 130
Koelman, KJ. 库勒曼 52, 53, 195, 205
Kohn, A. 科恩 66
Krecke, E. 克雷格 37
Kuhn, T. 库恩 14, 15
Kuo 郭 247
labor markets 劳动力市场 39
Lakhani, K. R. 拉克哈尼 72
Landers, A. L. 兰德斯 97
Landes, W. M. 兰德斯 9, 37, 50, 51, 59, 80, 84, 116, 124, 129-131, 133, 163, 239, 243
law and society 法律和社会 16-17, 37
Lawrence, K. A. 劳伦斯 66, 70
lead time 交付时间 62-63, 69, 208
legal positivism 法律实证主义 16, 186
legal realism 法律现实主义 14, 16-17
leisure and work 休闲和工作 74-75
Lemley, M. A. 莱姆利 80, 84, 93-94, 99, 107, 117, 126, 131, 159, 160, 218
Leonhardt, D. 莱昂哈特 104
Lesser, W. 莱塞 246
Lessig, L. 莱西格 35, 40, 93, 105, 154, 186
Levin, R. C. 莱温 94
Lewis, N. 路易斯 89
Lexmark 206, 210
liability rules 义务规则 104-105
libraries 图书馆 154, 192, 196, 197
licenses see private ordering Lichtenstein, 许可, 见私人定制 S. 32

Light, D. W. 莱特 68-69
Linux 操作系统 72, 73
Litman, J. 利特曼 40, 52, 71, 90, 124, 154, 240
Lloyd, M. 劳埃德 96
lobbying 游说 193, 238, 239, 240, 243, 245
lock-in 占据 212, 213
Locke, John 约翰·洛克 46
Lockton, D. 洛克顿 217
Long, C. 95, 169
Loshin, J. 137
Lotus 路特斯 245
Love, J. 洛夫 69
Lunney, G. S. 卢列依 88
Macaulay, Lord 麦考利励爵 61
Madison, James 詹姆斯·麦迪逊 237
Madison, M. J. 麦迪逊 45, 137
magicians 魔术师 137
Mandela, Nelson 纳尔逊·曼德拉 89
manufacturing capacity 制造能力 69
market failure of public goods 公共产品市场失灵 24, 42, 58-59, 79, 87, i18, 120, 165; individuals: incentives to create 个人：激励创造 65-67, 68, 70-71; information in digital environment 数据环境的信息 188-90; necessity of incentives 激励需求 62-4; organizational level: need for incentives 组织水平：激励需求 67-71; public goods analysis 公共产品分析 57-58, 59-62, 78, 129, 188-190, 200-201; rise of alternative modes of production and incentives 可替代生产模式的产生和激励 71-77; technological change and incentives 技术变化和激励 77-79
market failures 市场失灵 24, 25, 30, 42,

59, 88, 172, 197, 220; externalities 外部性 24, 42, 59, 118, 120, 122, 163, 165, 220; public goods see market failure of public goods market power and IP 公共产品，见公共产品市场失灵，市场力和知识产权 90, 98 – 99; built – in limits 内置限制 93; copyright 著作权 90 – 93, 98; interest group analysis 利益集团分析 242 – 243; patents 专利 93 – 98; see also competition and DRMs market structure 另见竞争和数字权利管理秕市场结构 6, 69 – 70; marketing 市场化 33, 42, 84, 130

markets 市场 8, 35, 106, 132, 133, 144; competitive market 竞争市场 84, 131, 214, 226

Marotta – Wurgler, F. 161, 163

Marshall, A. 马歇尔 18, 26

Martin, B. 马丁 65

Marx, K. 马克思 26

mash – ups 混搭 73

Masnick 马斯尼克 238

Mattei, U. 康泰迪 29

Mayer 梅尔 239

mechanical patents 机械专利 95

Menell, P. S. 梅内尔 50, 59, 117, 126

Mercuro, N. 麦考罗 25

Merges, R. P. 莫杰斯 156. 159

Merrill, T. Ww. 美林 43, 132, 169

Meurer, M. J. 莫伊雷尔 158

Microsoft 微软 72, 96, 98, 185, 212, 221, 238, 245, 247

Mill, JS. 米尔 47

Miller 米勒 127

minors 镜子 185

mobile phone market/companies 移动手机市场/企业 77, 82, 95 – 96, 188, 202, 211

Moglen, E. 莫格伦 65

monopolies 垄断 6, 24, 27, 33, 57, 59, 61, 98, 103; consumer protection 消费者保护 204; deadweight loss and IP paradox 无谓损失和知识产权悖论 88 – 90; DRMs (digital rights management systems) 数字权利管理系统 204, 206, 207, 210, 220; private ordering 私人订制 163

monopsonies 独家 59

Moore, A. D. 摩尔 65, 248

moral rights 精神权利 67

motivations to create 创造动力 128; individuals 个人 65 – 67, 70 – 71, 72, 75 – 77

movies 电影 3, 38, 39, 82, 102; distribution strategies 分配政策 190; DRMs (digital rights management system) 数字权利管理系统 78, 192, 195n23, 203, 210, 212; financing 融资 68; lead time 交付时间 63; piracy 盗版 63; region codes 区域代码 212; streaming 数据流 78, 91 – 92; translations 翻译 73

Mulligan, D. K. 马利根 216

Musgrave 马斯格雷夫 35

music 音乐 3, 38, 39, 44, 59, 68, 152 – 153, 169, 212; access to digital content 访问数字内容 82; direct sales 直接销售 80 – 81; DRM – free 216; DRMs (digital rights management systems) 数字权利管理系统 78, 186, 189, 191, 201 – 202, 203, 206, 207, 213, 215, 216 – 217, 222; Facebook 脸书 176; interest group analysis 利益集团分析 240; lead time 交付时间 63; MySpace 聚友网 66, 71; non – rivalrous 非竞争的 60; performers rights 表演者权 241; pluralist view 多元化观点 230, 231; recommendations 推荐 73;

remixing and mash-ups 混合和混搭 73

MySpace 聚友网 66, 71, 170, 174

Nagavajara 247

national security 国家安全 196, 200

natural law/rights 自然法/权利 15-16, 46-47, 50, 52, 119; pluralist view 多元化观点 228-229

Nelson, R. R. 尼尔森 27

neo-classical economics 新古典经济学 20, 24, 26, 27, 58-59, 134

neo-institutional analysis 新制度分析 20, 25, 33, 36, 70

Netanel, N. W. 内塔内尔 49, 133

network effect 网络效应 130, 132, 134, 164, 171, 211

Newman 纽曼 247

news 新闻 72, 75, 76, 82

Nguyen, C. 阮 105

Nimmer, D. 尼默 194

Nintendo 任天堂 212

non-disclosure agreement (NDA) 保密协议 152

non-practicing entities (NPEs) 非执业实体 97

novels 小说 44-45

Nozick, R. 诺齐克 46

Obama, Barack 贝拉克·奥巴马 238, 244

Oestreicher-Singer, G. 奥斯特赖克 74

Oksanen, V. 奥科桑森 245, 246

Oliar, D. 137, 151

Oligopoly 寡头垄断 27

Olivetti 奥利维蒂 245

Olson, M. 奥尔森 35, 237

open access/open content 开放访问/开放内容 149, 152, 154, 165, 171

Open Directory 开放目录 72-73

Open Office 开放办公室 172-173

open source software 开源软件 63, 72, 75, 96, 137, 154, 161, 172-173, 179

organization level: need for incentives 组织水平：激励需求 67-71

O'Rourke, M. A. 鲁尔克 156, 159

Orwell, George 乔治·奥威尔 78

Ostrom, E. 奥斯特罗姆 136, 141

Pakes, A. 帕克斯 94

paradigm shifts 范式转换 14-15

Pareto principle/optimality 帕累托原则/最优 23, 30, 48, 59, 120, 130, 226, 229

Park, Y. 帕克 191

patents 专利 3, 6, 7, 8, 41-42, 50-51, 52, 57, 68, 79, 80, 108, 168; anti-commons analysis 反公地分析 135; developing countries and medications 发展中国家和药品 89-90, 125; disclosure 公开 85-86, 152; efficient usage of existing works 现有技术的有效使用 83; innovation and number of applications 创新和申请数量 69; interest group analysis 利益集团分析 238-239, 242-243; litigation 诉讼 94, 95-97, 98; market power and 市场力 93-98; 'no challenge clauses 无异议条款 149; plant 植物 238; pluralist view 多元化观点 228-229; pools 专利池 98, 137; proprietary model 专有模式 116, 117-118, 121, 126-127, 131; quantity and quality 数量和质量 102; software 软件 41, 72, 109-110, 153, 246; substitutes 替代 88-9; time limits 时间限制 43, 111, 125, 238-239, 242; transaction costs 交易成本 94-95, 97, 105, 152; TRIPs 与贸易相关的知识产权协定 246; trolls 专利流氓 97; US courts 美国法院 247-248; valuation 专利评估 94-95; see also pharmaceutical

industry/drugs path dependency 另见制药行业/药品路径依赖 25, 27
Patterson, L. R. 帕特森 40
Peddibhotla, N. B. 66, 76
PediaPress 138
Peltzman, S. 佩兹曼 236
performers' rights 表演者权 241
Petrick, P. 彼得里克 192, 217
Peukert, A. 波伊克特 81
pharmaceutical industry/drugs 制药行业/药物 3, 38, 39, 59, 60, 68-9, 88-90, 109-10; clinical trials 临床试验 127; developing countries 发展中国家 89-90, 125, 230; duration of patents 专利期限 111, 239, 242; finance structure 融资结构 106-107; insignificant products 无关紧要的产品 102; interest group analysis 利益集团分析 239, 242; patent valuation 专利评估 95; pluralist view 多元化观点 230; public funding 公共基金 103-104
Picker 皮克尔 192
Piracy 盗版 63, 78, 191, 231, 234, 238
Pirate Bay Party 231
Plant, 植物 A. 8, 51, 62
plant patents 植物专利 238
pluralist view of legislation 多元立法观 227-231, 232, 237
positive analysis of IP law 知识产权法的实证分析 225-227; intra-national and international dimensions in 国内和国际方面 231, 243-246; pluralist view 多元化观点 227-231, 232, 237; positive analysis of role of courts 法院作用的实证分析 247-248; public choice view 公共选择观点 231-232, 233, 235, 236-243, 246; republican view 共和党的观点 231-235, 240

Posner, Eric 埃里克·波斯纳 25
Posner, R. A. 波斯纳 9, 14, 21, 23, 28, 29, 37, 48, 50, 51, 59, 80, 84, 116, 124, 129-131, 133, 163, 239, 243
price discrimination 价格歧视 158, 192
price signaling 价格信号 32, 73, 128, 132
privacy 隐私 64, 172, 174, 196, 202-203, 204, 206
private law 私法 30, 104-5, 226
private ordering 私人订制 121, 141, 149-150, 180-182; anti-commons analysis 反公地分析 135-6; canonic position of law and economics towards 法经济学的标准位置 155-159, 164-165
creative commons licenses 知识共享许可 99, 101, 154-155, 165, 166, 172, 173-174, 178, 179; critical view 批判观点 159-65; general public license (GPL) 通用公共许可 101, 140-141, 154, 165. 178. 179; rise of 151-155; social web and 社交网 169-182; viral contracts and the new property 病毒合同和新财产 165-9
prizes 奖励 103-104, 106-107
product life cycle 产品生命周期 110
production 生产 130, 150; costs of 成本 82; decentralized modes of 去中央化模式 8, 127-128, 70
professionals and amateurs 专业和业余 75
property license 财产许可 160-161, 167-168
proprietary model 专有模式 46, 53, 83, 115, 145, 178, 199; critical view of 批判观点 133-143; deconstructing 解构 141-143; depropertization 去财产化 143-145; escape from problems of incentives paradigm 逃避激励范式的问题 124-126; from ex

ante to ex post incentives and managing improvements 从事前到事后激励和管理改进 126 - 128; large scale collaborations and 大规模合作 137 - 141; law and economics: rise of 法经济学: 产生 116 - 118; managing informational commons 管理信息产品 136 - 137; normative analysis of 规范分析 131 - 133; over - consumption of information 信息过度消费 133 - 134; propertization of commons and anti commons 公地和反公地财产化 134 - 136; public ordering 公共秩序 149; shift by founding fathers to 发起人转换 128 - 131; 'tragedy of the commons' 公地悲剧 113 - 114, 118 - 124, 129, 133 - 134, 136, 143 - 145

psychology 心理学 25

public choice 公共选择 19, 25, 36, 114. 123, 156, 173, 231 - 232, 235, 236, 246; interest groups 利益集团 35, 232, 233, 236 - 243

public domain 公共领域 40, 43, 49 - 50, 107, 114, 118, 130; books 图书 45, 84; databases 数据库 234 - 235; expansion of 拓展 144; incentive to invest in scientific inventions in 对投资科学发明的激励 127; interest group analysis 利益集团分析 238; liability rules 义务规则 105; orphans 孤儿 83; pluralist view 多元化观点 230 - 231; property and 财产 142 - 3; wealth maximization: calculate on short time span 财富最大化: 基于短期计算 126

public funding 公共资金 86, 103 - 104, 106 - 107

public goods analysis 公共产品分析 48, 57 - 58, 59 - 62, 129, 152; information in digital environment 数字环境中的信息 78, 188 - 190, 200 - 201; market failure of public goods see separate entry 公共产品市场失灵, 见单独条目; proprietary model 专有模式 116 - 117, 119 - 120, 122, 129, 132

public law 公法 30 - 31, 227

public ordering 公共秩序 149 - 150, 151, 180; see also copyright 另见著作权; patents

Radin, M. J. 雷丁 101, 157, 159, 160, 165

Radovanovic, D. 拉多万诺维奇 173, 174

Rafaeli, S. 拉斐尔 76

Rai, A. K. 莱 127

Rationality 理性 19 - 20, 24, 25, 31, 32, 114, 187, 226; 'tragedy of the commons' 公地悲剧 119

Rawls, J. 罗尔斯 23, 48

Raymond, Eric 艾瑞克·雷蒙德 70

Reagan, R. 里根 28

reciprocity 互惠 66, 76, 137

redistribution of income 收入再分配 39

regional coding 区域代码化 185, 201, 212 - 213, 216

regulation by code see DRMs (digital rights management systems) 代码规则, 见数字权利管理系统

Reidenberg, J. 罗登堡 35, 186

religion 宗教 32

republican; theory of IP 共和党; 知识产权理论 47, 49 - 50; view of legislation 立法观点 231 - 235, 240

research and development (R&D) 研发 34, 52, 60, 61, 67 - 69, 88, 89, 98; access to knowledge 获取知识 206; anti - circumvention laws 反规避法 216 - 217; duration of IPRs 知识产权期限 111; pluralist view 多元化观点 230; public fun-

— 255 —

ding 公共资金 103；reverse engineering 反向工程 208
research institutions 研究机构 68，70，107，149
restitution law 返还法 105-6
retaliation 报复 63
reverse engineering 反向工程 109，153，163-164，196，207-210，245
rights in personam 人身权 167，168
rights in rem 物权 168，169
RIM 97
Risch，M. 里施 97
risk 风险 25；grants and prizes 授权和奖励 106；patents 专利 98
Robbins，罗宾逊 L. 18-19
Rose，C. M. 罗斯 45，132，134
Rose，Kevin 罗斯·凯文 175
Rosenblatt，B. 罗森布拉特 191
Rousseau，J.-J. 卢梭 49
Rubin 罗宾 22
rule of law 法律规则 188
Russia 俄罗斯 246
Sag，M. 248
sales-and-service expertise 销售和服务专长 69
Salzberger，E. 兹伯格 9，33，34，35，49，50，51，74，101，106，123，142，144，162，199，227，232，233，236，247
Samuelson，P. 萨谬尔森 26，40，51，52，63，109，191，205，208，217
Sanchez 桑切斯 238
Sauermann，H. 70，71
Schankerman，M. 香克曼 95
Schaub，M. 肖布 204
Scherer，F. M. 谢雷尔 79-80
Scherrer，P. 舍雷尔 90
Schools 学派 32

Schumpeter，J. 熊彼特 8，26-27，50，68，80
Schwartz，A. 施瓦兹 161
scientific papers 科学文章 81-2，154
Scotchmer，S. 斯科奇姆 9，51
search engines 搜索引擎 82，170，171，210，211，215
seeds 种子 238
self-expression 自我表达 66，71
Sen，A. 森 25
separation of powers 权力分离 35，227，228，237，247
Shapiro，C. 夏皮罗 3
Shapiro，R. 夏皮罗 38
Shenk，D. 申克 204
Sherwood，R. M. 舍伍德 85
Shiffrin 席弗琳 46
Shih Ray Ku，R. 80
Shirky，C. 舍基 72，75
Shrestha，S. K. 什雷斯塔 97
shrinkwrap licenses 开封生效许可 158，160，167 signaling：consumers 信号：消费者 204；digital watermark：owner 数字水印：所有人 185；patents 专利 95；price 价格 32，73，128，132；value of property system 财产制度价值 132
Simon，H. 西蒙 25，204
Skinner 斯金纳 18
Sklyarov，D. 史柯野若夫 192
small firms 小公司 70
smartphones 智能手机 77，95-96，188，202，211
Smith，Adam 亚当·史密斯 18，21，26
Smith，H. E. 史密斯 132
Smith，M. A. 史密斯 73
social choice 社会选择 19，48，114，236
social contract 社会契约 23，48，49，

176, 177
social democracy 社会民主 28
social institutions 社会机构 32, 44, 133
social motivation 社会动机 66, 75-7
social movement 社会运动 40
social networking/media sites 社交网络/媒体网站 73, 75, 77, 82, 139, 210, 211; private ordering and social web 私人定制和社交网络 169-182
social norms 社会规范 25, 123, 136, 137, 141, 151, 187, 231
social production 社会生产 64, 67, 71, 72, 76-7; private ordering and 私人定制 178-80; proprietary model and large scale collaborations 专有模式和大规模合作 137-141; social media platforms 社交媒体平台 170, 177
socio-psychological rewards 社会心理奖励 66, 70-71
sociology 社会学 25, 52
software 软件 3, 38, 39, 44, 59, 70, 108-10; access to earlier 较早获取 62; anti-circumvention laws 反规避法 196, 208-209, 217; copyright 著作权 72, 109, 153, 161, 166-167, 245, 246; disclosure: patents 公开：专利 86, 110.
DRMs（digital rights management systems）数字权利管理系统 153, 162, 196, 207-210, 211, 212, 213, 215, 217, 245; eBooks 电子书 211; end user license agreements（EULAs）最终用户许可协议 153, 160, 161, 163-164; file-sharing 文件共享 73; free 自由 63, 72, 101, 137, 140-141, 143-144, 154, 165, 172, 178, 179; individuals 个人 70; lead time 交付时间 62-63; lobbying 游说 239; network effect 网络效应 130,

134; open source 开源 63, 72, 75, 96, 137, 154, 161, 172-173, 179; patents 专利 41, 72, 109-110, 153, 246; pluralist view 多元化观点 230, 231; region code 区域代码 212, 213; reverse engineering 反向工程 109, 153, 163-164, 207-208, 209-210; small firms 小公司 70; trade secrets 商业秘密 109; TRIPs 与贸易有关的知识产权协定 246
Solow, R. 索洛 26
Sommer, A. R. 萨默 85
Sony 索尼 211, 212, 213
South Africa 南非 89-90
Spotify 78
Stallman, Richard 理查德·斯托曼 154
standard form contracts 标准格式合同 161-162, 172, 176
Sterk, S. E. 斯特恩 40, 117, 132
Stern, N. H. 32
Stigler, G. J. 施蒂格勒 18, 236
Stiglitz, J. 施蒂格利茨 9, 26, 51, 68, 98, 106, 107
streaming 数据流 78, 91-2
subsidies/grants 补贴/授权 86, 103-104, 106-107; anti-circumvention laws 反规避法 199
substitutes 替代 88, 163, 210, 214-215
sugar 糖 85
Sunder, M. 森德 80
Sweden 瑞典 231
Sweeting 斯威廷 238
Sykes, A. O. 39
tablet market 平板电脑市场 96, 211
Tapscott, D. 泰普斯科特 71
tax law 税法 21
taxation 税收 222
technical protection measures（TPMs） see

DRMs (digital rights management systems) 技术保护措施, 见数字权利管理系统

technological change 技术变化 7 – 8, 26 – 27, 33 – 36, 39, 50, 51, 58, 179; building on past 以过去为基础 62; communication costs 通信成本 70; courts 法院 247; empirical studies and pace of 经验研究和进展 126; interdependency and reciprocity between legal rules and 法律规则之间的相互依存和互惠 34, 123, 222; lead time 交付时间 62 – 63; need for incentives and 激励需求 77 – 79; optimal pace of progress 最佳进展 102; private ordering 私人定制 157, 179; proprietary model 专有模式 121, 123; public domain 公共领域 40; tailoring IPRs 定制知识产权 112; transaction costs 交易成本 70, 83, 101

telecommunications industry 电信行业 209, 221, 245; mobile phone market/companies 移动电话市场/公司 77, 82, 95 – 96, 188, 202, 211

teleological foundation 目的论基础 4, 46, 47 – 50, 64, 115

television 电视 69, 91, 92, 171, 221; translations 翻译 73

Thailand 泰国 247

Thaker 塔克尔 229

Thatcher, M. 撒切尔 28

time limits 时间限制 43, 62, 83, 111, 112, 116, 125, 128 – 130; breaking property into components 142; digital revolution 数字革命 219; DRMs (digital rights management systems) 数字权利管理系统 183, 187, 192, 219; interest group analysis 利益集团分析 238 – 40, 242; pluralist view 多元化观点 229 – 30;

tragedy of the commons 公地悲剧 122

Toffler, A. 170 Towse, R. 9, 51

TPMs see DRMs (digital rights management systems) 技术保护措施, 见数字权利管理系统

trade secrets 商业秘密 7, 108, 109, 117, 152, 208

trademarks 商标 7, 41 – 42, 50, 72, 105, 108, 243

tragedy of the commons 公地悲剧 113 – 114, 118 – 124, 129, 133 – 134, 136, 143 – 145

transaction cost analysis 交易成本分析 24 – 25, 33 – 34, 35, 59, 74

transaction costs 交易成本 70, 83, 99 – 101, 104, 105; breaking property into components 142; copyright enforcement 著作权实施 190; databases 数据库 234; effect of decreasing 效果降低 142, 144, 239; grants and prizes 授权和奖励 106; legislative process 立法过程 157; patents 专利 94 – 95, 97, 105, 152; property rights 财产权 169; proprietary model 专有模式 127, 128, 129, 132, 142; social production and private ordering 社会生产和私人定制 170; standard form contracts 标准格式合同 161

translations 翻译 73

trolls, patent 专利流氓 97

Truett, L. J. 特鲁特 199

Tushnet, R. 图施奈特 65

Twitter 推特 71, 171

United Kingdom 英国 28, 60, 94, 213

United States 美国 28, 29, 125 – 126, 235, 244; academic institutions 学术机构 127; bilatera trade policies 双边贸易政策 246; children 儿童 185; consequential approach

46，50，52；Constitution 宪法 4，52，185；copyright see copyright in US 版权，见美国版权；federalism 联邦制 237；lobbying 游说 238；Native Americans 美国本地人 119；natural law 自然法 50；natural resources 自然资源 141－142；patents 专利 85，90，94，95，96，97，109－110，117－118，238－239，243，247－248；political donations 政治捐款 239，244；private ordering 私人定制 157，158，160，161；significance of IP 知识产权重要性 38；software 软件 41，109－110；trademarks 商标 42，243；TRIPs 与贸易相关的知识产权协定 246

universities 大学 68，70，97，107，196

unjust enrichment 不当得利 105－106

user－generated content（UGC）用户生成内容 8，64，66，67，71，73－74，75，77，140，150；private ordering and social web 私人定制和社交网络 169－182；transaction costs：licencing 交易成本：许可 100

utilitarianism 功利主义 16，47－49，50

utility maximization 效用最大化 19，20，23，30，31，47－49，50，58，59，90，120，143，187，225，226，228，229，236，246

Valimaki，M. 221

Valkonen，沃尔克宁 s. 58

Veljanovski 225

Viacom 维康 238

Viagra 万艾可 89

videos 视频 71，75，153；DRMs（digital rights management systems）数字权利管理系统 192；remixing and mash－ups 混合和混搭 73

Voigt 沃伊特 232，233，236

Wagner，R. P. 瓦格纳 40，94，143

watermark，digital 数字水印 185

wealth maximization 财富最大化 28－29，30，35－36，47－49，57，59，112，143；central intervention 中央干预 226；exogenous preferences 外生偏好 32；geographical unit 地理单元 48，90，124－6，246；marginal utility of wealth 财富的边际效用 31，47；pluralist view 多元化观点 228，229；time framework 时间框架 48，124－125，126，229

Web 网页 2.0 71，150

web browsers 网页浏览器 98，221

welfare economics 福利经济学 23，25，36，47－48

Wellman，B. 威尔曼 76

Wikipedia 维基百科 58，70，72，76，137，138－139，140，173，178，179

Wilco 81

Williamson 威廉姆森 25

Wilson，Ann and Nancy 81

wiretapping 窃听 221

Wise，David 大卫·怀斯 174

work and leisure 工作和休闲 74－75

World Intellectual Property Organization（WIPO）世界知识产权组织 6，40，95，193，246

World Trade Organization（WTO）世界贸易组织 6，40，246

Yahoo 雅虎 72

Yale school 耶鲁学派 23，24

YouTube 视频网 66，71，169，170，181，191

Zara 飒拉 238

Zimmerman，D. L. D. L. 齐莫曼 65

Zimmerman，M. M. 齐莫曼 209